Daolu Yunshu Qiye Fazhan Ziyuan Zonglun

道路运输企业发展资源总论

◎ 王永立　著

前　言

企业是人类社会和物质世界中的一个客观事物,它是运动着的。发展是企业永恒的主题。企业发展是一种全球性的趋势,企业扩张是企业在发展过程中的一个重要目标,是一个基本的追求。它反映了企业内部要素资源结构的发展变化。企业发展这一过程,从远期的角度讲,仅有企业规模的扩张是不能持久的,只有将企业资源的成长与企业扩张紧密地联系在一起,企业才能持续地发展。

中国道路运输企业求生存要发展,这是企业的职业经理们、尤其是高级经理们必须面对的问题。《道路运输企业发展资源总论》一书正是适应这样的要求从企业资源的角度进行研究的。

在中国,道路运输企业与其他运输方式的企业(民航、铁路)比较,组织结构简单、企业规模小、乘客层次复杂。“多、小、弱、散、乱”是道路运输企业在人们头脑中根深蒂固的形象,但随着国民经济的发展,高速公路网的不断扩展,法律法规的完善,大型道路运输企业集团的产生和快速发展已经成为历史的必然。但相应地,大型道路运输企业(集团),尤其是领袖型大型道路运输企业(集团)发展缺少甚至没有理论体系来支撑。因此,有必要在诸如道路运输企业战略、资源系统结构以及战略系统、目标系统的关系等理论问题进行深入的研究。

本书的特点是:在实践的基础上抽象出具有普遍意义的理论,又用现有的理论来指导实践,所以本书是理论与实践的产物。本书的目的是:丰富道路运输企业战略管理理论和企业资源理论,为培育和打造中国道路运输企业的北美“灰狗”型道路运输企业集团作理论准备,也为其他道路运输企业成长为全国性大型道路运输企业作出理论与实践的贡献。

本书首先分析一般企业的战略管理理论及其三个过程。在此基础上,着重研究其第一个过程,即战略规划阶段。本书根据资源、战略和目标所存在的逻辑关系,以系统论为工具,构建了反映这三者关系的动态螺旋的蛋筒模型以及平面意义的新蛛网模型,还进行了企业战略及其目标的平面层次性和立体特征分析,所给出的立体结构改变了过去对于战略体系和目标体系认识的混乱状况。

本书把主要笔墨放在企业发展的资源系统上。通过对企业战略管理理论三个学派的分析,对资源的含义、能力的含义进行了详细分析。本书所给出能力分类的原则,有利于给企业能力分类提供一个清晰的依据。本书提出的“企业5种资源论”全面、深入地解释了企业资源与企业能力的复杂关系。本书构建了大资源系统,将企业能力纳入企业资源的范畴。针对道路运输企业特点,本书给出了道路运输企业资源定义和资源系统的层次结构,为道路运输企业制定企业战略奠定了基础。

本书在构建资源系统并理清系统内部关系的基础上,对大型道路运输企业的主要资源逐一地进行了详细的研究。这些资源分别是运营线路网络资源、企业文化资源、人力资源、品牌资源等,其中一个特点是:理论研究中反映了新国线运输集团成功的实践。

资源对于形成企业竞争优势是极其重要的,但竞争优势对于企业提升价值不是唯一的。本书为此对资源形成竞争优势和合作优势进行了详细的分析,对资源的合理利用和优化配置进行了定量研究。本书的“结点运输、无缝接驳”的理论模型是有效地利用线路资源的道路运输最新组织模式,“兆通股份”资源优化配置的三个实践(资源集权管理、资源一体化运作以及组织资源流程再造)被证明是有效的、成功的,这在中国的道路运输业具有开创性意义。

结构模型解析法(ISM 法)的应用结果证明,ISM 法对于理清一个大型企业众多繁杂的资源的层次结构及其重要度是非常有效的,对于高级经理人抓住企业的主要资源及其资源链起到重要的作用。

本书从新国线集团的实践总结出的上述理论,符合产业经济学中的产业组织理论,因此具有普遍的理论意义。这个理论不仅对其他道路运输企业以及道路客运业具有普遍适用性,也对道路货运业具有理论普遍性。品牌理论、人力资源理论、企业文化理论以及竞争合作理论等在新国线的实践是卓有成效的,具体表现在新国线运输集团及其母公司的兴旺发展史及市场占有率、年利润增长、对社会越来越大的贡献以及对于完善中国道路运输结构的贡献。

2008.10

目　录

第 1 章

道路运输企业概述

1.1 企业与运输企业

1.1.1 企业

企业是商品经济发展到一定阶段,从手工业发展到机器大工业以后产生并逐步形成的,其具体的形态也越来越多样化。企业的概念从它的诞生到现在一直处于不断发展的过程之中,但迄今为止,还没有一个关于企业概念统一的表述。

《现代汉语词典》(商务印书馆,2005)解释:企业是"从事生产、运输、贸易等经济活动的部门,如工厂、矿山、铁路、贸易公司等"。张鸿庆(1996)等认为,"企业是专门从事生产、流通、服务等经济活动,为满足社会需要并获取赢利,进行自主经营并实行独立核算,具有法人资格的经济组织"。经济管理学界不同学派对于企业本质的认识是不同的。艾尔庆(A. A. Alchian)和邓姆塞茨(H. Demsezt)认为,企业的实质是高效的团队生产,而不是雇主与雇员的长期合约。企业是由合约、协议和内部成员之间所组成的各种关系的集合。企业契约理论认为,企业完全是一种法律假设,可作为个人之间契约的联结。

从法律的角度讲(吕强等,2002),企业是指企业性经济组织,即依法设立的,自主经营、自负盈亏,专门从事生产经营或服务性业务的营

利性的社会组织。营利是其主要目标。它不同于政治组织、行政组织和事业单位的目标。企业生产的产品或提供的服务,为的是实现其价值,以获取利润。企业为社会提供产品或服务,只有通过市场交换,才能使商品所消耗的人力、财力、物力等支出得以补偿,利润得以实现。其独立性反映在它们的自主经营、自负盈亏和独立核算三个方面。这三点用以确定工厂、公司和企业集团作为企业的标准。

关于企业的本质,有不少学者从资源的角度进行解释。科斯(R. H. Coase,1990)在《企业、市场和法律》一书中,对企业在独立于价格机制的资源配置机制进行了研究,认为企业是以层系组织为基础实行内部资源转移,是价格机制的替代物,这是企业最显著的特征。企业又是以节约市场交易费用而出现的一种组织。潘罗斯(Penrose,1959)在其著作《企业增长理论》中认为:企业是被行政组织管理框架协调并限定边界的资源集合。到20世纪90年代,资源导向理论认为:企业是物质性资源和非物质性资源的复合体,资源构成了企业战略行为的基础与对象。石盛林(1999)等认为,企业实质上是一个资源转化单位。汪涛等(2000)认为,企业是生产力资源的集合体,其基本假设是其通过使用和开发资源获取最大化长期收益。李维华(2003)认为,企业的每项活动都与资源有关,资源及资源运营是企业所有问题理所当然的核心。

综合上述理论观点,企业的定义可以简单地归纳为:企业是追求利润的经济组织。这一定义反映了企业的实质——追求利润。企业是经济组织,不追求利润的组织就不是企业,而是政府组织或者慈善机构等。当然,追求利润不等于“惟利是图”,也要兼顾社会效益。

1.1.2 运输企业

运输企业是从事运输生产、提供运输产品的企业。运输企业可以

分为客运企业、货运企业和一般运输企业三类。客运企业的任务主要是提供旅客运输产品,也可以从事少量的小件快运业务,比如城市轨道交通企业(地铁公司)是典型的客运企业。货运企业主要是提供货物运输产品,比如铁路集装箱运输公司是典型的货运企业。一般运输企业,既提供客运产品又提供货运产品,是一个综合性的运输企业,比如某铁路运输公司,它既承担客运又承担货运业务。

1.2　道路运输

1.2.1　道路运输的定义

道路运输是指使用机动车、非机动车等运输工具,在道路上从事旅客运输、货物运输的运输生产系统以及与之配套的搬运装卸、车辆维修、运输服务等运输支持保障系统的总和。从事客运、货运的生产系统是道路运输的核心,是主体;而搬运装卸、车辆维修、运输服务等是运输生产的辅助、支持保障系统,两者形成相互依存的整体。

公路运输,顾名思义指的是在公路上的运输,亦即在城际公路上以汽车等机动车作为载运工具的运输,它不包括城市的汽车运输。汽车运输是以汽车作为载运工具的运输,可以在城市的道路上,也可以在乡村的道路上,也可以在公路上的运输。根据 2004 年颁布的《中华人民共和国道路运输条例》的规定,"道路"是指公路、城市道路和在单位管辖范围但允许社会机动车通行的地方,包括广场、公共停车场等用于公众通行的场所。

从前几年开始,公路运输和汽车运输这两个词用得少了,取而代之的是道路运输。公路运输定义的范畴要比道路运输定义的范畴小。又由于道路运输主要由汽车这类工具进行运输，所以，通常将汽车运输看作是道路运输。道路运输、公路运输和汽车运输这三个概念，既密切相关又相互区别。

1.2.2 道路运输系统的组成

可以从两个视角来看道路运输系统的组成。一是从技术的角度看，道路运输系统由基础设施和运输工具两个部分组成（沈志云，1999）。基础设施包括公路及其附属设施、场站及其附属设施、公路交通控制与管理设施等。运输工具主要是汽车。这是一个狭义的系统观。二是从运输市场的角度看，道路运输系统由道路运输产品的提供者和需求者组成，我们将客运代理和货运代理视作“准需求者”。这是道路运输的广义系统观。道路运输产品的提供者是运输公司，但其基础是公路、场站和交通控制设施等。没有基础设施，运输公司就不可能为市场提供运输产品。因此，第一个视角的道路运输系统（由基础设施和运输工具两个部分组成）应该是第二个视角的道路运输产品提供者的一个子系统。道路运输企业也只是道路运输产品提供者的一个组成部分，但它是最重要的部分。

从客、货运输的角度看，道路运输由道路旅客运输和道路货物运输组成。从赢利的角度看，道路运输可以分为营业性运输和非营业性运输，前者是以赢利为目的，为社会提供劳务，采用费用结算方式；后者不以赢利为目的，比如事业单位的车辆。

依托于高速公路建立起来的客运系统称为道路快速客运系统，它一定要符合一定的运送速度和服务水平的要求。它还应具备相应的基本特征，即运行速度高、发车密度高、客车档次高、服务质量高。这“四

高”的基本特征反映了道路快速客运系统所提供的运输产品不只是速度快,更重要的是,它是技术含量高、服务航空化的“升级产品”。

道路快速货运系统是以高时效的货物为服务对象,以高速公路和高等级公路为基础,依托多层次、网络化的货运场站体系集散货源,使用技术先进、结构合理的车辆装载货物,应用 GPS、EDI、ITS 等高效的通信信息技术和科学管理技术,实现货物的快速、安全运送,确保相应货物信息及时准确地传递到道路货运系统。

1.2.3　道路运输的功能

就一般而言,运输具有“通过”和“集散”两个基本功能。“通过”功能是指大批量和长距离的客、货运输,而“集散”功能是指为大批量、长距离的通过性运输接送的短距离的运输。航空、铁路和水路三种运输方式只有单一的“通过”功能,客、货的取送由道路运输完成。中国高速公路建设以前,在低等级公路的条件下,道路运输的功能主要是“集散”功能,为航空、铁路和水路三种运输方式集散客、货,完成客、货运输的全过程。在我国高速公路快速发展并形成高速公路网的基础条件下,道路运输的“通过”功能日益突出。因此,在中国,道路运输已具备了“通过”和“集散”两个功能。

1.2.4　道路运输的特点

1.2.4.1　道路运输最明显的特点是其便利性和灵活性。具体体现在以下 5 个方面:

(1)空间上:实现“门到门”运输。

(2)时间上:道路货运通常是即时运输,可以根据货主的要求随时

起运。道路客运基本是"随到随走",候车时间非常短。

(3)批量上:相对而言,几种运输方式中,公路运输的批量最小。

(4)运行条件上:道路运输的服务范围可以在等级公路上,也可以延伸到非等级公路上。普通货物对装卸场地、设备没有专门要求。

(5)服务上:对货主和旅客的具体要求提供有针对性的人性化的服务,最大程度地满足不同货物和不同层次旅客的运输要求。

1.2.4.2　道路客运业的特点

道路客运业有以下特点:

(1)"产、供、销"一次完成。这是指道路运输业的生产、供应和销售在一次运输过程中同时完成,不像机器制造业那样"产、供、销"在不同的时段完成,形成一个生产链。

(2)先买票,后上车,生产过程非常直观。

(3)没有营收款,没有拖欠款,运营车辆到达终点站,马上可以核算出是否赢利。

(4)客运规律性强。发达与欠发达地区间、大城市之间、旅游城市之间的人员出行和交流是必定要发生的,可以通过 O-D 调查法很容易地得到它们的客流量,这样道路运输企业的经理们可以判断市场前景和投资。

(5)道路运输生产的风险是可控的。这是因为可以采取风险控制手段和措施对可能发生的风险加以控制。例如,只投资线路的获取和运营车辆,不投资场、站和相应设施,避免资金沉淀给企业带来资金困难。即使市场朝不利于企业的方向变化,或者天灾人祸带来变化,企业也可以调动生产车辆进行战略转移。

1.2.5　道路运输的地位和作用

由道路运输的特点可以清楚地看到道路运输的地位和作用,包括以下 3 个方面:

(1)道路运输机动灵活,快速直达,可实现“门到门”运输。

(2)道路运输为其他运输方式起到集散作用,是衔接其他运输方式的桥梁。

(3)在乡村运输中,道路运输是最主要的运输方式。

1.3　道路运输企业

1.3.1　道路运输企业的定义及分类

一般来讲,道路运输企业是指“从事道路客、货运输业务,提供客、货运输产品的,以赢利为目的的经济组织”。从运输服务的对象分,道路运输企业可以分为道路客运企业、道路货运企业、搬运装卸企业、运输服务企业;对于货运企业,从货物的种类分,有大件货运公司、小件运输公司、集装箱运输公司、危险货物运输公司、特种货物运输公司等;从客运企业的服务范围来讲,有城市性公司、区域性公司和全国性公司;从客运企业的服务性质来讲,有旅游客运公司、汽车租赁公司等。

1.3.2　道路运输企业的特点

交通运输企业的利润目标和社会效益目标,既是矛盾的又是统一的。企业要获取较大利润,社会效益会受到影响;要多考虑社会效益,企业的利润也会受到影响,这是矛盾性。但两者又是可以统一的、兼顾的。盈利是企业的主要目标,但又不是企业的惟一目标,在合理盈利的条件下,一定要兼顾社会效益目标。

与航空运输、铁路运输和水运企业比较,道路运输企业具有以下特点:

(1)道路运输企业服务方式的多样性。

(2)道路运输企业的多样性。道路运输企业可以是规模较小的私营企业或者个体经营者,因此可以说进入道路运输业的壁垒低;道路运输企业也可以是规模较大的股份制企业、集团公司。总之,道路运输企业民营化程度高,企业规模弹性大。

(3)在整个交通运输业中,道路运输企业的非完全市场经营程度最低。一方面,政府给予企业相应的优惠政策与支持,以确保经营企业的赢利能力,提高经营的积极性;另一方面,政府又要制定各种管制政策,以约束道路运输企业,保证社会效益的实现。

(4)道路运输企业自主经营的程度最高。

(5)道路运输企业之间的有效竞争低下,常常带有盲目性和破坏性,造成运输资源的浪费以及配置的不合理。

(6)技术要求相对比较低,运输经营和管理手段相对比较落后。

(7)道路运输企业的服务区域性强。这是指大部分道路运输企业在一个比较固定的区域内进行运输生产,不像铁路和民航运输企业,服务的范围常常是全国的。

(8)道路运输企业生产活动点多面广,车辆流动分散。一辆车就是一个生产单元。

1.3.3 大型道路运输企业的兴起

中国大型道路运输企业在近几年开始兴起,其主要原因有两个:一

是中国高速公路建设在近几年突飞猛进；二是随着我国改革开放的不断深入，小型道路运输企业既不符合我国道路运输业的发展规划，在运输市场上又少有竞争力。政府正在通过以下办法鼓励道路运输企业实行规范化、集约化经营：

（1）通过经济、法律的手段：在客运线路经营权的招投标时，提高准入门槛，包括资金、车辆、服务管理水平。通过资产重组方式，组建跨地区的大型企业集团。

（2）打破地区封锁，废除地方保护主义和市场分割，打击欺行霸市，建立全国统一的道路运输市场，保证道路运输市场的公平竞争和规模化、网络化发展。

目前，大型道路运输企业有两种：

一种是以原省运输公司为核心，合并本省内的一些道路运输企业建立起来的按行政区划组建的地区性大企业，使当地运输资源得到有效地整合，提高了运输效率，节约了社会资源，又能使区域运输市场逐步规范，避免了无序竞争，提高了服务质量和企业经济效益。但地区性大企业仍然存在四方面问题：①网络覆盖面小；②企业规模还不大；③服务半径小；④比较优势小（赵翰林，2004）。

另一种是跨地区、跨行业的全国性的道路运输企业集团，比如“新国线集团”。

中国道路运输协会（简称“道协”）为了促进中国大型道路运输企业的崛起，从 2004 年开始，在全国评选道路运输企业 100 强。2004 年，“新国线集团”在 100 强中排名为第 85 位。2005 年，“道协”评选道路客运 50 强，道路货运 50 强，“新国线集团”客运排名为第 10 位，货运排名为第 12 位。

1.4 中国加入世界贸易组织对道路运输的机遇与挑战

公路运输与铁路运输一样属于服务贸易，我国加入 WTO 后，公路也必须承担 WTO 统辖的一系列协定，尤其是服务贸易总协定所规定的有关义务，包括履行最惠国待遇条款、履行透明度条款的一般义务和已经承诺的其他具体义务。我国加入 WTO 给道路运输带来机遇和挑战。

(1)机遇。

①加入 WTO 意味着计划经济逐渐退出历史舞台，市场经济将主导国民经济的发展，促进道路运输业更大程度的改革开放；

②外商将进一步看好中国道路运输市场，必将加大资金投入，加快技术改造和设备更新的步伐；

③引进先进技术和管理方式；

④促进道路运输业整体素质和竞争能力的提高；

⑤加快道路运输业企业结构、运力结构、技术结构优化和产品升级。

(2)挑战。

中国“入世”后，发达国家先进企业进入我国的道路运输市场，他们所带来的资金、先进的管理模式、较高档次的运力设施及现代化的技术、方式和手段都会给我国道路运输企业和交通主管部门带来巨大的挑战，主要体现在以下几个方面：

①道路运输业的各级政府主管部门要切实转变观念，使行业管理符合世贸组织的有关原则和要求，建立公平、公正、公开的市场环境；

②国内道路运输企业要承受外来竞争压力，并在竞争中发展壮大；

③外资运输企业将加剧对我国运输管理人才的争夺，国内运输企业的人才流失将不可避免；

④随着外商逐步享受国民待遇，国内企业享有的保护措施和经营优势将逐步丧失，而一些企业的管理者和经营者在思想观念上还不能适应市场的变化，迎接挑战的准备工作不充分。

(3)积极采取措施，应对“入世”挑战。

面对“入世”的挑战，除了各级政府的行业主管部门加强道路运输立法、更新观念、改进管理方式和管理手段，鼓励和引导道路运输企业走集约化、规模化、现代化发展的道路以外，道路运输企业本身要积极引进先进的经营理念、先进技术和现代化的管理方法，提高服务质量，尤其要规划好企业发展战略，积极获取企业资源，优化配置资源，增强企业优势，包括市场竞争优势和合作优势。

1.5　实例企业的发展轨迹

在书中，经常要引用到作者所在的企业（本书称为实例企业）。20 年来，企业发展很快，企业名称和机构也有更改、变动，其发展过程如图 1.1 所示。最原始的企业是“深圳市小汽车公司”，成立于 1982 年 2 月，从私人手中借来的 5000 元、银行贷款 100 万港币起家，主营业务是出租车运营。经过一年多的资金积累，于 1983 年 7 月发展成为“深圳市中南实业公司”（简称“中南实业”），主营业务从出租车运营发展到市内公共交通和长途客运。在 1993 年 7 月“深圳市中南实业公司”发展成由国有资本控股“深圳市中南实业股份有限公司”（简称“中南股份”)。在交通运输结构调整的政策下，在京沪高速公路通车之际，“中南股份”抓住机遇，适时与北京和上海两家企业合作，经交通部直接批

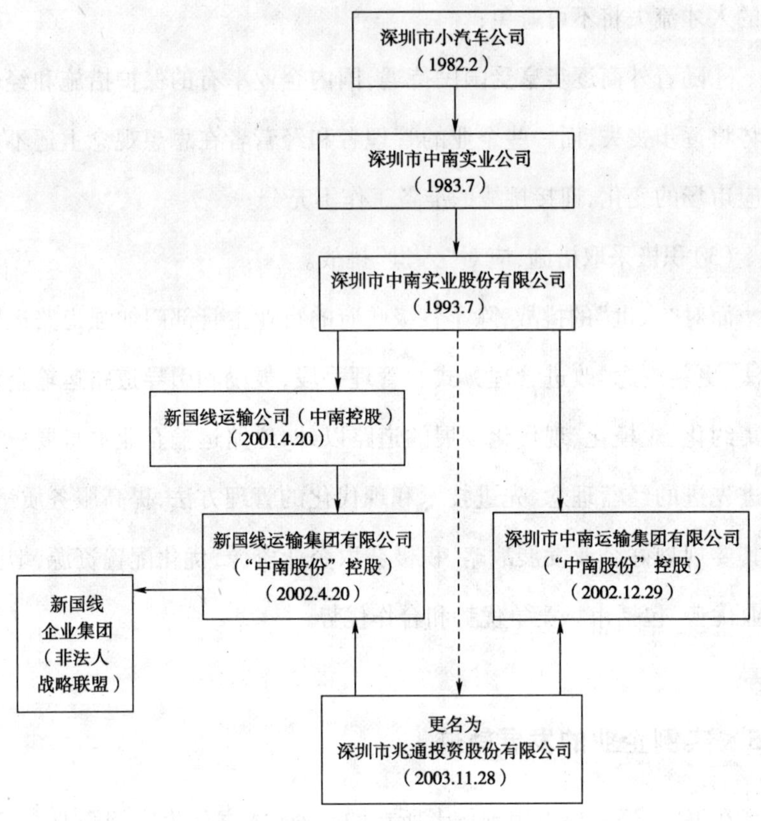

图 1.1　中南—兆通—新国线公司发展轨迹

准，于 2001 年 4 月 20 日成立了由“中南股份”控股的“新国线运输公司”（简称“新国线公司”），这是“中南股份”走出深圳，走向全国的具有里程碑意义的重大决策。“新国线公司”经过一年的发展，于 2002 年 4 月 20 日成立了由“中南股份”控股的“新国线运输集团有限公司”（简称“新国线集团”）。同年 12 月，“中南股份”又成立了“中南运输集团有限公司”（由“中南股份”控股）。这就是“一个中心（“中南股

份”),两大集团(新国线集团和中南集团)”。国有资本控股的“中南股份”经过 10 年的发展,于 2003 年 11 月 28 日更名为国有资本参股的“深圳市兆通投资股份有限公司”(简称“兆通股份”)。无论“深圳市小汽车公司”、“中南实业”、“中南股份”还是“兆通股份”,在本书中都称为企业总部。在“兆通股份”成立后的管理中,仍然实行“一个中心(“兆通股份”),两大集团(新国线集团和中南集团)”体制。

为了进行战略合作,新国线集团又发展为新国线企业集团(简称企业集团)。新国线企业集团是一个非法人的企业联盟,以新国线集团为核心企业。

第2章 道路运输企业资源系统研究的基础

2.1 研究背景和特点

2.1.1 实践背景

2.1.1.1 中国高速公路的发展

中国的改革开放,促进了交通运输业的发展,高速公路的发展速度最快。到2007年底我国高速公路通车总里程达5.36万公里,已位居世界第二。根据规划,我国将建成布局为"7918"的国家高速公路网,由7条射线、9条纵线、18条横线组成,总里程约8.5万公里。国家高速公路网将连接所有人口20万以上的319个城市,包括所有的省会城市以及港澳地区。长三角、珠三角和京津唐环渤海经济区三个大都市圈内部已形成较完善的城际高速公路网。东部地区平均半小时可上高速公路,中部地区平均一小时可上高速公路,西部地区平均两小时可上高速公路。我国高速公路建设的飞速发展为道路快速客运的发展奠定了良好的物质基础。随着中国加入WTO,交通运输业在2006年全面向外资开放了,面对技术含量高、组织规模大、经营理念新的外资道路运输企业,中国需要有能与外资道路运输企业竞争的一批大型民营道路运输企业。这些企业必须以道路运输企业发展战略理论来指导。目前,在企业战略管理理论方面虽然有了不少研究成果,但这些理论还要

在实践中进一步完善,并能适合于中国的道路运输企业。

2.1.1.2　中国道路运输业存在的主要问题

进入 20 世纪 90 年代以来,由于道路运输业的基础设施,特别是高速公路以及高等级公路的快速发展,也由于各种服务项目和服务类型的多样化和对于道路运输高层次需求的出现,道路运输业发生了巨大而深刻的变化。原来的道路运输结构已不适应形势发展的要求,因此,道路运输结构调整已成为中国道路运输业最迫切的任务之一。中国道路运输业民营化程度估计在 80% 左右(陈引社,2004)。民营化程度的高低并不能说明运输结构的合理程度,因为它不反映道路运输的规模经济。现在,中国道路运输业存在结构性问题(王盈嘉,2002),具体表现在以下几个方面:

(1)经营业户多,企业规模小,行业集中度低。

目前,中国道路运输市场经营业户已经超过 520 余万户,其中绝大多数经营规模小。无论是从道路运输业的货运市场、客运市场,还是从运输服务、汽车维修市场角度来看,市场集中度很低。就市场集中度相对比较高的道路运输客运市场而言,到 2002 年底,道路客运经营一级资质的客运企业只有 12 家,二级客运企业 374 家,这两种资质的客运企业约占全国 16 万个班车客运和旅游客运经营业户的 0.24%。按经营资质所要求的规模估计,全国 386 家二级以上客运企业所拥有的营运客车约占总营运客车的12.3%,经营收入约占 17.6%。道路货运市场、汽车维修市场和运输服务市场的集中度就更低。道路运输市场经营业户多,市场集中度低的局面使道路运输市场难以发挥规模经济效应,也无法合理配置运输资源。

(2)主导道路运输市场的大型企业少。

在西方发达国家，少量的大型运输企业在全国范围内或者在跨省区的范围内进行规模化、专业化、网络化的经营，效率高、成本低、服务好，在运输市场中竞争力强，发展潜力大，市场份额多，是稳定和主导运输市场的重要力量，从而提高了道路运输业的生产效率和社会效益。美国1980年对运输行业实行改革开放政策，汽车零担运输企业通过兼并，由1979年的7000多家减少到1000家，到2000年也只有1400家。在20年中，美国汽车运输企业数量增加40%左右，而汽车零担运输量却翻了将近两番。其中最大的三家公司承担的运输量占全国货运量的80%以上，营业收入占全国的90%左右（陈引社，2004）。在北美洲，道路旅客运输的“灰狗”汽车运输公司的运输网络几乎覆盖了整个北美洲，“灰狗”的客运业务垄断了北美道路中、长途运输市场。

在我国,从结构看,1997年道路运输业户均人员4.24人,户均营运客车2.15辆,到2002年道路运输业户均人员7.39人,户均营运客车3.03辆,虽然平均水平有了提高,但规模依然非常小,到目前还缺少全国性的大型运输企业。有些企业的规模外表看来似乎很大,但运输业务仅局限在一个地区,对整个道路运输市场的影响不大。只有新国线运输集团正在中国构建全国性运输网路,有望成为“灰狗”式的中国道路运输企业。

(3)经营方式落后、运输组织化程度低、运输效率低、新技术应用少、服务质量不高。

(4)车型结构和运力布局不合理。

(5)道路运输站场基础设施建设滞后,功能配置和布局不合理。

(6)从业人员素质参差不齐,高素质经营管理人才奇缺。

2.1.2　理论背景——道路运输企业战略理论不完备

道路运输企业与铁路以及民航企业相比,规模不大,组织结构简单,进入这一行业的壁垒低,从企业战略管理的角度看,基本没有成熟的理论。从企业战略管理和资源理论更高层次的角度看,道路运输企业发展理论还未确立。

随着中国经济平稳、高速、健康的发展以及中国加入 WTO,中国高速公路的迅猛发展为道路运输结构的调整奠定了必要的良好的基础,在全国,通过市场机制正在形成各个层次的大型道路运输企业集团。大型道路运输企业集团的发展迫切需要有道路运输企业发展战略的理论指导。

2.1.3　研究视角

我们有着不同的研究视角,原因有两个:

(1)道路运输企业与一般的生产企业不同,它与铁路运输企业、民航企业属于不同运输方式的运输企业,有它的自身特点,因此应该独立地研究。

(2)道路运输企业发展的资源系统论,看起来属于"企业管理"范畴,但它涉及到的一部分内容属于企业战略管理。"战略管理"主要研究战略的制订、战略的实施和战略的评估,但本书主要涉及战略的制订、战略系统和相应的目标系统。"战略管理"中战略的制订普遍采用的是 SWOT 方法,而本书采用的是企业所拥有的资源方法。"资源经济学"所研究的资源是狭义的自然资源,而本书所研究的是广义的企业资源概念,一切有利于大型道路运输企业发展的"投入要素",无论是有形的、无形的,无论是社会、经济、文化的都是企业资源。本书的研究视角是:以企业现有的和潜在的资源为基础,制订企业的战略,确定战略目标。

2.1.4 跨学科的研究特点

应用系统论观点,论述道路运输企业资源系统,研究涉及的学科领域多,知识面广,内容丰富。所涉及的学科有系统工程、交通运输、企业管理、战略管理、资源经济学、企业文化、运筹学、人力资源、品牌学等,本书试图将这些领域的相关内容融化在企业资源系统之中。

2.2 国内外研究的相关成果

大型道路运输企业(集团)战略的资源系统论是一个新的课题,涉及的学科多,内容相互交叉、相互渗透。由于这个研究范畴宽泛,已有的研究成果分散在各个相关的领域,系统性的体系还未形成。相关的理论研究有企业战略、核心能力、企业资源、战略环境、战略联盟等,它们之间相互交叉。以企业战略为核心,与其关联的就是核心能力、企业资源、战略环境、战略联盟等。它们还反映在以下几个关系上:企业战略管理的内部要素与企业战略的关系,即资源与企业战略的关系;能力(核心能力、整体能力)与企业战略的关系;企业的战略环境与企业战略的关系,即产业结构与企业战略的关系;社会环境与企业战略的关系;政治与企业战略的关系;产业生态与企业战略的关系;资源与战略联盟的关系等。

2.2.1 战略管理

美国管理学家切斯特·巴纳得(1886~1961)是最早把战略思想

引进企业经营管理领域的。从1965年起,西方国家在企业经营管理领域中广泛地使用战略概念。美国管理学家安索夫(H. L. Ansoff)针对20世纪50年代企业规模扩张和多元化经营的状况,分析了产品市场战略,提出了企业战略规划理论。此后,他的研究从战略计划拓展到战略经营,进一步发展了企业战略模式的理论。20世纪80年代,以产业结构分析为基础的竞争战略理论占据了主导地位。最近十年,发展到企业竞争力理论以及整体竞争力理论。

经济学家阿尔弗雷德·马歇尔(A. Marshall)在其著作《经济学原理》中提出了企业内部成长论,这是企业战略管理能力学派理论的开端。马歇尔认为由于专业化分工导致技能、知识和协调不断增加从而推动企业不断进化,每个行业是由一系列生产规模、企业寿命、专业知识、组织结构、生产成本、市场份额都不同的异质企业组成的,单个企业的成长、衰落是经常性的,但一个行业则可以经受长期的波动,甚至出现长期平稳向前发展的态势。本书认为,从他们的理论观点可以看出,"企业内部成长论"并非"能力学派",只是在后面的发展中,才慢慢地发展到能力学派。其后,他的门人艾迪斯· 彭罗斯(Edith Penrose)于1959年出版了《企业成长论》,在这本书中她进一步深入研究了企业成长问题并提出了企业内在成长论的思想。她认为,被新古典企业理论视作"黑箱"的企业的资源和能力是构成企业经济效益的稳固基础。

马歇尔的另一位传人乔治·理查德森(George B. Richardson)则在20世纪60～70年代从企业与市场间的协调制度入手提出了组织经济活动的企业知识基础论,进一步发展了企业成长论。1957年塞尔兹尼克(Philip Selznick)在《行政管理中的领导行为》一书中提出的通过"自我构造"、"自我建立"而积累起来的"特殊能力"的这样一种"特殊的

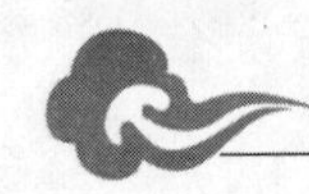

自我创造积累论”是当代企业能力理论的另一支重要先驱。

此后，对企业能力的研究不断深入，1982年纳尔逊（Richard NelSon）和温特（Sidney Winter）在《经济变迁中的演化理论》中，借鉴企业的能力理论，以企业拥有的智力资本对企业进行分类。同年，里普曼（Stephen Lippman）和罗曼尔特（Richard Rumelt）在“不确定模仿力：竞争条件下企业运行效率的差异分析”一文中，他们推断，如果企业无法有效仿制或复制优势企业产生核心能力的资源，那么企业间业已存在的效率差异将无法消除。

1984年随着沃纳菲尔特（Birger Wernerfelt）在美国的《战略管理杂志》上发表了《企业资源学说（A Resource-based View of the Firm）》一文，企业能力理论开始分化为两个相对独立又互为补充的学派，这两个学派都建立在企业内在成长论的基础上并为企业内在成长论的深入发展作出了突出的贡献。其中一派是资源基础论，它以沃纳菲尔特及其发表的《企业资源学说》为起始标志，经过罗曼尔特、里普曼、温特、巴尼（Jay B. Barney）、申德尔（Dan E. Schendel）、库尔（Karel. Cool）、迪瑞克斯（Ingemar Dierickx）、德姆塞茨（Harold Demsetz）、库勒（Kathleen R. Conner）、皮特瑞夫（Margaret A. Peteraf）、柯利斯（David J. Collis）、蒙哥马利（Cynthia A. Montgomery）等人的发展，成为一个比较完整的理论体系；另一学派则延续能力理论对于企业能力的关注，提出了核心能力和动态能力学说，我们继续称之为能力学派。这一学派以普拉哈拉德和哈默在1990年5~6月的《哈佛商业评论》上发表的《企业核心能力》一文为标志，经过斯多克、伊万斯、舒尔曼、提斯、匹萨诺（G. Pisano）、苏安（A. Shuen）、福斯（N. J. Foss）、兰格路易斯（R. N. Langlois）、贺尼（A. Heene）等人的发展，成为另一个比较完整的理论体系。

图2.1解释了企业战略管理理论的企业内部成长论各种学派产生和发展路径、观点和代表人物，简要地说明了从1920年“企业内部成长论”的诞生，过渡到1970年“特殊能力积累论”和1982年“核心能力的资源论”。在1984年出现了“资源学派”；其后，在1985年，波特(Porter, M. E)针对内部成长论的不足，提出了主因在企业外的“产业结构论”，1990年由普拉哈拉德和哈默提出了“核心能力观”，然后又出现了斯多克、伊万斯、舒尔曼为代表的“整体能力观”。回顾近20年来竞争战略理论尤其是能力理论的发展历程，主要演化为资源学派和能力学派两大理论派别。它们既相互独立又互为补充(许可等,2002)。

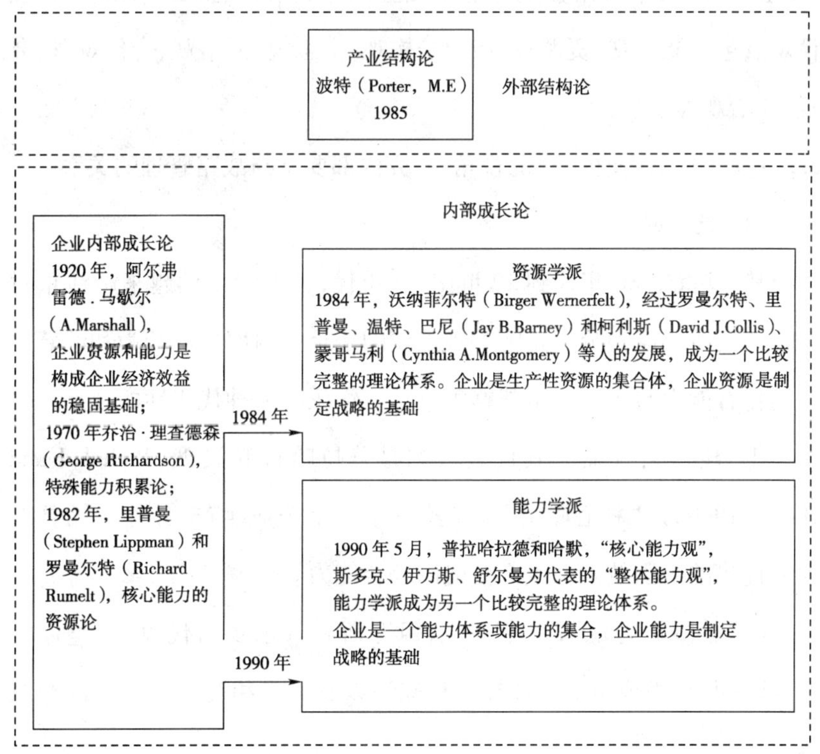

图2.1　企业战略管理理论的企业内部成长论各种流派产生和发展路径、观点和代表人物

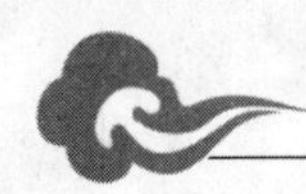

除了波特的"产业结构论"外,图2.1中的所有理论都属于企业内部成长论范畴,即,企业内部成长论、特殊能力积累论、核心能力的资源论、资源学派、核心能力观、整体能力观都属于企业内部成长论。企业内部成长论正好与波特的产业结构外部论是对应的。本书的观点与一开始就认定,阿尔弗雷德·马歇尔(A. Marshall)的企业内部成长论是能力学派的观点是不一致的。

为了在国际市场中赢得竞争优势,发达国家的经济学界和管理学界将企业战略理论研究放在最重要的地位,其结果是:企业战略理论发展迅速,创新成果不断涌现,学术流派并起。这一节从"企业内部"和"企业外部"两个视角分别综述了企业战略管理理论的发展成果。理论观点包括能力观、资源观、产业结构观、生态观、网络观、合作观、社会观、政治观等。

2.2.1.1 从"企业内部"的视角,研究内部要素与战略管理的关系

(1)能力观。

从20世纪80年代到20世纪90年代,管理学家们越来越注重对公司的资源和能力分析。能力观强调的是企业内部生产行为和经营过程的特有能力与企业竞争战略关系。该学派有两种代表性的观点:

①"核心能力观",其代表人物是普拉哈拉和汉默(Prahalad and Hamel,1990)。"核心能力"是指蕴含于一个企业生产、经营中的具有明显优势的个别技术和生产技能的综合能力。

②"整体能力观",以斯多克、伊万斯和舒尔曼为代表。"整体能力"指的是组织成员的集体技能和知识以及员工相互交往方式的组织程序。

综观这两种不同的"能力观","核心能力观"注重企业生产、经营

中的个别关键的独到的优势,而“整体能力观”则强调企业的整体优势。

(2)资源观。

强调“资源”问题的重要性是资源观的理论出发点和基础。资源观在20世纪80年代中期就出现了,代表人物是安德鲁斯、柯林斯和蒙哥马利。柯林斯和蒙哥马利认为“资源是一个企业所拥有的资产和能力的总和”,并认为,资源价值的评估不能局限在企业自身,而要将企业的资源置于其所面对的产业环境,并通过与其竞争对手所拥有资源进行比较,从而判断其优势和劣势。为此,提出要进行五种评估:①模仿性评估:资源是否难以为竞争者所复制;②持久性评估:资源价值贬值的速度和时间;③占有性评估:资源创造价值的受益者;④替代性评估:资源被另一种资源代替的可能;⑤竞争优势评估:竞争双方资源的优势大小。通过评估,发现企业资源的总体状况,为制定和选择竞争战略提供坚实可靠的基础。

2.2.1.2　从“企业外部”的视角,研究外部要素与战略管理的关系

(1)产业结构观。

哈佛大学商学院的迈克尔·波特(Porter,1985)提出了产业结构观。它强调的是市场产业结构与企业竞争战略的关系。波特认为,企业所处的众多环境中,产业结构极大地影响着可供企业选择的竞争战略。他还强调,产业“结构分析是确立竞争战略的基石”,“理解产业结构永远是战略分析的起点”。

虽然战略管理学家以及经济学家都对产业结构做过不少研究,产业结构理论并不是一个全新的领域,但波特的贡献在于他巧妙地将产业组织经济学与企业竞争战略创新性地结合在一起。他认为,一个产

业内部的竞争状态取决于五种基本竞争力的相互作用,即进入威胁、替代威胁、买方砍价能力、供方砍价能力和现有竞争对手的竞争,而其中每种作用力又受到诸多的经济技术因素和特征的影响。

在产业结构和五种竞争作力分析基础上,波特提出了三种可供选择的竞争战略,即总成本领先战略、差别化战略和目标集聚战略。但他承认,实施这三种战略不仅需要不同的资源和技能,同时还存在着不同程度的风险。

波特提出的“价值链”也是一个重要的理论概念。他认为:每一个企业的价值链都是由以独特方式联结在一起的九种基本的活动类别构成的。其目的是为了系统识别和分析企业竞争优势的来源。实施竞争战略的过程实质上就是企业寻求、维持、创造竞争优势的过程。

近20年来,随着新经济时代的到来,世界经济全球化趋势明显加剧,企业面临的市场环境发生着深刻的变化。新竞争者的加入、新的竞争规则的出现、各个行业的结构变化、顾客期望值的不断提高、新价值观的涌现、政治领导人的更替等(Callon,1998),以及各种特殊利益集团不断发展壮大,公众的自我保护意识和环境意识显著提高,并对企业承担社会责任持有越来越高的预期。所有这些都给传统的以企业作为“独立、自治的实体”(林健等,2002)战略理论提出了新的挑战。它要求企业如何与社会、经济、文化、自然、政治、技术等环境之间保持相互协调。这已影响并将继续影响企业战略思维、企业战略理论和方法的发展方向和趋势(张炎炎等,2004)。

从上述三大理论学派的发展历史可以看到,企业战略理论研究重点都放在“竞争优势”上。事实上,企业在市场上创造价值,不仅是“竞争优势”,而且还有“合作优势”,从而出现了其他的理论观点。

(2)生态观。

任何战略理论都是基于以单体企业的特定组织为对象的战略理论。为适应市场环境的变化,理论界提出由基于单体企业的传统组织理论应向企业生态系统转变。目前,有关组织理论创新研究的主要成果有组织生态、网络组织和企业生态等。因此,以组织边界的扩展(即利益相关者纳入)为核心的组织理论必然给传统战略理论提出新的挑战。

一个企业是“企业生态系统”中的“生命体”,理解企业的竞争行为需要把企业嵌入到所在的生态系统中来考察。为此,学者们开始运用生态学的思维、理论和方法,将企业与显性的和隐性的利益相关者联系在一起,共同思考企业的战略选择,并各自从不同角度提出企业战略的新理论。

汉能等(Hannan,1977)是最早主张“种群生态”的组织理论学者。他们的模式集中探讨行业,而不是个别企业组织机构。罗珉(2001)认为一个组织或许跨越了几个行业,并在与其他组织的紧密关系网络中确定自己的位置。超越单体企业和经济学研究的范畴,对联盟体组织中各成员企业的角色、作用和协作配合机制等进行多角度的研究,将对组织理论走向充实化、体系化和完善化起到至关重要的推动作用。

矛尔(Moore,1999)创造性地将生态学理论运用到商业企业的运作上。他认为,商业生态系统是以组织和个体的相互作用为基础的经济联合体。这种经济联合体生产出对消费者有价值的产品和服务,消费者是生态系统的成员。生态系统的成员还包括供应商、主要生产者、竞争者和其他风险承担者。

蓝海林等(2003)把企业的具体战略抽象出来,从企业的“战略群”

而不是从影响单个企业战略的因素着手，提出企业战略的抽象群和战略生态的概念。他们认为，战略生态是多个企业的战略及其环境构成的系统，它有生长和演化的过程，而且这个过程是自然的，存在客观规律。同时还讨论了战略生态的含义、结构、主要形态、战略生态的平衡与稳定、战略互动与战略生态的关系，以及战略生态的应用价值等。张娥等(2003)也围绕战略生态的有关问题进行了初步研究，提出了架构“战略生态学”这一学科的思想。并着重就战略生态学这一学科的概念、研究对象、研究内容、研究特点、研究方法，以及研究的基本原则进行了初步探讨。同时，借助生态学的思想、理论和方法来思考企业面临的战略问题，提出了新的战略范式——战略生态管理，并对其主要过程和主要内容进行了研究，以期对企业战略实践提供一种新的语言、新的战略逻辑和实施方法。目前，对战略生态还仅仅只是提出了相关思想而已，要使之成为可操作的战略范式，尚有大量理论问题有待深入探讨。

“利益相关者”理论也属于企业生态观的一个组成部分。随着市场经济向纵深发展，利益相关者对企业生存与发展产生越来越重要的影响，一个企业总是生存在企业群体的生态，企业已经不能再无视利益相关者的存在和需求。1963 年，斯坦福研究所(Stanford Institute)首次提出“利益相关者(stakeholder)”的概念。在费里曼、布莱尔、多纳德逊、米切尔等学者的努力下，利益相关者理论的分析框架、核心理念和研究方法逐渐明晰，并指出“企业对界定清晰的利益相关者负有社会责任”。与传统的股东利益至上的主要区别在于：该理论认为任何企业的发展都离不开各种利益相关者的投入或参与，企业追求的是利益相关者的整体利益，而不仅仅是某个主体的利益。这些利益相关者包

括企业的股东、债权人、雇员、消费者、供应商等交易伙伴，也包括政府部门、本地居民、当地社区、媒体、环境保护主义者等压力集团，甚至还包括自然环境、人类后代、非人物种等受到企业经营活动直接或间接影响的客体。这些利益相关者都对企业的生存和发展注入了一定的专用性投资，他们或是分担了一定的企业经营风险，或是为企业的经营活动付出了代价。

杨瑞龙等（2000）把企业利益相关者主要分为股东、员工、消费者、供应商、中间商等，其对利益相关者的划分仅仅包括了企业的交易伙伴，没有考虑与企业发生隐性社会契约关系的、并影响企业生存与发展的众多的利益相关者。黄少安等（2002）指出，公司已经是一个"社会存在"的概念，而不仅仅是为股东利益而生存，公司是为所有利益相关者服务的。

目前，利益相关者理论研究已经成为一个涉及企业组织、战略管理等领域共同的研究热点。

（3）网络观。

网络组织是企业间经济活动的一种制度安排，是企业间契约关系的一种形态。传统的由法定产权界定的企业组织边界学说已经不能适应网络经济发展需要，所以借用神经生理学和计算机科学中"网络"的概念，从组织理论发展的角度，把传统企业组织边界扩展到利益相关者群体，并提出用"网络组织"一词对这一研究领域进行研究。

杰苏等（Jensen，1976）认为，现代公司是由各个相关利益者所构成的"契约联结体"。理查德森等（Richardson，1972）指出，企业间活动是互补的，资源具有依赖性，通过企业间多样化契约可以进行协调，以降低交易成本和生产成本，推动技术的联合开发，提供对相关企业的有效控制。罗仲伟(2000)认为网络组织由结构、过程和目的三大要素所构成。李维安(2003)主要从网络组织的生成与构建、运作机制、运作绩效与协作利益分配,以及网络组织治理等问题进行了探索,并把网络组织模型界定为企业集群网络、专业服务网络组织、联合经营网络、战略联盟、虚拟企业等形式。目前,以边界模糊化为特征的企业网络组织已经成为组织理论研究的前沿和实现范式转换的新生点。

嘉利罗(J. C. Jarillo,1988)首先提出了战略网络的概念,他把企业网络的思想引入战略研究之中,强调企业的网络及其关系网络在企业战略中的作用,并将战略网络定义为:"在有独特性但又相互联系的求利组织之间的长期性的、有目的的组织安排,以使在网络内部的组织获得或保持竞争优势"。战略网络是企业竞争优势之源,是介于市场组织和层级组织之间的一种中间组织模式,是一种平等、独立的合作协调关系。

瑙利亚(N. Nohria,1992)则认为企业是多元关系的联结,企业网络是社会网络的重要组成部分。企业的行为和战略必须是根据其所在的网络特性及其本身在这个网络中角色、位置来决定的,即网络对企业既是一个机遇,也是一个约束。企业的行为和绩效受其所在网络的限制,反过来企业对网络的贡献又促进网络的计划,在网络计划中又使企业受益。

而芭特(R. S. Burt,1992)则从网络理论来认识企业的战略网络及其结构,认为网络是信息和控制收益的通道,不同的网络结构有不同的报酬率,形成有价值的"社会资本、企业网络及其关系是自身拥有的资源"。

葛拉第(R. Gulati,2000)在总结基于企业网络的战略管理研究的

基础上，强调战略网络在战略管理中的作用，他把战略网络定义为，由那些具有持久性的、对进入其中具有战略意义的组织之间的节点构成的，它包括战略联盟、合资、长期的买卖伙伴和一群相似的节点。

林健等(2002)认为，战略网络是由结构、关系、进化等要素构成，他们把战略网络定义为："由社会不同组织或个人为了共同远景，通过一定协议或契约联结在一起的、以彼此相互信任和长期合作为基础而构成的、具有战略意义的、不断进化和优化的经济合作网络。"它包括企业的一系列的关系，既有垂直关系，如与供应商、消费者、市场中介结构等的关系；又有水平关系，如与竞争对手、其他产业的企业、政府部门、高校、科研机构、利益相关者等的关系。

(4)合作观。

在企业实践活动中，几乎没有一家企业能够由组织内部提供经营所需的全部资源，也无法完全由个体的力量对抗外界的压力。在经济生活中，除了竞争的对抗关系外，企业之间还存在着各种各样的合作关系，"你中有我、我中有你"已经成为新的战略观。目前，以资源优势互补为合作目标的主要方式有战略联盟和供应链管理等。

20 世纪 90 年代，以资源为基础的核心能力学派在战略管理研究领域中掀起了一股热潮，它将人们对战略的分析从外部的竞争环境引入到企业内部的资源结构，使战略的形成和制定有了新的思维。"在合作中竞争，在竞争中合作"是 21 世纪企业生存的法则，为此，发展战略联盟就成为顺应这一生存法则的现实选择。

从资源的观点来看，战略联盟或虚拟企业是合作各方资源一体化的结果。有学者将联盟看作是"由战略资源需求和社会资源机会推动的合作性关系"。也有学者将这种建立企业间组织形式的过程认为是

企业间资源流动的过程。战略联盟或虚拟企业已经超越了由法律界定的单体企业界限。

(5)社会观。

社会文化环境是影响企业生存发展的外部环境之一,它影响到企业的竞争行为和处事方式。以及对待社会、利益相关者的需求和权力的态度。一个基本理念就是,企业不仅是自然的一部分,还是社会的一部分,企业只有适应了社会文化环境的要求才能被整个社会所承认和接纳。基于此,遵守社会道德、价值准则、商业伦理和诚信经营就成为企业主动适应社会文化环境的回应,成为企业经营行为的基本规范。目前,这方面的研究主要有和谐管理、企业社会责任和管理伦理等。

和谐管理理论首先由席酉民(1989)提出,其理论核心就是充分调动和利用各子系统成员的积极性和能动性,系统整体重在创造机会、条件和一种促进各子系统能量释放和协同发展的环境,通过每个子系统的发展和系统作用来实现系统的整体目标。席酉民等(2002)认为,对于组织整体有效性的研究无论起于何种视角,都势必会涉及组织中所普遍存在的和谐机理,即无论研究始于何种角度,只要是有关组织整体运行机理的反映,其最终都将涵盖在更高层次的关于组织如何把握好"度",以使系统和谐演进的研究范畴之中。和谐管理理论对目前涌现出来的战略理论研究、组织行为理论、决策理论等具有较强的解释和处理能力。在企业中,和谐管理的本质就是要寻求企业内部和外部的良好关系。

在竞争激烈、产品快速升级的环境下,中小企业难以完全依靠自身的力量立足并取得发展。它们的成长依赖于外部资源的获取,而获取的渠道又通常来自于由各种关系交织成的复杂、交叉重叠的社会网络。

中小企业必须利用这种社会网络的关系(姚小涛等,2004)。

(6)政治观。

所谓政治环境就是指对企业生产营活动产生影响的法律法规和政府的政策规章所构成的环境。政治环境包括大量涉及企业的国家立法和政府规章。爱泼斯坦(Epstein,1969)认为,企业已经步入政治竞争的时代,政府或政府政策作为一种竞争工具,能拓展企业的外部生存空间,为企业创造有利的竞争环境,国外关于公司政治策略与行为的研究已经开始成为战略管理学科领域的一个重要研究课题。卢卡思(Lucas,2000)指出,在公司政治文化中,权力已变成了一场游戏,相互协调和权力分配正成为21世纪精干型和自我调适型组织获得成功的两个关键。因此,考察公司政治活动的实质和排除公司政治的负面影响,对于处于变革时代的企业及其管理者显得尤为必要(祇杨等,2000)。公司政治是公司中某个人或团体获取权力的活动过程,即权力往往是公司政治活动的结果。政府的政策将影响到行业的竞争格局。那些受影响较大的企业可能因此失去某种或某些竞争优势,并最终失去其所拥有的市场地位。当然如果政府政策对行业是支持的,则可能赢得某种优势。可以说,各种商业性法律法规和各级政府的各种商业性政策规章为企业编织了一张错综复杂的政治大网,它给企业的生存和发展带来了巨大的影响。

关于企业战略的其他研究还有:

尤克家(2004)认为传统的战略管理在现有企业竞争和发展中的一些不足:制定过程繁杂,时间冗长,不能根据变化的市场环境迅速调整战略,需要在理念和方法上得以更新,这些具体方法包括“文化整合”、“组织结构扁平化”和“累进式战略决策”。他指出,如果根据传统

的战略管理概念,对企业进行周详的战略部署,势必会损失时间优势。尤克家的累进式战略是指技术和市场都处于潜在状态难以预测的情况下,根据即时信息,迅速做出反映,不间断地调整企业资源配置,尽快地使企业的产品符合经常的转变,同时有目的地在原有战略基础上调整企业战略目标,开发新的利润增长点。本书认为,战略的制定是一个十分慎重的过程,除非企业环境有了突然的变化,一般而言,企业战略是不能如此“不间断地调整”的。

邱华等(2004)讨论了战略方向的涵义,他认为,战略方向代表了战略制定者对企业未来道路的愿景,主要和企业使命、所处行业、竞争趋势有关。以阿诺得·哈克斯等人的“三角战略”理论为基础,给出了战略制定的三个方向:最佳产品战略、客户解决方案战略和系统锁定战略。本书认为,他所论述的“战略方向”实际上是企业战略系统中,属于第二或第三层次的战略种类。

2.2.2 资源论

可以将对于资源的研究成果分为两大“板块”,一个是“资源经济学板块”,另一个是“企业资源板块”。

(1)资源经济学(曲福田,2001;史忠良,1993;杨秀苔,1993)。

资源经济学已经有了比较完整的理论体系。资源经济学所涉及的“资源”是宏观概念的自然资源,比如土地资源、水资源、矿产资源等。资源经济学研究的主要是自然资源的合理开发、利用,资源的优化配置,资源的效率,资源安全等。

(2)企业资源。

“企业资源”所涉及的“资源”是微观性质的资源。到现在为止,关

于“企业资源”的研究很多,取得了不少成果,但只是一些比较分散的观点、论述和理论,还远没有形成理论体系。这些观点、论述和理论主要涉及以下几个方面:

①企业资源的定义、分类和作用。

②企业资源与企业战略的关系。

项国鹏(2003)将知识与公司的战略联系在一起,以实现公司战略过程的知识性指导。他提出了企业知识的概念以及公司战略的六个要素,它们是资源、环境、组织、业务、愿景与目的及目标、战略形成方式,同时他还认为,公司战略的这五个要素是公司战略设计的基础。本书要指出的是,这一种关于公司战略要素的定义把制定公司战略的依据与战略目标混淆在一起了。依塔米(Itami,1992)认为公司战略的构成要素有三个:产品和市场机制、业务活动领域、经营资源机制。艾米特等(Amit & Schoemaker,1993)把战略资产定义为能给企业带来竞争优势的难以交易、模仿和占有的资源和能力,主张企业的战略资产应该具备稀缺性、低交易性、不可完全模仿性、有限的替代性、占有性、持久性与战略产业要素的覆盖性、互补性等特征,其价值才会超越它们对生产过程的贡献。张嵩等(2003)认为,基于资源的企业理论的核心在于企业是由一系列资源组成的集合,每一种资源都有多种不同的用途,企业的竞争优势源于企业所拥有的资源。

刘东(2003)指出,企业资源观认为企业的长期竞争优势来源于企业所拥有的特殊资源,但现有理论缺乏对企业获取和发展特殊资源的战略模式的系统研究。他分析说,企业资源基础观下的企业战略,实际上包括两个层面:一是现有资源的配置和潜力发挥;二是新资源的发展与创造。刘东在该文中进行了企业资源基础体系分析,包括资源存量

与状态分析，资源配置与能力表现分析，识别“剩余资源”和“剩余能力”分析，这些分析比较简单、粗略。

③企业资源管理。

何昌勤(2004)认为企业资源管理更进一步地阐明企业如何充分利用各种可以支配的资源，使企业资本得以实现增值的目的。

④企业资源与战略联盟关系。

刘益等人(2003)研究了基于战略联盟的资源、风险以及战略联盟结构模式的关系，提出了三者的概念模型。布劳吉等(Blodgett and Chi,1994)检验了一个跨国合资公司中各个合作伙伴投入联盟的三种资源：技术、当地的知识和营销技巧，对政府的说服力。戚(Chi,1994)认为，技术、营销和管理的竞争是联盟中三种独特的资源，技术资源是公司拥有的技术专长、商业秘密和研发能力。黎利等(Lyles and Reger)指出，下列几种资源是合资企业独立于合作伙伴母公司的资源：研究发展能力、资金、技术专长、独立的机构和地理位置。亨纳(Hannart)提出可能投入到战略联盟的资源包括：原材料和元件、分销渠道和资金。

由以上的一些学者对于企业的资源的论述可以看出，资源的概念是针对生产性企业的，至今对于企业资源的含义，众说纷纭，莫衷一是。谢恩等(2003)在《基于资源观点的联盟中价值创造研究综述》一文中，认为“基于资源的观点(RBV)”核心内容是：企业是一个资源的集合，竞争优势主要来源于资源的差异而不是产业环境的差异，创造和维持这种差异是企业成功的关键。

⑤企业资源的配置。

项国鹏(2003)认为，资源配置的主旨是要通过现有资源的规划和

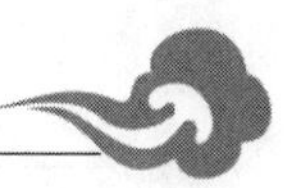

运用来创造和积蓄知识性资源中的无形资源。知识性资源是最重要的资源,而且大部分这样的资源,尤其是富含隐性知识的资源不可能从市场中购得,只能凭借资源的利用而自我培育。非知识性资源和知识性资源中的有形资源基本可以通过外购的方式来弥补。

其他方面还有:汪方军等人还建立了资源成本模型;王雨等(2003)分析了资源外包概念,认为这是企业为取得更大的竞争优势有选择地利用外部资源,以降低成本,提高绩效的一种管理模式。他们提出了核心资源、外包资源和市场资源的三个层次,建立了(核心)资源与(核心)能力的关系,分析了企业发展的资源进化进程及其与能力进化的关系,这一研究是针对生产性企业的。

2.2.3　企业资源计划(ERP)

企业资源计划,也称企业资源规划,英文是 Enterprise Resources Planning (ERP)。在经济发达国家和地区应用极为广泛。我国自 20 世纪 80 年代开始研究,时间不长。企业资源计划体现了 21 世纪最先进的企业管理理论,并提供了信息化集成的最佳方案,它将企业的物流、资金流和信息流统一起来管理,对企业所拥有的所有资源进行综合平衡和充分考虑,最大限度地利用并发挥资源的优势。其基本哲理也已将资源的触角触及企业外部可以利用的资源,以支持企业自身资源发挥最大作用(郑宽明等,2004)。ERP 是基于供应链管理的思想和方法,在“制造资源计划”(MRPII)的基础上发展起来的集成化信息管理系统,代表了制造业企业在信息时代管理革命的发展趋势。

企业资源计划理论的特点:

(1)用于生产制造业企业,所以对运输企业是不适用的。

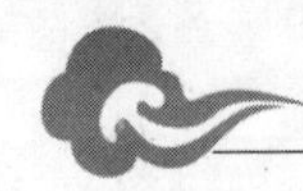

(2)企业资源计划是计算机管理信息系统,它主要用于供应链的各个环节:订单、采购、库存、计划、生产制造、质量控制、运输、分销、服务与维护、财务管理、投资管理、经营风险管理、决策管理、获利分析、人事管理、实验室管理、项目管理、配方管理。

2.2.4 交通运输业

2.2.4.1 交通企业的企业管理研究

中国道路交通企业管理的研究反映在两个方面,一是关于道路(汽车)运输的著作;二是杂志《交通企业管理》。

10年前,由于中国道路运输企业与其他运输方式的企业相比,显得很弱小,所以对它的研究基本停留在一般的企业管理的原理、职能和方法上,没有大的突破。近些年的研究也主要集中在:①国企改制、民营企业发展和公车公营;②道路运输安全管理,包括超载;③客运品牌;④物流;⑤企业管理的相关问题,比如人力资源、企业文化、经营风险等。很少涉及企业战略及其资源理论,即使有,也只是做一些很浅显的战略管理介绍。这些都充分地说明:当前中国的道路运输业正处在从初级到中级的发展过程之中,处于从粗放型向集约型,从无序向有序,从小企业向集团化经营的转变之中。

2.2.4.2 交通运输企业的企业战略管理研究

企业战略管理与一般的企业管理的研究对象是不一样的。企业战略管理是对于企业整体的长远的重大的高层次的谋略决策,决策者是高级经理人;而企业管理研究的对象主要是企业内的职能部门的管理,比如人事管理、财务管理等,决策者主要是中、高层经理人员。国外,关于交通运输企业的企业战略管理研究非常少。铁路行业有美国的

RailAmerica公司的战略研究(Paul Reed, Ronald Earl, and Joseph Kavanaugh),道路运输行业的有北美的“灰狗汽车运输公司”(Grey Honder Transportation Co. Ltd.),它的战略管理阶段主要在20世纪50年代。民航运输企业的有美国的大陆航空公司的转向战略和英国航空公司的企业战略(Authur,2001)。

在中国,由于运输体制和机制的原因,绝大多数交通运输企业不进行企业战略管理。铁路是高度垄断的企业,而且政企不分,它几乎没有任何竞争的压力,所以它不用做企业战略管理。只是在2003年由铁道部人事司等部门合编了一本供中国铁路高级管理和专业人员进行培训的教材《铁路运输企业战略管理》。这本教材的内容没有涉及中国铁路战略管理的内容,主要是介绍美国等西方国家的企业战略管理理论。中国民航企业,基本上是国有企业,虽说大部分已经改成股份制企业,还没有查阅到关于民航企业进行企业战略管理的报道。中国的道路运输企业,虽然经过这几年的快速发展,但基本上是偏小的企业,几乎没有进行企业战略管理的必要,只有具有战略眼光的大型道路运输企业的高级经理才会对其经营的企业进行企业战略管理。

2.3 国外道路运输企业的现状与发展

2.3.1 加拿大“灰狗”汽车运输公司

(1)坚持网络经营。

加拿大“灰狗”公司主要经营业务有客运、旅游运输、小件快运等。根据主营业务的特点,从公司开始建立起,就旨在发展网络经营。特别是在二战以后的几年,一手抓车辆更新,一手抓网络发展,抓住了机遇,

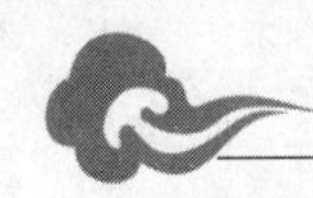

取得成效，终于营造了总长有7300mile(约12000km)的营运线路，建立了732个客运站点，业务范围横跨北美大陆，在加拿大客运市场中占有最大份额，居于垄断地位，成为北美道路运输的龙头企业。正是在这个大网络的基础上，近一个世纪以来，虽然"灰狗"公司在市场风浪中遇到多次风险，但都能顺利度过，使企业立于不败之地。

(2)全力打造"灰狗"品牌。

公司从成立开始，就十分重视品牌的塑造。"灰狗"的英文是GREY HOUND，是一种善跑的猎犬，它忠诚，善解人意。以顾客至上的理念提供优质服务，形成自己的核心竞争力。经过苦心经营，"灰狗运输"在世界已成为著名运输品牌，"灰狗"和人们的旅行紧密地联系在一起。

(3)按照实用、高效的原则大力采用新技术。

"灰狗"公司在硬件设施和科技运用的投入方面，并不刻意强调高投入以提高运输的科技含量，而是坚持实事求是的态度，强调硬件设施和科技运用的先进性必须与实际可操作性相结合；强调硬件设施和科技运用的投入必须与经济效益相结合。

(4)与MCI联盟，科学选购车型。

"灰狗"公司与MCI汽车制造厂建立了相互影响、相互联结的战略联盟关系。这种单一化的战略有利于车辆的管理，减少维修费用，提高车辆维修、更新与改造的效率，符合"维修要从选购车型开始"的原则。通过参与生产商研制开发适合本企业运输特征的车辆，有利于提高运输企业的运营管理水平。

(5)积极获取与政府的关系资源，争取有利的社会环境。

"灰狗"公司在快件货运领域中的成功，除了"灰狗"公司自身经营

优势原因之外，加拿大政府的政策支持也是不可忽视的。“灰狗”公司通过积极活动，终于克服法规障碍，说服加拿大政府允许“灰狗”公司在大型客车后面加挂小拖车以及使用混合客车。

(6)重视站点建设与经营。

“灰狗”公司开发建设的732个场站处于客运班线运输的线路上，它们现在是道路班线旅客运输、旅游运输和快件货运经营的基础。因此，运输网络主干线上的站点建设与管理必须完美地适应客、货运业务的经营，才是一个满足功能需求的理想网络。

(7)加强营销系统建设，开展有效的营销活动。

“灰狗”公司对提供不同的运输产品有十分清晰的定位，坚持在满足不同客户的各种运输需求的前提下，注重市场营销在企业发展中的作用。

2.3.2　TNT澳大利亚有限公司

TNT集团有限公司原是世界著名的以货物快运起家的跨国公司，1997年TNT集团有限公司被荷兰KPN购并。KPN收购了TNT之后，将其皇家PTT邮政与原TNT合并组建了TPG公司(TNT Post Group)。该公司使用“皇家PTT”和“TNT”两个品牌(TNT快运、TNT物流)，2000年业务覆盖200个国家和地区，在58个国家设有分支机构，其主要业务是邮件、快运和物流服务。

TNT品牌能够长期存在与发展的内在原因，在战略与经营管理体制上可借鉴的内容有以下几方面：

(1)合理的分权与授权。

将TNT集团有限公司在管理体制上的授权经营与分(子)公司战

略制度化的经营管理结合起来，既体现了集团公司总部的战略决策和财务管理功能，又充分体现了区域性公司自主经营能力的需要。这种战略管理和经营制度使各个业务经营分（子）公司具有最大程度的自主经营能力。

（2）规模化、专业化与协同化经营的协调统一。

TNT 澳大利亚公司战略和经营管理体制能够体现业务经营专业化、规模化运作机制，可以将专业化、规模化的经营优势发挥到较高水平，又能够将协同化经营的整合能力用到恰到好处。

（3）良好的制度。

以战略制度管理支配企业经营的专业化与协作关系的运作，将专业化与协作化结合起来，自主经营与战略管理结合起来，形成一种科学、合理、有效的机制，经济效益十分明显。

（4）良好的资本经营机制。

TNT 拥有一家航空公司 50% 的股份，拥有铁路货运站等快运、物流等基础要素，能够利用资本经营、市场机制将不同运输方式协调起来运作，将公路、铁路、水运、航空等运输方式协调起来。

（5）理顺母子公司体制，制定完善的两级管理制度。

（6）合理授权，防止企业规模过大导致的管理弊端。

2.3.3 英国国家运输公司（NFC）

英国国家运输公司（NFC），是英国最大的货物运输和物流企业之一，在英国，甚至在欧洲都有较高知名度，在经营上有很多值得借鉴的地方。

（1）购并与转卖是优化资源、谋求发展的有效手段。

购并和转卖为企业的“进入”和缺少效率企业的“退出”提供了有效的战略手段，同时购并也是企业进行资本运作的重要手段。英国国家运输公司通过有明确目的的购并，或是为了扩大优势业务的规模，或是为了获取企业急需的资源等，不断的形成企业的核心竞争力。

(2)重视企业文化和价值观建设。

英国国家运输公司塑造了与其自身的发展战略相协调的优秀的企业文化。这种企业文化已经成为英国国家运输公司在发展过程中的潜在的积极的促进因素，提高了公司的竞争力。

(3)建立以职工持股为主的现代企业制度。

英国国家运输公司从内部员工购股到公司上市的操作过程有很多值得新国线集团借鉴的经验。

2.4　交通运输学

2.4.1　交通运输的一般概念

人类社会的发展和人们的日常活动都离不开人与物的运输。交通运输是生产过程在流通领域的延续，是沟通工农业之间、城乡之间、企业之间经济活动的纽带，也是联系国内外的桥梁。交通运输是国民经济活动的主要环节，又是国民经济发展的“先行官”。交通运输是现代社会的血脉，安全、有效、快速、及时地在地区之间进行人员交流和物资流通是社会与经济发展的基本保证。

交通运输系统是由运输对象(人、货物)、交通运输管理者、交通运输固定设备及设施(道路、铁路、港口、车站、机场、通讯设备、电力设备等)和交通运输工具(车辆、飞机、火车等载运工具)4 个子系统组成。

交通运输有5种运输方式:铁路运输、公路运输、水路运输、航空运输和管道运输。各种运输方式有不同的技术经济特征和适用范围。充分发挥它们各自的优势,使其相互补充、相互协调,同时保持适度竞争,以保证交通运输业满足国民经济和人民群众的运输需求。

2.4.2 交通运输学研究的主要内容

交通运输学研究的主要内容包括两个方面,一是交通运输工程;二是交通运输规划与管理。

2.4.2.1 交通运输工程

交通运输工程是指交通设施(道路、铁路、港口、车站、机场)的设计、建造以及交通工具(车辆、飞机、火车等载运工具)的设计制造。比如车辆工程、轮机工程、油气储运工程等。

2.4.2.2 交通运输规划与管理

交通运输规划与管理中的规划主要指的是交通运输线路规划、交通运输线路网络规划、铁路车站和公路场站、港口和机场规划等;其中的管理指的是交通运输技术管理与交通运输企业管理。

道路运输管理工程也是理论基础之一。道路运输管理工程是以探讨交通运输管理(技术、商务、企业)、交通基础设施的规划与设计、交通系统运营与管理等为重点。道路运输是现代交通运输体系中的一个重要组成部分，在国民经济中有着重要的地位和作用，尤其是中国高速公路的快速发展，为道路运输的现代化奠定了良好的基础条件。现代化的道路运输业，不但要具备现代化的车辆、道路系统、各种现代化的设备设施，同时还必须应用科学的管理方法来组织运输生产，以满足社会生产和人民生活对运输的需求。

道路运输有广义和狭义之分。从广义来说,道路运输是只利用一定的载运工具(汽车、拖拉机、人力车等)沿道路实现旅客或货物空间位移过程。从狭义来讲,道路运输是指汽车运输,所以,道路运输领域的一个重要组成部分是汽车运输。

在发达国家,汽车已取代了拖拉机、畜力车和人力车等低效率运输工具。在中国,虽然拖拉机、畜力车和人力车仍然不同程度地存在着,但无论从完成的运输量,还是从对社会经济的影响方面,汽车已成为主要的运载工具。所以,道路运输主要指汽车运输。

道路运输种类繁多,总体可以分为汽车客运和汽车货运两大类。其中汽车客运可以分为公共汽车客运、出租汽车运输、长途汽车运输、自用汽车运输;汽车货运可以分为普通货物运输、特种货物运输、零担货物运输、集装箱运输等。汽车运输具有较高的机动性、运输的平顺性和较小的运载能力,使之具有更高的可达性、货物批量性、货物安全性和短的输送时间等特点(成耀荣,2003)。

汽车运输学是研究如何最有效地组织车辆进行运输的一门学科,主要内容包括运输服务与运输供求的基本特征;评价汽车运输工作效益的指标和评价方法;运量调查与预测;货物运输和旅客运输组织的基本原理与优化方法。

2.5 系统工程

2.5.1 系统

(1)系统的概念。

系统的概念源于古代人类的社会实践和科学总结。古代朴素唯物

主义哲学思想虽然强调对自然界整体性、统一性的认识,却缺乏对这一整体各个环节的认识能力。辩证唯物主义认为,物质世界是由无数相互联系、相互作用、相互依赖、相互制约的事物和过程所形成的统一整体,这就是系统概念的实质。“系统”一词来源于拉丁语 systema,这是“群”和“集合”的意思。一般系统论的创始人贝塔朗菲(L. V. Bertalanffy)把系统定义为“相互作用诸要素的综合体”。美国学者阿柯夫(R. L. Ackoff)认为,“系统是由两个或两个以上相互联系的任何种类的要素所构成的集合”。目前,系统可以定义为:系统被看成是为了一定的目的,相互关联、相互作用、相互依存、相互制约的事物的有机集合体。不少研究提过“系统观点”,这实际上是对系统的一种思维和逻辑方法,强调的是客观事物的内部联系、事物的运动和发展规律。系统观点有时也被称为整体的观点、全局的观点。

(2)系统的分类。

出于不同的研究目的,系统可以作不同的分类。

①从形成的原因来分,系统可以分为自然系统和人造系统。自然系统是由自然物所组成的系统,它是在大自然的发展过程中形成的;而人造系统是由人造的各种要素组成的,比如社会系统、企业管理系统等。本书所研究的系统就是人造系统。

②从构成要素来分,系统可以分为实体系统和概念系统。以物质实体为构成要素所组成的系统称为实体系统,比如道路客运车站系统等。概念要素构成的系统称为概念系统。比如财务系统、组织管理系统、信息系统等。本书所研究的是混合系统,它的构成要素既有物质实体(比如车辆、线路等),又有概念要素(比如品牌、关系等)。

③从变化状态来分,系统可以分为静态系统和动态系统。如果系

统状态是时间的函数,即系统状态随时间而变化,那么这个系统称为动态系统,否则称为静态系统。本书研究的是动态系统。

④从系统与环境之间的相互作用来分,系统可以分为开放系统和封闭系统。如果我们研究的系统与其环境有信息、物质的交换,这个系统称为开放系统,否则称为封闭系统。本书所研究的系统是一个开放系统。

⑤从对系统结构和机理的认识程度来分,系统可以分为白箱系统和黑箱系统。所谓白箱系统是指我们对于系统的结构和机理有了比较清楚的认识,能从理论上精确地描述的系统的状态。对于系统的结构和机理缺乏认识,还不能从理论上来解释其运动规律,这种系统就是黑箱系统。本书所研究的系统是一个介于白箱与黑箱之间的"灰箱系统"。灰箱系统是指我们对系统的某些要素、结构和机理有一定的认识,但还没有达到完全认识的状态。

(3)系统的特点。

一般来说,系统具有以下特点:

①集合性。

集合性反映系统的组成。本书研究的资源系统是一个混合系统,它既有有形资源又有无形资源,这些不同的要素构成了企业资源系统。

②目的性。

系统的目的性是指一个系统存在的理由,即它是为了什么目的而存在的。如果没有目的,这个系统就没有存在的理由。比如道路运输企业作为一个系统,它的目的是为乘客提供优质服务,为乘客、企业、员工和股东创造价值。

③层次性。

系统的层次性是指系统具有特定的时空结构。一个系统有若干子系统组成,每一个子系统又有几个孙系统构成,孙系统又由重孙系统组成……所以一个系统可以由若干个层次的小系统所组成,它们被称作一级系统、二级系统、三级系统等。

④整体性。

系统的整体性是指任何系统都作为一个独立的整体存在于特定的环境之中。系统具有的整体功能有别于各个组成部分——子系统的功能,整体功能应该而且要大于各个子系统功能之总和,因此,应该通过最优化方法使系统在整体上获得效益。子系统局部的优化不一定保证系统整体的优化。

⑤相关性。

系统的相关性是指组成系统的各个元素之间存在着相互作用、相互依赖的关系,任何一个元素状态的改变会引起其他元素的变化,甚至影响到整个系统的功能。

2.5.2 系统工程

(1)系统工程的基本概念。

系统工程是组织管理系统的规划、研究、设计、制造、试验和使用的科学方法,是一种对所有系统都有普遍意义的方法(钱学森,1978)。日本学者三浦武雄在1977年指出,"系统工程与其他工程学不同之处在于它是跨越许多学科的科学,而且是填补这些学科边界空白的一种边缘学科。因为系统工程的目的是研制一个系统,而系统不仅涉及到工程学的领域,还涉及社会、经济和政治等领域,所以为了适当地解决这些领域的问题,除了需要某些纵向技术以外,还要有一种技术从横向

把它们组织起来,这种横向技术就是系统工程”。这些学术观点是本书进行研究的理论基础。

“系统工程”从字面上来理解,包括两个方面:一方面,用系统的观点和方法解决工程问题;另一方面,用工程的方法建立系统,用系统的思想和工程的方法建立新系统或改造现有系统,使它更加合理、更加科学。因此,系统工程就是达到上述要求的一种组织管理技术。

(2)用系统工程方法研究企业发展资源问题。

为什么用系统工程解决企业战略规划及其资源系统问题?因为这个问题涉及的面广,内容杂,层次多,既有硬件问题,又有软件问题,所以用系统工程这一组织管理技术解决企业战略规划及其资源系统问题是一种很好的途径。本书在研究的过程中,使用系统工程这一管理技术建立新系统、改造原有系统,使大型道路运输企业的战略规划更加科学,给乘客、股东、员工和社会的价值更大。

2.6 企业战略管理

企业战略管理是一门新兴的管理学科,它可以定义为一门关于如何制定、实施、评价企业战略以保证企业有效地实现自身目标的艺术和科学(项保华,1998)。它的发展离不开市场经济的发展,它主要研究企业作为整体的功能与责任、所面临的机会和风险,重点讨论企业经营中所涉及的跨越诸如营销、技术、组织、财务等职能领域的综合性决策问题。企业战略管理的本质与其他管理是不同的。具体的管理经常是处理许多经营控制问题,如产品的生产管理、销售人员的管理、财务管理等。这些工作是在战略指导下,在相应环境下,企业管理的

一部分。实际上，很多管理者大部分时间是在进行经营管理。而战略管理是对企业战略的管理。具体地讲，是在充分了解、掌握企业内部、企业环境信息的情况下，对企业战略的决策、制定、实施和评价的过程。经营管理一般是由中、低层管理者所实施的，而企业战略管理是由企业的高级管理人员实施的。企业战略管理具有比经营管理的层次高、对企业长远发展影响大、全局性和整体性强、参与的人员级别高的特征。所以，如果说管理是解决如何让下级去做事并取得成果的问题，那么，企业战略管理就是解决“做什么事才能取得成果涉及组织运行的根本性问题”。

企业战略管理是一个正在迅速发展的研究领域,它试图超越企业日常运行的细枝末节,从整体上把握企业,在动态发展变化的环境中考察企业总体的发展与增长问题,阐明面对同样环境有些企业欣欣向荣、兴旺发达,而有些企业却停滞破产的深层次原因。

第3章 战略规划系统

本章研究的战略规划系统是企业战略管理三个过程的第一个过程。战略规划作为一个系统,由三个子系统组成,即资源、战略及其目标。首先介绍战略、企业战略的基本概念,企业战略管理的基本理论,包括企业战略管理的涵义、企业战略管理的几个学派以及企业战略管理的过程,然后给出企业战略的定义。本章提出道路运输企业"三价值实现链模型"和三个子系统关系的动态螺旋蛋筒模型,也称为新蛛网模型。

3.1 战略的基本概念

(1)谋略。

谋略是谋划和方略的总称。谋为权宜之计,略为长远之策。谋略两字连用,也可以认为是分析问题、扬长避短、取得成功的手段和方法。因此,谋略可以是大政方针,也可以是雕虫小技;可以是全局的,也可以是局部的;可以是长远的"策",也可以是短期的"计"。谋略反映了人类智慧的一个重要方面,无论是在明争暗斗的社会舞台,还是在争夺激烈的经济世界;无论是在风云多变的外交战线,还是在殊死搏斗的战场;无论是在平凡的日常生活,还是在复杂的人际交往过程中,谋略已不可或缺。

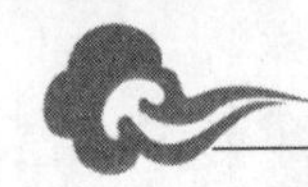

(2)战略的产生和发展。

战略一词,早在我国历史名著《左传》和《史记》中已有使用(刘庆元,2001)。唐代诗人高适有这样的诗句:“当时无战略,此也即边戍”。诗句中的战略指的是作战谋略。明代军事家茅元仪在其《武备制》的第二部分《二十一史战略者》中所指的战略是指战争谋略。清末,北洋陆军督练处的《军语》(1906)把“战略”定义为“筹划军国之方略”。

在西方所使用的“战略” 一词,源自希腊语 stratgos,后来演变出 stragia。前者指将军,后者指战役、谋略,这些都与军事相关。后来,用于军事的战略应用到了政治领域和经济活动之中,比如国家战略、企业战略等。

(3)战略的定义。

对于战略,至今没有统一的定义。作者给出如下定义:战略是涉及一个实体(国家、民族、企业)重大的、长远的、全局的、整体的谋略。

(4)战略的 4 个要素。

①战略主体——战略的规划者、实施者和控制者;

②战略客体——战略的特定作用对象:政治领域,经济领域,军事领域,外交领域,特定的人或特定的事;

③战略本体——指战略的具体内容;

④战略场——战略主体运用战略本体作用于战略客体所处的特定地理环境和人文环境。

(5)战略的 3 个属性。

①科学性:战略之所以让决策者克服困难、取得胜利,一定要把握和顺应事物发展规律;

②艺术性:不同的人对于同样的问题,可能会制定不同的战略,因此制定战略会体现技巧、技能;

③环境适应性:适应环境指的是针对特定时间、地点、人物或事件的。

战略与谋略两者既有联系又有区别。谋略既可以是长远的又可以是短期的，而战略一定是长远的；谋略既可以针对“大事”，也可以针对“小事”，而战略一定针对“大事”；谋略的客体可能是人，是人的心理，而战略的客体可能是国家、军事、经济和企业。因此，按照中国人的通常认识，战略是涉及长远的全局性的重大的谋略。相同之处是：战略和谋略都不能公式化。

3.2　企业战略的定义和重要性

3.2.1　企业战略的定义

不同的学者从不同的角度给企业战略赋予不同的含义,大约有以下几种定义:

(1)将企业战略定义为模式或计划。

典型的有安德鲁斯(K. Andrews)和魁因(J. B. Quinn)。安德鲁斯认为,企业总体战略是一种决策模式,它决定和揭示企业的目的和目标,提出实现目的的重大方针与计划,确定企业应该从事的经营业务,明确企业的经济类型与人文组织类型,以及决定企业应对员工、顾客和社会作出的经济与非经济的贡献;魁因认为,战略是一种模式或计划,它将一个组织的主要目的、政策与活动按照一定的顺序结合成一个紧密的整体。一个制定完善的战略有助于企业组织根据自己的优势和劣

势、环境的预期变化，以及竞争对手可能采取的行动而合理地配置自己的资源。

(2)用战略的构成要素或内容来解释。

安索夫(H. I. Ansoff,1984)关于战略四个要素的论述(产品与市场范围、增长向量(发展方向)、竞争优势、协同作用(整体效应))都涉及到企业的获利能力:获利能力的保证,获利能力的范围,获利能力的扩展方向,获利能力的潜力挖掘。迈克尔·波特(Michael E. Port,1985)提出,战略是公司为之奋斗的一些终点(目标)与公司为达到这些目标而寻求的途径(政策)的结合物。

(3)将企业战略定义为决策。

拜亚斯(Lloyd L. Byars,1991)认为,“战略包括对实现组织目标和使命的各种方案的拟订和评价,以及最终选定将要实行的方案”。曾鸣(2003)认为,战略的精髓在于选择,在两难的困境下,企业必须做出痛苦而果断的取舍。

新国线运输集团在发展的初期,就碰到了“做大,做强”的问题,“做大,做强”本身就隐含一个战略选择。在很多情况下企业可能会“大而不强”、“强而不大”,或者“既不大也不强”。企业到底要的是“强”,还是“大”?先做“强”,还是先做“大”?做强之后能否做大?做大之后能否做强?这些其实都是重要的战略决定,会对企业未来的发展有重要的影响。做大不过是结果,做强才是根本。只有强的企业才会真正做大。因为最合适的规模是由企业所在的行业特性所决定的。

(4)将企业战略定义为计划。

格鲁克(Willian F. Glueck,1980)认为,“战略就是企业发挥其本身优势、迎接环境挑战而制订的统一的、内容广泛的、一体化的计划”;明

茨伯格(H. Mintzberg)关于企业战略的"五定义说"中的第一个就是:"战略是一种计划"。战略是"行动之前"有意的有预计的一项行动,一种处理某种问题的方针。当然,他还指出了另外 4 种定义,比如,战略是一种计策(企业战略是在特定的环境下,作为威慑和战胜竞争对手的一种手段);战略是一种模式(只要企业有具体的经营行为,那一系列行动就构成了企业战略);战略是一种定位(是否成为战略就要看决策者的时间、空间定位);战略是一种观念(战略反映了企业家对客观环境和市场的认识态度,具有一种抽象性特征)。美国学者戴维思(Warnock Davies,1998)认为,战略是指通过最大限度地利用公司现有的和潜在的资源来实现公司政策目标的多要素计划。就企业而言,战略就是一个计划。

(5)将企业战略解释为指导思想、价值观。

贝茨和艾德雷奇(Donald L. Bates;David L. Eldredge,1984)认为,"战略可以定义为组织投入其资源、实现其目标的指导哲学,它为组织做出必要的行动决策提供约束和限制"。孔庆广等(2000)在企业战略问题上,坚持认为战略不仅是管理方法和技巧,更是一种思维方式、价值观和企业理念。汪应洛(1990)等人提出:"战略是贯穿于一个系统在一定历史时期内决策或活动中的指导思想,以及在这种思想指导下做出的关系到全局发展的重大谋划。"

(6)将企业战略解释为资源的开发和利用。

沃纳菲尔特等(Birger Wernerfelt、Birger,1984)、巴尼等(Jay B. Barney、Jay,1991)和贝特罗夫等(Peteraf、Margaret A. ,1993)认为战略同时也被运用于资源的范畴。将战略定义为资源的开发和利用。战略决定着不同的资源优先次序、资源配置和资源使用。普拉哈拉(Prahalad,1990)将全面质量管理、行业标准、核心能力等方法资源作为战略。

(7)将企业战略解释为谋划。

刘庆元等人(2001)将企业战略定义为:企业为谋求生存和发展,涉及企业重大的、长远性、全局性的谋划。西方学者将战略定义为要素、计划、产品、途径、决策、方法、手段、指导思想、资源的开发和利用等,不同的定义反映了不同学者对于企业战略不同的理解。不同的含义之间有的是关联的,有的是冲突的、矛盾的,有的是互补的。从长远的角度看,这些定义最终会不断地完善。从另一个方面讲,不同的定义,反映了企业战略制定和战略实施的复杂性。

汇总上述的各种说法,企业战略应该是企业面临现实的内外环境以及基于环境的变化和企业资源的现状和改进的可能性,企业为谋求生存和发展,涉及企业重大的、长远性、全局性的谋略,而不是措施、办法等具体的做法。这里的谋略是谋划与策略的综合。

3.2.2 战略管理的重要性

据文献记载,20世纪初的100家业绩非凡的美国大公司中,今天只有16家为人们所知。每天有公司开业,但也有企业破产。激烈的市场竞争只能使少量的企业长盛不衰,“永葆青春”。在美国著名的《财富杂志》上“最受尊敬的公司”的名录总在变化。现在相当多的董事长、总裁不是把“稳定而可观的利润”作为他们的首选任务,而他们最关心的是有效的战略。总裁们在“精心设计有效的战略”、“顾客满意度和忠诚度”、“领导能力”、“优质产品和服务”,“稳定而可观的利润”等多个企业目标的排序中,将“稳定而可观的利润”这个目标排在最后。这些理念和企业管理的思路都值得中国道路运输企业老总们

深思。

企业所犯的最大、最普遍的错误是战略错误,而更可怕的错误是企业家们根本不知道自己所犯的错误是战略性错误,而一直在细节上找原因(何学林,2005)。正确地进行战略管理是企业家做大、做强、做优、做长(久)企业最需要投入精力的重要工作。

3.3 企业战略管理的过程和特征

3.3.1 战略管理过程

国内外学者对战略管理的看法大体有以下几点:

(1)战略管理涉及对有关组织未来方向做出决策和决策的实施。它包括两个方面:战略规划与战略实施(Lloyd L. Byars,1991)。

(2)战略管理是一整套决策和行动,旨在制定和实施有效的战略以有助于完成公司的目标(W. F. Glueck,1980)。

(3)战略管理是一系列决定公司长期绩效的管理决策和行动,包括战略的形成、实施、评价和控制(T. L. Wheelen and J. D. Hunger,1983)。

(4)战略管理是指在企业总体战略的形成过程中以及在企业运行时贯彻、落实这些战略的过程中,制定的决策和采取的行动([美]罗伯特,莫克勒,1996)。

(5)战略管理是指对企业战略的制定和实施进行的管理。广义的战略管理是指运用战略对整个企业进行的管理(解培才,1990)。

(6)弗雷德. R. 大卫(Fred R. David,2001)认为,战略管理就是制定、实施和评价能保证组织实现目标且超越不同职能的决策方案的艺

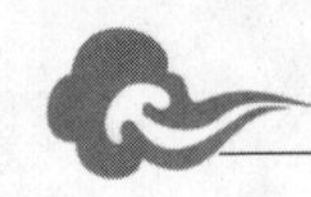

术与科学。这一定义揭示了战略管理是一项综合性管理,通过整合企业内部管理、营销、财务与会计、生产与运作、研究与开发,以及计算机信息管理系统谋求组织取得成功。他认为,战略管理和战略规划的内涵基本一致。

(7)黄凯(2004)认为,将战略管理看作是满足企业股东预期,与自身资源能力相匹配,与外部变化环境相适应,以提升企业竞争力和建立优势为目的的一系列企业活动和努力过程。战略管理过程是指战略管理活动通常划分的三个基本阶段,即战略制定、战略实施和战略评价和控制。这与弗雷德. R. 大卫的观点基本是一致的。

根据上面对于企业战略管理的各种描述,企业战略管理过程应该划分为战略制定、战略实施和战略评价三个阶段,如图 3.1 所示(弗雷德. R. 大卫,2003)。战略管理是指战略制定、战略实施和战略评价三者的总和,而战略规划仅指战略制定。本书使用的"战略规划"概念,仅指战略管理三个过程中的第一个阶段——战略制定。

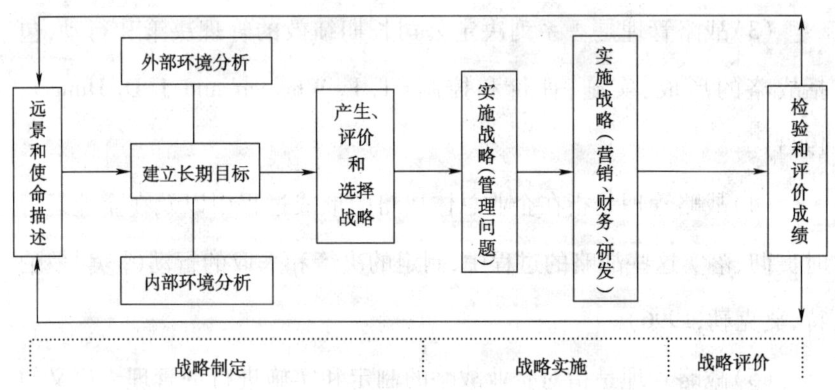

图 3.1　战略管理的三阶段模型

战略实施(strategy implementation)的内容也有很多,包括确定年度目标、制定政策、激励员工和配置资源,保证制定的战略得以贯彻落实。

其中,企业文化、组织结构、营销、预算、信息管理系统以及报酬等也是相关内容。战略实施也称为战略管理付诸行动阶段。战略实施常常是战略管理三个过程中遇到的最困难的一个阶段。战略实施的成功与经理人员激励员工的能力非常有关。即使战略制定得非常完美,如果不能付诸实施,仍然达不到预期的战略目标。

战略评价(strategy evaluation)是战略管理的第三个阶段。决策者要随时了解企业战略在实施过程中碰到的问题,战略评价是获得这一情况的基本手段。一般而言,企业战略都会根据实际情况做必要的修正,这是因为外部环境和内部资源总是处于变化之中。基本的战略评价活动有三项:①作为战略基础的外部环境和内部资源变化的评估;②战略实施后的企业业绩评价;③发现问题,采取纠正措施。

3.3.2 战略管理的特征

根据定义,企业战略管理具有以下12个特征:

(1)全局性:也称整体性。这是企业战略最根本的特征。企业战略管理是一项整体性管理,是一项涉及企业所有部门以及所有相关因素的管理活动,因此它具有整体性特征。企业战略不是解决企业局部问题的,而是追求企业的整体效果、效益。它决定了企业的总行动,为了企业整体利益、系统效益,有时可能会牺牲局部利益。

(2)长远性:企业战略着眼于企业的未来,是为了谋求企业的长远利益,而不仅仅是眼前利益。在长远利益与眼前利益矛盾时,长远利益是企业战略的决策最重要依据。

(3)纲领性:这是指企业战略确定的战略发展方向,是一种原则性和概括性的规定,是关系企业未来成败的“纲”,“纲举目张”。战略不涉及企业的具体事项，而在于洞察方向、把握方向。

(4)系统性：这是指企业战略是一个系统，它由若干层次的子系统组成。有企业的总体战略、一般战略、业务层战略等。

(5)指导性：企业战略一旦制定了，在战略实施过程中，其他的方案、手段、办法、措施都要围绕这个战略的根本，因此战略具有指导意义。

(6)高层次性：企业战略管理是一种高层次性管理。企业战略管理的核心是对企业现在及未来的整体经营活动实行战略性的管理，是一种关系企业长期生存与发展的管理，而非企业的日常管理，也不是企业的各项职能管理。它必须由企业董事长、总裁、总经理等高层决策者亲自参与、领导和推动，因此企业战略管理是企业高层次性的管理。

(7)竞争性和合作性：制订企业战略时，要应对外界环境的威胁和挑战，同时会面对合作的可能，因此企业战略会含有竞争性和合作性要素。

(8)风险性：企业战略考虑企业的未来，而未来是不确定的，成败都会有概率，因而企业战略必然具有一定的风险性。

(9)现实性：企业战略是实实在在可以实施的，不仅是理论上的东西。

(10)相对稳定性：企业战略是经过企业高层决策人员长期的研究后做出的，是一个设计企业长远的、全局的和重大的谋略，因此要具有相对稳定性，不能朝令夕改，否则它一定不是一个好战略。

(11)智慧性：一个好的企业战略反映了企业高层决策人员的智慧。富有智慧的战略一定具有创新，富有创新的战略一定具有智慧的。

(12)动态性：企业战略管理是使企业内部资源与外部环境因素相

适应,从而实现企业战略目标的动态性过程。企业外部环境是不断变化的,企业内部条件——资源也是变化的,战略管理的某些活动可能存在某种偏差,因此企业战略管理的具体活动也必须随之而变化,这就使得企业战略管理具有动态性特点。

3.4 战略规划系统

战略管理包括战略制定、战略实施和战略评价三个过程。本书研究的是战略制定的企业资源论。企业资源与战略及其目标关系特别密切。企业资源与企业战略及其目标三者构成一个战略规划系统。在研究战略规划系统的基础上,着重研究企业资源系统。

战略规划系统由资源、战略和目标三个子系统组成,如图 3.2 所示。

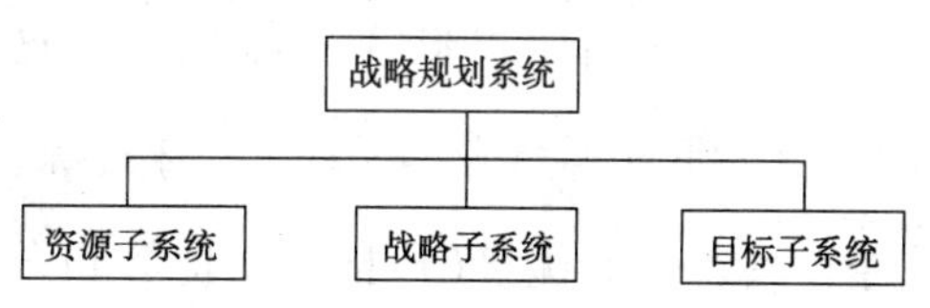

图 3.2 战略规划系统构成

3.5 资源—生产—价值实现的循环链模型

3.5.1 波特的资源增值的价值链模型

价值链的概念最早是由波特(M. E. Porter,1985)提出的。为了评价企业的能力,对企业活动进行分类,按顺序进行分类是其中的一种。图 3.3 所示的是典型的制造企业的企业活动顺序。这一活动顺序基本上反映了企业资源增值的过程,即价值链。但不同行业在不同阶段增值的幅度可能有很大差异。一些行业在产品设计阶段的增值比较明显,如计算机软件业。而另外一些行业可能在营销和分销阶段增值较多,如软饮料行业。企业必须根据行业的特点和本身的条件来完成资源增值过程。

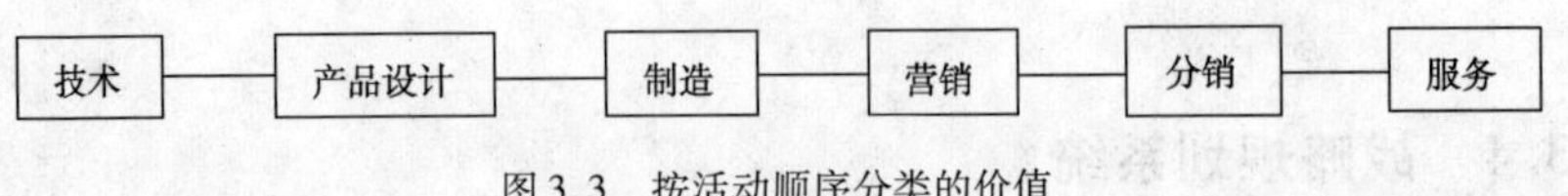

图 3.3　按活动顺序分类的价值

波特将企业活动分为两类:①基本活动,主要涉及如何将"输入"有效地转化为"输出",这部分活动直接与顾客发生各种各样的联系;②支持性活动,主要体现为一种内部过程,如图 3.4 所示。就狭义的资源定义而言,不少学者认为,具备一定的物质资源是企业开展经营活动的基础和前提,但资源本身并不能创造价值。资源利用效率很大程度上取决于企业将它们整合的能力,这种能力是指在整个价值链活动中使资源不断增值的能力(金占明,2004)。笔者认为,这种论点是片面的,因为某些行业(比如道路运输业)的某种特殊资源(比如经营线路网络)本身就使企业具有企业优势(包括竞争优势和合作优势),进而具备了企业资源增值能力。

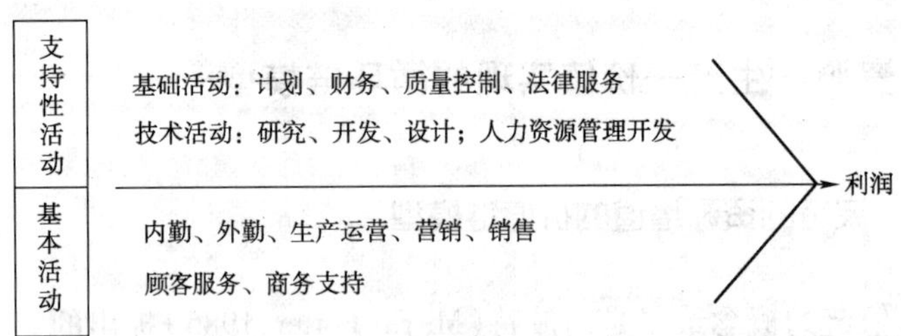

图 3.4　波特的价值链

波特认为:"为了判断竞争优势,有必要对公司在某一产业中开展竞争活动的价值链进行定义","竞争优势不能从公司整体层面进行理

解。竞争优势来自于公司在设计、生产、销售、交付及产品支持等环节的具体活动。上述每一种活动都会对公司的相对成本位置有所贡献，并为其创造差异化的基础”。他的意思是，竞争优势不来自于产品，而来自于公司在设计、生产、销售、交付及产品支持等环节。

道路运输企业最终运输产品的质量优劣综合反映了生产过程各个环节质量的优劣，因此，道路运输企业的竞争优势直接来自于运输产品。波特关于价值链的概念是不能解释生产与消费同时进行的运输过程的，起码对于道路运输企业的竞争优势是这样的。

3.5.2　大型道路运输企业的价值实现的循环链模型

根据新国线运输集团的实践经验，大型道路运输企业的价值实现过程各个环节串联起来的“循环链”如图3.5所示。图中，矩形表示外部环境，圆圈表示企业资源，矩形与圆圈相交部分(交集)表示存在于企业外部的而被道路运输企业所获取的资源。即，企业内部的资源+存在于企业外部的但被企业所获取的资源=企业资源系统。与企业外部环境相比，企业资源在制定公司战略的过程中起到基础和依据作用。主要依据资源确定企业战略目标。在市场上取得企业优势，使顾客(乘客)得到价值实现，从而使企业获得利润。企业获得利润是股东和企业员工价值实现的基础和前提。在此基础上，企业要确定新的更高的战略目标，然后再去寻找适应新目标的新资源……这是一个资源增值、“三价值”(顾客价值、股东价值和员工价值)实现循环链。这是一个与波特(1985)概念不同、模型不同的资源增值和价值链模型。这是一个与一般制造企业价值链模型不同的道路运输企业“三价值实现链”模型。这个模型的意义在于：在理论上，①明确资源、战略、目标的关系;②明确顾客价值实现、企业利润与股东、员工价值实现的关系;③以上多重关系的动态循环模式。

企业所有的行为和活动都在追求公司价值的最大化。公司价值的最大化，并不仅指公司利润的最大化，还包括社会利益的最大化、所有者利益的最大化、经营者和员工利益的最大化。所谓社会利益的最大化，是指企业要对社会公众利益负责，在企业创造价值的同时，要为社会做出应有的贡献，包括创造更多的就业机会、上缴更多的税收等，不损害社会公众利益等；所谓所有者利益的最大化，是指企业要为投资者，也就是股东的利益负责，不能因为某个员工的个人行为损害全体股东的利益；所谓经营者和员工利益最大化，是指企业在发展中，获取最佳经济利益、社会利益和所有者利益的同时，企业要对做出贡献的经营者和员工负责，为经营者和员工提供与其付出、创造业绩相匹配的工资待遇，以及更高、更好的成长平台。所谓利润最大化，是指企业的目的归根结底在于盈利。在市场经济条件下，企业是以盈利为目的的经济组织，不是社会福利机构，企业的使命决定了企业必须追求利润。这是企业生存的基础和条件。没有利润，企业不可能长久，社会利益、所有者利益、经营者和员工利益最终难以实现。但是，这并不意味着企业将追求利润作为唯一的目标，否则，企业所取得的“效益”是残缺的、不健康的。以上这“四个利益最大化”，是辩证统一的关系。构建“效益企业”、“和谐企业”，就是要求企业在以上四个方面找到平衡，只有这样，企业才能真正实现全面、协调和可持续发展。

图3.5所示的资源—战略—目标的价值实现循环链模型不仅对于道路运输企业具有普遍性,对于大部分服务行业也具有普遍性。

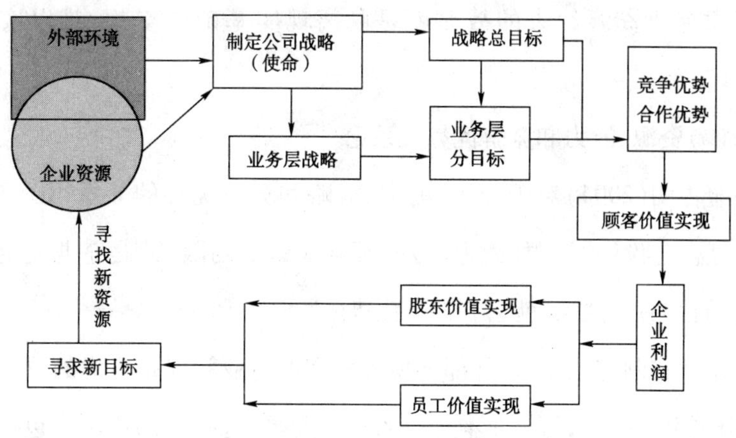

图3.5 资源增值、“三价值实验”循环链模型

3.6 战略规划系统的螺旋蛋筒模型（新蛛网模型）

3.6.1 关于资源基础理论

(1)资源基础模型。

图3.6是希特(P. G. Hitt,1999)提出的资源基础模型。与产业结构模型相反,资源基础观认为,在决定战略行动时,公司的内部环境,如资源和能力,比外部环境更重要。图3.6说明资源是能力的基础,能力又是竞争优势的基础,竞争优势又是战略规划的基础,最终实现赚取企业利润的目的。

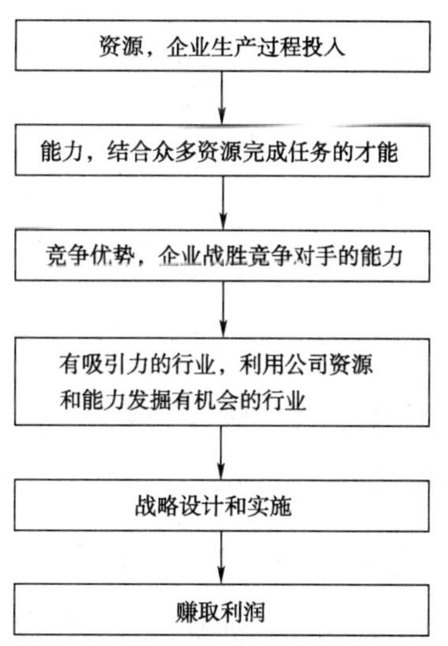

图3.6 超额利润的资源基础模型

从狭义的企业资源角度出发,孔庆广等(2000)作出如下结论:“没有充

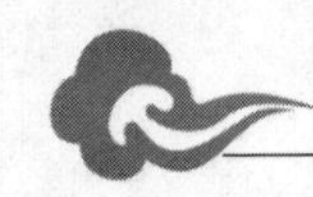

分考虑企业资源约束的战略就是脱离现实基础的空想,难以实际操作。”

(2)资源、能力和竞争优势关系论。

金占明(2004)对于资源、能力、战略和竞争优势的关系用图 3.7 来描述。它说明“资源(能力)”和“行业关键成功因子”是企业制定战略的前提,有了战略,就会有竞争优势。

企业在制定战略时,外部环境和所在的行业状况是考虑的重要内容,但更重要的是,与企业本身所拥有的资源(包括内部资源也包括从外部获得的资源)有十分密切的关系。

在军事上,部队的资源相对优势是制定军事战略的最主要依据,“集中优势兵力,各个击破敌人”、“用己长,攻其短”说明了军事资源的重要性。

图 3.7 与图 3.6 两个模型相比较,图 3.7 反映了资源与能力相互影响的关系,反映了外部环境的作用。

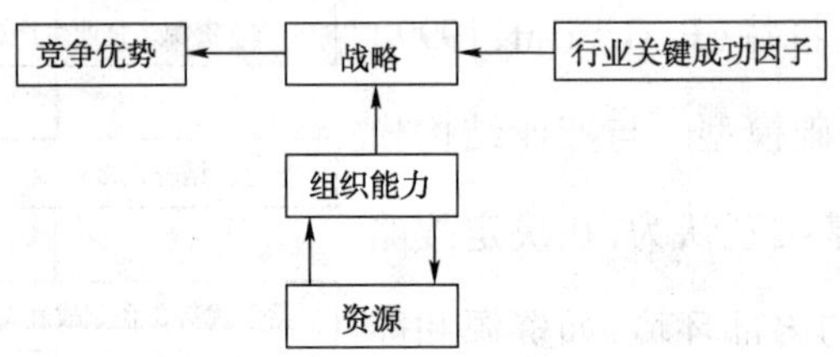

图 3.7　资源、能力和竞争优势关系图

企业外部环境总是在不断地变化着的,企业不能将不断变化着的外部环境作为制定企业战略的依据。虽然,企业的资源(包括能力)要保持一定的机动性,但企业战略的稳定性显得更为重要。企业首先应该了解自己“能做什么,应该做什么”,而不是一味地去“紧跟”社会不断变化着的需求。一个企业要同时满足顾客的永无止境的不断多元化

的需求是十分困难的，甚至是不可能的，它应该更关注企业资源和能力，并以此作为制定企业战略的基础，适应外部条件的变化甚至改变部分条件，取得持久的企业优势。

以上两种观点告诉我们，企业资源是企业战略制定的内在关键因素、决定性的因素，但它们都没有说明企业资源、战略及其目标之间的关系。

3.6.2 战略变革

战略变革理论的研究比较少，"文章是凤毛麟角，大多是案例研究，到目前为止，国内对企业战略变革的研究才刚刚起步"（陈传明等，2005）。陈传明等对企业战略变革的理论与研究方法进行了全面的深入的评述。他们的评述对于了解本章提出的蛋筒模型（新蛛网模型）以及对于企业战略变革的理论的补充是非常有帮助的。

战略变革理论主要涉及到：①战略变革的涵义；②变革的内容、形式和过程的激烈程度；③变革的原因；④变革的强度；⑤变革的时间。

如果战略变革的涵义是按照企业战略的定义和分类来确定的话，那么这样的涵义实在是太多了。比如按照钱德勒（Chandler，1962）关于企业战略的定义，战略变革似乎可以定义为"企业经营目标的改变与实现手段的改变"。但"战略"与"目标"、"手段"的含义相差甚远。按照本文给出的"战略"是"谋略"的定义，战略变革应该是企业谋略的变化，是战略内容的变化，而不仅仅是战略形式的变化。关于战略变革的原因，早期应该是专业化战略与多元化战略之间的转换引起的（Rumelt，1974），不少学者认为是由于外界环境的变化而引起的。陈传明等提出了企业战略变革的两个视角：战略选择和战略适应。而笔者认为，战略选择和

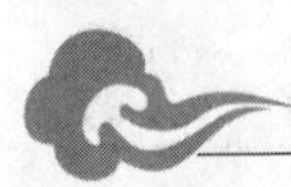

战略适应反映了战略变革的不同强度。战略选择是战略变革的一个突变过程,变革强度大,而战略适应是战略变革的一个渐进过程,变革强度小,要根据不同的条件,选择不同强度的战略变革。

3.6.3 实例企业的资源—战略—目标动态循环发展

(1)资源—战略—目标三者关系。

对于企业资源—战略—目标三者的关系,前人作了相关的研究。明茨泊格(Mintzberg,1998)已经提到了"资源—战略—绩效"三者的研究范式,贝特罗夫(Peteraf,1993)提出了战略资源的4种竞争战略,这说明贝特罗夫论及了资源与战略的关系。

李维华(2003)给出的是企业资源与企业目的之间的关系,在企业运营过程中,目的导向的资源运营(AORO)与基于资源的运营(RBO),或者两者选一,或者来回替换,或者同时并存,但无论如何,它们都反映的是单向关系。

两个方面的问题应该明确:一方面,企业的资源绝不只是与企业目标发生关系,它们两者还与企业战略发生密切的关系;另一方面,资源、战略与目标这三者之间不是单向关系,而是循环关系,如图3.8所示。

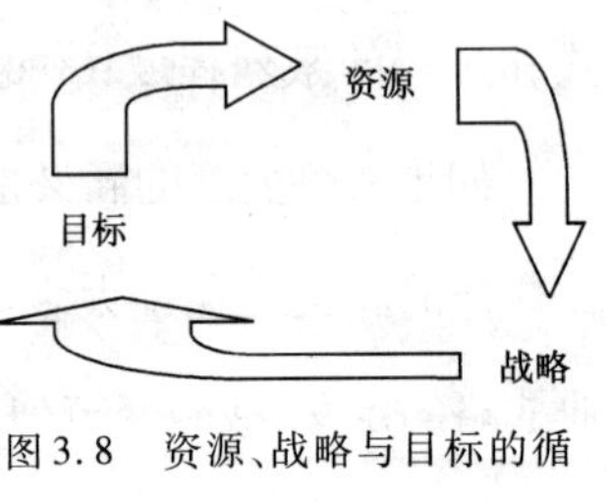

图3.8 资源、战略与目标的循环关系

企业资源理论在分析上采取的方法主要是均衡分析,带有明显的静态性质(王庆宝等,2004),它忽视了企业的竞争优势、合作优势和战略资源必须随环境变化的基本现实。在以巴尼(Barney)为首的企业资源理论里,认为环境是相对稳态的。按照Barney的观点,竞争优势

的持久性取决于竞争对手模仿优势资源的能力和优势资源本身可模仿的程度以及环境变迁的速度。在不断变化的市场环境中,企业要获取持续优势,需要不断更新优势资源的动态组织能力,而不是对原有优势资源的强化能力,这种"动态能力"观点强调资源的动态演化发展过程。虽然笛里克和库尔(Dierickx & Cool,1989)已认识优势资源的形成是一个历史过程,是企业资源流量累积和演化的结果,虽然帕哈拉和翰莫(Prahalad & Hamel,1990)提出的"核心能力"实际上也已经包含有动态能力的意味,虽然提思、皮撒呶和诗尼(Teece、Pisano、Shuen)在其于1997年发表的《动态能力与战略管理》一文中,把演化经济学的企业模型和企业资源理论结合起来,提出了"动态能力"战略观的框架,但都没有从动态资源以及资源、战略与目标的动态性来研究企业优势。

(2)实例企业。

实例企业是指"一个中心、两个集团"的企业群,即"深圳市小汽车公司—中南实业—中南股份—兆通股份"企业发展演变以及两个子企业(新国线集团、中南集团)。它们的发展始终在资源—战略—目标循环中动态运动。笔者简单地阐述这个循环。

①道路运输企业狭义资源概念的战略要素。

从新国线运输集团的实践经验看,道路运输企业的早期的战略要素是资源、资金和人员。这里的资源指的是运营线路资源。这三种要素关系中,资源是第一位的,是核心要素。企业有了线路资源,银行会主动地介入,就会有金融资本进入,同行业的企业资金——行业资本也会进入,就会有人投资,就有社会资本进入。公车私营就是将线路经营权给个体承包,这说明有线路资源就会有钱的道理。"公车公营"用的

是金融资本,新国线运输集团同时也用行业资本。

②道路运输企业广义资源概念下的实例企业资源—战略—目标动态循环发展。

早期的"中南股份"是一个股份制公司,因此政府部门关于经济的行政命令在"中南股份"不直接生效,须通过董事会。"中南股份"在1990年获省级先进企业,1991获国家二级企业,车辆共700台,总资产6.6亿元人民币,利润1000万元/年。在这样的资源条件下,1998年8月"中南股份"的深圳南澳会议上提出"走出深圳,实施东部沿海高速公路发展战略",在同(江)三(亚)线的北京—深圳段上,先布点,后连线,2001年,在北京、天津、南京、福州、深圳布了5个点,然后连线,在东部沿海"做了一条线"。这得到了交通部的肯定。以这5个点作为基点取得了北京—石家庄,福州—深圳,福州—厦门,天津公交线路等资源,达到了走出地域的目的。这在道路运输行业内产生了极大的影响,形成了无形资产。这是第一个循环。

在这基础上,"新国线"及时提出了"量的扩张战略",即形成一定的规模,提出中国道路运输第一品牌的目标。"第一"目标,线路和点在当时是不可能的,但要做"客运网络第一"。然后成立了"新国线"控股和独资的36个子公司,东部形成了网络,取得了国家一级资质(资源),这是第二个循环。

在此基础上,"新国线"又适时地提出了"质与量并重,以质提高为主"的扩张战略,达到存量资源科学经营,大量获取优质资源的目标,网络在客运、小件快运等发挥了优势作用,在2005年赢利2000万元,这是第三个循环。

第四个循环将从"规范化网络经营战略"开始,解决如下问题:

一条线中,新国线运输集团下属对开的企业的协作和利益分配问题;一条线中,新国线运输集团下属沿途部门(单位)的协作问题;一条线中,结点运输沿途驿站服务以及线路两端公司与驿站的利益分配问题;在网络运营中,同一个地区(省市)的几家公司的协作问题。

第五个循环是形成网络规模及规范运营的基础上,要实施"科技网络运输战略",投入2000万~3000万元,依靠科技,建立企业的信息平台,使管理中心和数据中心生成的信息能供全企业共享。建立GPS、CDMA系统,配置车载记录仪、管理软件、车辆行驶监视仪,与其他车辆制造商共同研制新国线系列车辆,并申报专利,生产大、中、小(载客量)的客车,生产高、中、低(地板)的车辆,根据市场的不同需求,配置不同档次的车辆。黄山风景区已经只能开行安全性能高的新国线专用车。这一战略到2007年便会有成果。

3.6.4 战略规划系统的螺旋蛋筒模型(新蛛网模型)

根据实例企业资源—战略—目标动态循环发展过程,可以引导出道路运输企业战略规划的螺旋蛋筒模型(新蛛网模型)。单就实例企业的财务角度看,从零资产发展到具有16亿资产的大型道路运输企业,就足以说明实例企业的成功,也足以说明螺旋蛋筒模型(新蛛网模型)理论的有效性。

(1)企业资源与企业战略、战略目标的关系。

正如前述,企业的战略规划系统是由资源、战略和目标三个子系统所构成。战略目标是指人们通过实施特定战略而期望的结果(Fred R. David,1998)。为达到战略目标,制定企业发展战略的依据是现有的企业资源,在达到预定的目标后,为了更高的战略目标,就要制定更高层次的发展战略，就必须寻求新的价值更高的资源，如此循环，企业就在这三者动态的过程中，得到快速的发展。因此，三者之间，资源是基础，战略目标是方向，企业战略是实现目标的谋略。资源、战略及其目标三者之间的关系，从立体角度讲，形成了动态的螺旋式上升的态势，而这动态螺旋式上升的态势在平面上的投影，是围绕一个圆心不断跨越三个分别代表资源、战略及其目标要素射线的蛛网，详细如下所述。

（2）战略规划系统的动态螺旋蛋筒模型。

动态螺旋蛋筒模型如图3.9所示。蛋筒的外壁上有三根均匀分布的轴线，它们分别代表资源、战略及其目标三个要素。螺旋线从蛋筒底部围绕着总战略不断向上向外螺旋上升，这表明，随着螺旋线的上升，系统进入高一层次的资源、高一层次的战略、高一层次的目标，然后又进入更高一层次的资源、更高一层次的战略和更高一层次的目标，如此反复循环动态地运动，企业的价值将随之越来越大。

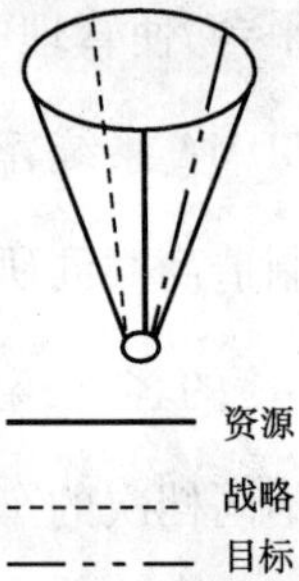

图3.9　螺旋蛋筒模型

从企业战略变革的理论角度讲，螺旋蛋筒模型解释了以下问题：①变革的原因，即由于企业资源变，就有条件引起战略变；②变革的结果，即战略变的结果是目标变；③变革的循环性，它反映了资源、战略和目标三个变革的良性循环；④变革的绝对性，企业战略变革不是“一劳永逸”的，“变”是永恒的。企业战略变革的时间长短、间隔时间长短、变革强度、变革形式以及变革过程要视不同的企业和不同的条件而灵活把握。

螺旋蛋筒模型在平面上的投影像一个蛛网，本书称之为新蛛网模型。

在宏观经济学中，蛛网模型反映了供求两者之间的关系。为了与蛛网模型相区别，这里所构建的模型取名为新蛛网模型，如图 3.10 所示。新蛛网模型揭示了战略制定系统中的资源子系统、战略子系统与

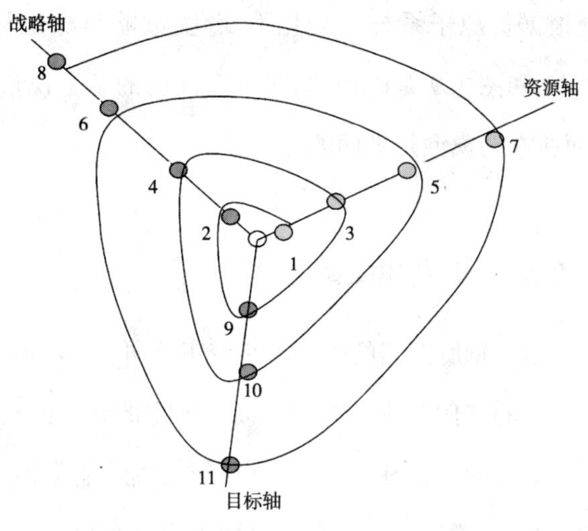

图 3.10　新蛛网模型结构

目标子系统三者之间的动态关系。图中的三根轴分别代表资源子系统、战略子系统和目标子系统。三根轴的交叉点是新蛛网模型系统的中心，表示企业最高的战略总目标，比如“成为中国道路运输第一品牌”等。图中的曲线逆时针方向转动，表示资源子系统—战略子系统—目标子系统螺旋式上升，企业不断发展壮大的动态过程，最终达到企业的最高战略总目标。这一动态过程开始之初，战略的制定要依据企业现有的和潜在的资源，然后努力去达到战略目标。在达到了当前目标以后，为了追求高一层次的目标，就必须去寻求新的更有价值的资源，在新的资源子系统的基础上，制定高一层次的新战略，以达到更高一层次的战略目标，如此不断地动态向前，资源更有价值，战略更新，目标更高。在这动态过程中，资源子系统中有的资源

贬值,有的资源变得没有用,甚至成了不利资源,那么这样的资源就要淘汰,但有的资源则变得越来越有价值,同时为了一个新的战略目标体系,要寻找并获取新的有价资源。企业发展系统中的战略子系统要不断地根据资源子系统的变化而变化,战略目标也从低级走向高级。图3.10和图3.9是同构的,是一个问题的两个视角,蛋筒模型是立体的,而新蛛网模型是平面的。

3.7 实例企业新蛛网模型的说明

本章将对第1章所介绍的深圳市小汽车公司—中南股份—新国线集团—兆通股份的实例企业发展过程而抽象出的新蛛网模型作说明。按"企业总部"的发展(如图1.1所示)和新国线运输集团的红线解释新蛛网模型。"企业总部"的含义是深圳市小汽车公司—中南股份—兆通股份。表3.1是企业总部和新国线集团资源—战略—目标的动态循环表。

企业总部资源—战略—目标动态循环表　　表3.1

时间	公司名(成立时间)	已有资源	下一战略	下一目标	要寻找的资源
1982/2~1983	深圳市小汽车公司(1982/2)	行政性公司(仅管理出租车,没有行政经费,仅有管理费),零资产	白手起家,艰苦创业	创建实体企业(深圳市中南实业公司)	资金:5000元,银行贷款187万港币,购买40台出租车①
1983~1989	深圳市中南实业公司(1983/7)	中国改革开放刚开始。到1989年,车辆300台。资产5600万元	国退民进②	实现公司股份制改造⑨	社会资源

续上表

时间	公司名（成立时间）	已有资源	下一战略	下一目标	要寻找的资源
1989～1995	深圳市中南实业股份有限公司（1993/7）（简称中南股份）	政府行政命令在中南公司不直接生效，须通过董事会。省级先进企业(1990)，国家二级企业(1991)，车辆700台③	资源整合，多元化转向专业化经营	挤入深圳三大运输企业行列	企业文化
1998/8～2001/4	1998年8月中南股份的深圳南澳会议决定的“走出深圳”战略	总资产6.6亿元人民币，利润1000万元/年，深圳市二类二级企业③	东部沿海高速公路客运发展战略“先布点，后联线，先占领市场，后扩充规模”④	组建跨地区、跨行业的运输企业，占领东部沿海高速公路客运市场⑩	交通部和地方政府资源、合作伙伴
2001/4	新国线运输公司(2001.4.20)由“中南股份”控股	20多条高速公路线路网络资源，营运区域基本覆盖东部沿海主要城市。豪华大巴180辆，资产规模2亿元人民币。交通部全力支持，新国线品牌资源价值越来越高⑤	做大 先布点，后连线，东部结网，西部辐射⑥	中国道路运输第一品牌总目标。 东部联网，中西部扩散⑪	交通部和地方政府资源；合作伙伴；企业文化；能力资源；一级经营资质
2002/4	新国线运输集团有限公司(2002.4.20)	一级经营资质(2003.6.2)			
2002/12～2003/9	一个核心，两大集团，三个层次。深圳市中南运输集团有限公司(中南集团)(2002.12.29)，撤销事业部 新国线企业集团成立(2003/7)	2003年“中南股份”主营业务收入：6亿人民币，主营利润：7000万人民币。2002年10月21日新国线与“灰狗”加拿大公司战略合作。2003年5月份中国银行授信3亿元，广发行授信1亿元，建行授信1.5亿元，表明了银行对公司信誉的充分肯定。中南集团：车辆1500台，资产13亿元	发展与经营并举，以发展为主⑥		争取中南集团的二级经营资质

续上表

时间	公司名（成立时间）	已有资源	下一战略	下一目标	要寻找的资源
2003/9～至今	中南股份更名为深圳市兆通投资股份有限公司（兆通投资）（2003.11.28） 设立：财务中心、资本运营中心、审计监察中心、薪酬中心、法律事务中心、行政中心（6中心）	完成了国有控股到国有参股的混合所有制股份公司的转变（2003年9月28日）			
2004/4/26	新国线集团成立3周年（2004/4）	在短短四年的时间，先后在华北、华东、华南、华中以及西南地区的近20个省市组建了40多家经营公司，经营规模迅速扩大，企业资产总额达到16亿多元，营运车辆近4000台，客运线路近600条，并拥有多条旅游专线和部分城市的市内公交线路，年营业收入5亿多元，利税3270万元，成为全国13家具有一级经营资质的道路旅客运输企业之一，初步构筑起了面向全国的道路运输网络的基本框架⑦	战略转折：由量的扩张阶段进入质量效益的提高和量的扩张并举，以质量效益提高为主的发展阶段⑧		京珠线上的河南、湖北，沿江线上的安徽、江西、重庆、四川等省市线路网络，新国线的场站系统资源

注："一个核心，两大集团，三个层次"指的是深圳市中南实业股份有限公司（简称中南股份）作为母公司，是核心。母公司下设置两个集团公司：新国线运输集团有限公司和深圳市中南运输集团有限公司。中南股份—新国线运输集团有限公司和深圳市中南运输集团有限公司—下属经营公司构成三个管理层次。

资源—战略—目标动态循环关系。表3.1中的①、③、⑤、⑦所表示的资源内容与图3.10中资源轴的节点1、3、5、7对应；表3.1中的②、④、⑥、⑧所表示的战略内容与图3.9中战略轴的节点1、3、5、7对应；表3.1中的⑨、⑩、⑪所表示的目标内容与图3.9中目标轴的节点9、10、11对应。

3.8 新蛛网模型理论符合产业组织理论，具有普遍的理论意义

3.8.1 产业组织理论

产业经济学(Industrial Economics)是一门新兴的分析现实经济问题的应用经济学科，以产业为研究对象，探讨在以工业化为中心的经济发展中产业间的关系结构、产业内企业组织结构变化的规律以及研究这些规律的方法。主要领域包括下至企业，上至国民经济之间划分出若干层次建立产业概念，并以"结构"为中心进行研究。

产业经济学包括3个理论分支：产业组织理论、产业联系理论和产业结构理论。产业组织理论（Industrial Organization）是以同一商品市场的企业关系结构为对象，研究产业内企业规模以及企业之间竞争与垄断关系的应用经济理论。产业组织理论体系是20世纪50年代末形成的，创始人是美国的梅森（E. S. Mason）及其弟子贝恩（J. S. Bain）。产业组织理论是微观经济学中的垄断价格理论的延续。价格理论是研究价格机制和资源分配关系的经济学说，而产业组织理论是以产业内的最佳资源分配为目标，寻求充分发挥价格机制的现实条件的学说。产业组织理论的任务是为分析企业关系结构的状况、性质及其发展规律提供理论依据和分析方法，即产业组织理论由市场结

构、市场行为、市场绩效以及公共政策等主要范畴构成体系，称为“结构—行为—绩效”分析方法。产业组织理论在研究产业组织对经济效益的影响时，在以下两个问题作为核心：①某一产业的产业组织性质是否保持了该产业内的企业有足够的改善经营，提高技术，降低成本的竞争压力；②某一产业的产业组织性质是否充分地利用了“规模经济”，使该产业的单位成本处于最优水平。产业的市场特征包括市场结构、市场行为、市场绩效以及公共政策等。产业组织由三个要素组成：一是企业个体；二是企业相互作用形成的市场关系；三是产业组织环境。

3.8.2 新蛛网模型理论符合产业组织理论,具有普遍的理论意义

新蛛网模型是根据新国线运输集团及其母公司的企业实践抽象出来的理论,我们可以从它与产业组织理论的关系,确定它具有普遍的理论意义。

(1)道路运输业的市场特征。

由于运输需求、运输生产过程以及运输产品的特殊性,道路运输业除了具有一般市场特点外,还具有其市场特殊性。它们表现在:运输产品的生产、消费的同步性;运输市场的非固定性;运输需求的多样性与运输供给的分散性以及运输供求的不均衡性。

道路运输业的市场特征包括道路运输市场的市场结构及其对市场行为的影响、有效竞争、市场绩效以及公共政策等。道路运输业组织由三个要素组成:一是道路运输企业个体;二是道路运输企业相互作用形成的市场关系;三是产业组织环境。

虽然道路运输业市场结构包括了市场主体结构(运输劳务供给

者、运输劳务需求者和中间商的结构)、市场客体结构(市场主体之间发生的经济权利转移关系的媒介物;客运市场、货运市场等)、市场时间结构(即时交易、远期交易)、市场空间结构(全国市场、地方市场),但学术界主要侧重研究道路运输企业之间的力量对比、均衡状况。市场结构会影响包括供给行为、需求行为和交换行为在内的市场行为。市场行为将影响市场竞争的有效性和市场绩效。

(2)中国道路运输市场。

中国道路运输市场基本上属于“完全竞争”的市场类型。中国道路运输市场正在努力地进行变革,但依然是“多、小、散、弱”的市场结构局面:企业数量多,企业规模小,经营分散,抗风险能力弱。由于进入市场壁垒低,运输产品的差异化程度小,所以主导道路运输市场的大型企业少,市场的集中度低,道路货运市场、汽车维修市场和运输服务市场的集中度就更低。大量的道路运输小企业分散经营,不但在市场上的竞争能力低,还常常是正常运输市场秩序的“麻烦制造者”;从市场行为讲,没有什么价格策略,依据企业生产能力确定运输量,没有促销策略,市场经营方式落后,运输组织化程度低,运输效率低;从市场绩效讲,难以发挥规模经济效应,资源利用程度差,浪费大,无法合理配置运输资源,利润率低,运输效率一般,高新技术应用少。不合理的道路运输市场结构影响并扭曲了市场行为,使规模生产、集约经营的大企业发展缓慢,直接影响了我国道路运输业的市场绩效及正常、快速发展。

(3)新蛛网模型符合产业组织理论,因此具有普遍的理论意义。

产业组织理论认为,市场结构影响市场行为,从而影响市场绩效;市场结构在一定时期内被认为是基本不变的。所以企业必须根据企业自身拥有或潜在拥有的资源作为企业战略的依据。

新蛛网模型描述的正是企业资源、战略及其目标三者之间的动态循环关系。由于这样的动态循环关系,使企业资源更有价值、战略层次越来越高、企业实现的目标越来越大,离企业总目标就越来越近。从这个意义上讲,新蛛网模型符合产业组织理论的两个核心问题:即新蛛网模型使道路运输业内的企业有足够的压力去改善经营,降低成本,有要求去使用高新技术;新蛛网模型使道路运输业内的企业充分地利用“规模经济”,使有条件的道路运输大企业迅速发展壮大,少量的大型运输企业在全国范围内或者在跨省区的范围内进行规模化、专业化、网络化的经营,效率高、成本低、服务好,在运输市场中竞争力强,发展潜力大,市场份额多,主导运输市场,改善了市场结构,进而促进了市场行为的优化,使该产业的单位成本处于最优水平,提高了道路运输业的生产效率和社会效益,使市场结构—市场行为—市场绩效良性循环起来。这就是新蛛网模型改善道路运输市场结构的重要作用。

在比较长的时间段看,新蛛网模型在壮大一批中国道路运输大企业的同时,还并不会造成中国道路运输市场超经济规模的大企业的形成,进而形成垄断,因此在积极改善市场结构后,产生对市场有利的市场行为,使有限的运输产品在消费者之间合理分配,使有限的生产资源在运输企业之间合理分配,从而大大提高资源的配置效率,同时促进大型道路运输企业积极利用高新技术,提高市场绩效。新蛛网模型符合“结构—行为—绩效”的产业组织理论,因此具有普遍的理论意义。

第 4 章

大型道路运输企业战略子系统及其目标子系统

第3章介绍了企业战略的含义、特征等基本概念,讨论了战略规划系统。战略规划系统是由资源子系统、战略子系统和目标子系统构成。本章研究后两个子系统。本章讨论战略子系统的结构概念,以新国线运输集团为背景,给出战略子系统的平面结构和立体结构模型,讨论目标子系统的概念。新国线运输集团的战略和目标系统作为战略子系统结构模型和目标子系统模型的实例。

4.1 战略子系统

4.1.1 企业战略分类的评述

大卫(Fred R. David,1995)是提出企业战略类型的重要学者。他在论述战略分类时,将战略分为13种类型:前向一体化、后向一体化、水平一体化、市场渗透、市场开发、产品开发、同心多元化、集中多元化、水平多元化、合资、收缩、剥离、清算及组合战略。

刘庆元(2001)给出了两类两层的战略层次例子:在"稳定型战略"层下,分别有:①无变化战略;②维持利润战略;③暂停战略;④谨慎前进战略。在"紧缩型战略"层下,分别有①转变战略;②放弃战略;③清

算战略等。刘庆元还对战略管理层次给出了说明:①公司战略(成长型战略、稳定型战略、收缩型战略);②事业部战略(低成本战略、差异化战略、集中化战略、产业结构与竞争战略);③职能战略(市场营销战略、人力资源战略、研究与开发战略、生产(作业)运营战略、财务战略)。

大卫以及其他学者对于战略管理理论作出了重要贡献,但关于企业战略分类,显得层次性不清,结构性不强。至今还没有学者对战略系统的结构进行过研究分析。理顺企业战略层次关系,便于各种战略的管理(而不是企业战略管理),便于不同层次的经理人对自己职责范围内的战略负责。

4.1.2 企业战略子系统结构的含义

企业战略只存在于两个层面,第一层面是“企业总部”层面,第二层面是企业总部下的事业部层面、职能部门层面和企业下属公司层面。事业部层面、职能部门层面和企业下属公司层面,这三个属于同一个级别的层面。

“战略子系统结构”包含两个方面的内容:①在企业总部这一层面,存在战略层次结构,这是平面的;②企业总部与事业部、职能部门和企业下属公司三个层面的三个战略子体系构成立体结构。

(1)企业层面的战略层次结构。

企业层面的战略层次结构是一个平面结构。这个结构有三个层次,即企业总战略—阶段战略—一般战略。企业总战略只有一个,从时间上讲,它能统管一个很长的时间段,比如20~30年,甚至更长。从范围上看,它统领整个企业的发展方向。企业总战略并不一定在企业一

开始建立时就马上产生的,而是在企业发展的过程中,因为抓住了某种机遇而逐渐地明确并形成的。即使有的企业在企业成立时就有了企业总战略,但在企业发展过程中,也会根据现实情况修正的,但前者更符合实际;阶段战略在时间上来讲,可能只有 5 ~ 10 年,从范围上来讲,它可能针对的是某一个内容的企业战略；一般战略的时间可能在 2 ~ 3 年，它是小的战略调整，但仍然属于企业层面的战略。企业层面的战略层次结构是本文根据实例企业 20 年的发展而总结出的理论，这个层次结构对于除了道路运输行业的其他企业也是实用的。

(2)企业战略子系统的立体结构。

企业战略子系统的立体结构是由企业层面的战略层次结构和事业部、职能部门和企业下属公司三个第二层面的战略子体系构成。事业部、职能部门和企业下属公司三个第二层面的战略子体系也有层次结构。这个立体结构如图 4.1 所示。

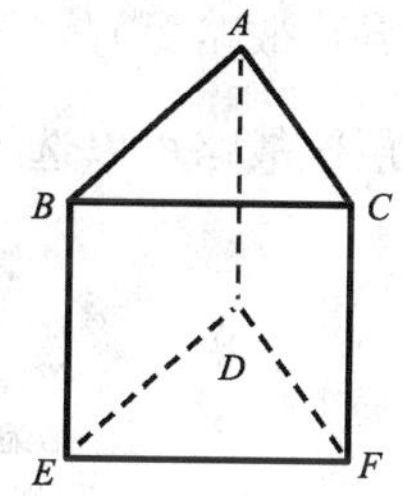

图 4.1　等面三棱柱战略体系结构模型

企业总战略是企业最高管理层指导和控制企业的一切行为的最高行动纲领。总体战略的对象是企业整体。从形成的性质看,企业总体战略是有关企业全局发展的、整体性的、长期的、重大战略行为;参与企业总体战略的制定与推行的人员应该是企业的高层管理人员。事业部战略是在企业总体战略的指导下,经营管理某一个业务单位的战略,是企业总体战略之下的子战略,为企业的整体目标服务。职能部门战略,又称职能层战略,是为贯彻、实施和支持总体战略与事业部战略而在企业特定的职能管理领域制定的战略。它能使企业的各个职能部门管理人员明确本职能部门在实施企业总体战略中的责任和要求,有效地运用研发、营销、生产、财务、人力资源等方面的

经营职能,保障企业总战略目标的实现。职能部门战略一般可分为营销战略、人力资源战略、财务战略、生产战略、研发战略等。大型企业集团在各地都有下属公司,这些下属公司根据集团的总战略也分别制定公司自身的战略。

4.1.2.1　平面层的层次结构

(1)企业层面的战略体系。

对于一个企业,首先面临的战略是选择发展(扩张)、维持、收缩还是退出战略?这是第一层次的战略;第二层次的战略是在第一层次的战略选定的基础上确定的,比如第一层次的战略选定为“扩张战略”,那么第二层次的战略可供选择的是竞争战略、合作战略、竞合战略等;在第二层次战略确定的前提下,可以在第三层次战略(低成本战略、差异化战略等)战略中选择。比如第二层次战略确定为竞争战略,第三层次战略可以选择低成本战略等,如图4.2所示。

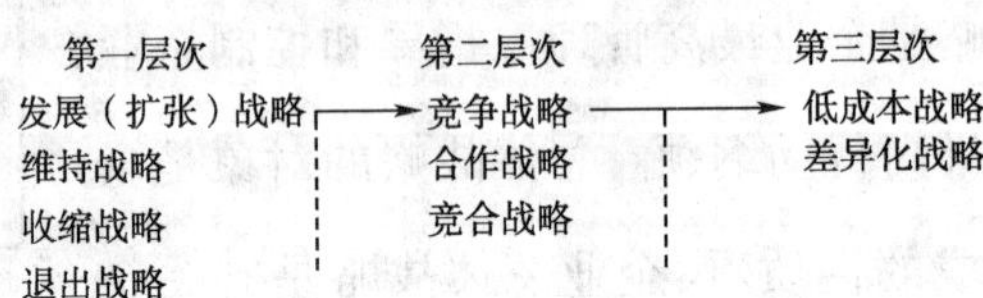

图4.2　企业层面三级战略层次

(2)“企业总部”层面的战略体系。

“企业总部”在第1章的论述中已作了定义,即从“深圳市小汽车公司”发展到今天的“深圳市兆通投资股份有限公司”在变迁发展中的企业。图1.1反映了企业总部在20年的发展中,企业从无到有,从小到大,从弱到强的历史。表4.1显示了“企业总部”在成长过程中的企业总部层面的战略体系。

(3)事业部层面战略体系。

"企业总部"层面的战略体系　　表 4.1

<table>
<tr><th>企业总战略</th><th>阶段战略</th><th>一般战略</th></tr>
<tr><td>企业初期:发展战略(1982.2~1998.8)</td><td>行政性公司转向非行政性公司,再到股份制公司</td><td></td></tr>
<tr><td rowspan="7">资源领先战略(网络运输战略)(1998.8~2010)</td><td rowspan="3">东部沿海高速公路客运网络发展战略(1998.8)</td><td>获取政治资源,抢夺京沪高速战略</td></tr>
<tr><td>"先布点,后联线,先占领市场,后扩充规模"</td></tr>
<tr><td>品牌跨越式发展战略</td></tr>
<tr><td rowspan="3">做大:发展与经营并举,以发展为主(2001.4)</td><td>先布点,后连线,东部结网,西部辐射</td></tr>
<tr><td>战略联盟战略</td></tr>
<tr><td>一体化战略</td></tr>
<tr><td>战略转折:做强
由量的扩张阶段进入质量效益的提高和量的扩张并举,以质量效益提高为主的发展阶段(2003.9)</td><td>组织流程再造战略</td></tr>
</table>

事业部层面战略也称为业务层战略。业务层战略的选择,要以某一特定领域形成并利用某种竞争优势。成本领先战略、差异化战略、集中成本领先战略和集中差异化战略等都属于业务层战略体系的内容。第五种广义的业务层战略是成本领先与差异化整合的战略。这五种业务层战略不存在一种战略比另一种战略好的问题,一种战略的有效性取决于企业外部环境中存在的机遇和威胁,以及企业内部的资源、能力和核心竞争力的可能性(希特,2002)。

如果一个企业集团下面设置若干个事业部,各个事业部根据集团的总战略制定事业部战略,同时事业部下构建次级战略。这样就形成了事业部层面战略体系。

新国线运输集团下有以下几种业务:快速客运、快货及物流、旅游客运和车辆租赁。因此新国线运输集团制定了各事业部的战略,比如快速客运发展战略(网络化战略)、快货及物流发展战略(与客运"同网经营战略"和货运集散一体化战略)、旅游客运发展战略("主次分明、循序渐进战略"、差异化经营策略、本地化经营策略、面对中高收入消费群体策略和科技先导战略)和车辆租赁发展战略("市场驱动、科技驱动"的市场发展战略和品牌经营、网络化服务)等。

(4)职能部门层面战略体系。

根据企业集团的总战略,各个职能部门要制定自己的战略。这些战略就形成了职能部门层面战略体系。职能部门层面战略体系由市场营销战略、财务战略、生产战略、研究发展战略、人力资源战略等子战略组成。这些子战略又由孙战略组成。比如市场营销战略下就可以有市场细分战略、市场选择战略、市场进入战略、市场营销竞争战略(领导者,竞争者,追随者,补缺者)、市场营销组合战略(产品战略,定价战略,分销战略,促销战略);财务战略有资金筹措战略、资金运用战略(长、短期投资战略,组合投资战略)和利润分配战略等;人力资源战略有引进战略、借用战略、招聘战略、自主培养战略等。

(5)集团下属公司层面战略体系。

如果企业集团下面有很多全资公司或控股公司,各公司根据集团的总战略制定公司战略,同时还构建下属公司的次级战略,不同层次的战略就形成了公司层面战略体系。

4.1.2.2 企业战略子系统的立体结构

对于一个企业集团,它的各个层面的战略体系存在一定的关系,本书将这种关系构建为一个立体战略结构,称之为"等面三棱柱战略体系结构",如图4.1所示。

顶面三角形 *ABC* 代表企业层面的战略体系，这个体系由三个层次组成：企业总战略、阶段战略、一般战略，它们构成了三角形，如图 4.3 所示。三个矩形平面 *BCFE*、*ABED* 和 *ACFD* 分别表示事业部层面战略体系、职能部门层面战略体系和集团下属公司层面战略体系。

事业部层面战略体系在矩形平面 *BCFE*［简称矩形（中）］的状况如图4.4所示，本书以新国线运输集团为例；职能部门层面战略体系在矩形平面 *ABED*［简称矩形（左）］的状况如图 4.5 所示，集团下属公司层面战略体系在矩形平面 *ACFD*［简称矩形（右）］的状况如图 4.6 所示。

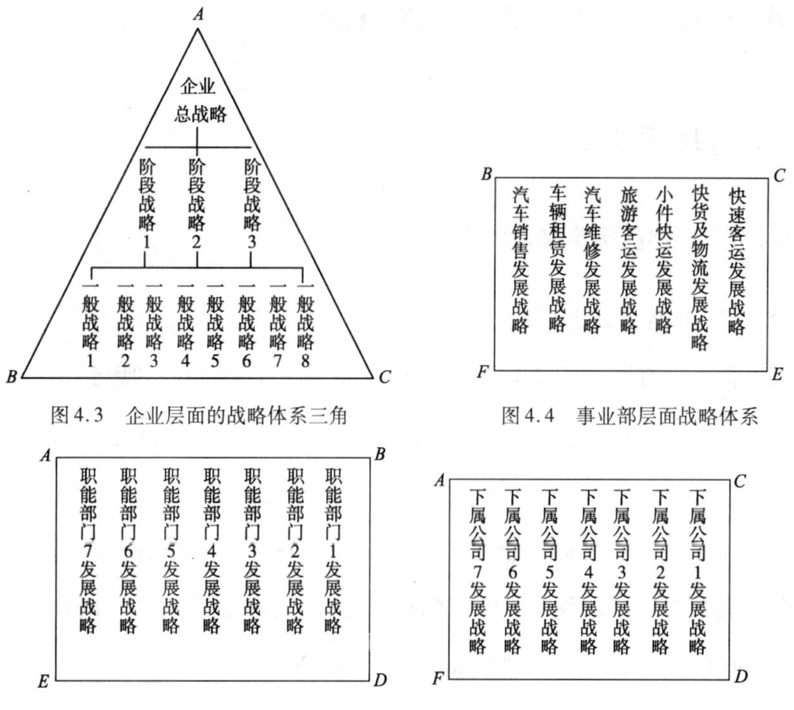

图 4.3　企业层面的战略体系三角

图 4.4　事业部层面战略体系

图 4.5　职能部门层面战略体系

图 4.6　集团下属公司层面战略体系

顶面三角形 *ABC* 代表企业层面的战略体系与三个矩形平面 *BCFE*、*ABED* 和 *ACFD* 代表的事业部层面战略体系、职能部门层面战略体系和集团下属公司层面战略体系不是互相没有任何关系的独立的系统。顶面三角形 *ABC* 代表企业层面的战略，尤其是总战略，是最高层次的战略，统揽集团全局，其他各个层面的战略必须服从这个总战略。事业部层面战略、职能部门层面战略和集团下属公司层面战略三个体系之间存在着相互关系，但它们之间的关系是相当复杂的。本书要说明的是，顶面三角形 *ABC* 与三个矩形平面 *BCFE*、*ABED* 和 *ACFD* 所代表的战略体系四者之间的关系是一个"黑箱"关系，至少是"灰箱"关系，这有待于进一步的深入研究。

所给出的立体结构，理顺了企业战略各个层面、各个层次的关系，改变了过去对于战略体系认识的混乱状况。

4.2 目标子系统

4.2.1 战略目标定义与特点

(1)战略目标定义。

企业光有明确的使命是不够的，还必须把这些共同的愿景和良好的构想转化成各种战略目标。战略目标是指企业在其战略管理过程中，对所要达到的市场竞争地位和管理绩效等主要成果的期望值(黄凯,2004)。战略目标是企业使命的进一步具体、明确的阐释，是企业在完成基本使命过程中所追求的长远结果，反映企业在一定时期内经营活动的方向和所要达到的水平(史世鹏,2004)。

(2)战略目标特点。

战略目标与企业其他目标相比，具有以下一些特点(黄凯,2004)：

①宏观性。战略目标是一种宏观目标。它是对企业全局的一种总体设想，它的着眼点是企业整体而不是局部。它是从宏观角度对企业

未来的一种较为理想的设定。它所提出的是企业整体发展的总任务和总要求，它所规定的是整体发展的根本方向。因此，人们所提出的企业战略目标总是高度概括的。

②相对稳定又不乏灵活性。战略目标既然是一种长期目标，那么它在其所规定的时间内就应该是相对稳定的。这样，企业员工的行动才会有一个明确的方向，大家对目标的实现才会树立起坚定的信念。当然，强调战略目标的稳定性并不排斥根据客观需要和环境的变化而对战略目标作必要的修正。因为企业面临的是日益复杂的动态的环境，这就要求企业的战略目标应能随环境的变化作相应的调整，应具有一定的灵活性而不应是僵化的。

③可分性。战略目标作为一种总目标、总任务和总要求，是可以分解成某些具体目标、具体任务和具体要求的。这种分解既可以在空间上把总目标分解成多个方面的具体目标和具体任务，又可以在时间上把长期目标分解成一个个阶段性的具体目标和具体任务。人们只有把战略目标分解，才能使其成为可操作的东西。

④可接受性。企业战略的实施和评价主要是通过企业内部人员和外部公众来实现的，因此企业的战略目标必须被企业内外公众理解并符合他们的利益。但是，由于企业内部不同的利益集团常常有着不同的甚至是相互冲突的目标，因此企业在制定战略目标时必须注意协调相关主体之间的利益关系。另外，战略目标的表述必须避免歧义，且有现实意义，这样才易于被企业成员所接受。

⑤可检验性（刘元庆，2001）。为了对企业管理活动的结果给予准确衡量，战略目标应该是具体的，可以检验的。时间跨度越长、战略层次越高的目标就越具有模糊性。此时，应当用定性化的术语来表述其

达到的程度,要求明确战略目标实现的时间。

⑥挑战性且可行性。这是指,达到战略目标本身具有一定难度,具有挑战性,但不是高不可攀,经过上、下的一致努力是可以达到的,是可行的。太高的不切实际的目标会挫伤员工的积极性。

4.2.2 战略目标的作用

战略目标能够实现企业外部环境、内部条件和企业目标三者之间的动态平衡,使企业获得长期、稳定和协调的发展(刘元庆,2004)。战略目标的作用可以从战略目标与企业使命的关系、战略目标与战略的关系、战略目标与企业各个利益相关者的关系三个方面来解释。

(1)战略目标与企业使命的关系。

战略目标确定了企业发展的方向,是企业在一定的时期内,为实现其使命所要达到的长期结果,能够使企业使命具体化和数量化。

(2)战略目标与战略的关系。

①制定的战略是为了达到企业的战略目标,没有目标,战略就失去了存在的意义。战略目标的设定,就是使企业制定战略的工作能够有目的、有针对性地进行。

②战略目标为战略决策和战略实施提供了评价标准和考核依据。战略目标实现与否以及实现的程度,是衡量战略是否成功以及成功程度的标准。

(3)战略目标与企业各个利益相关者的关系。

①对企业内部,各利益相关主体联系起来的基本条件是目标的根本一致性。这就是目标的聚合功能。有了战略目标,就能促进企业各部门之间的合作与协同,可以把企业各个单位、部门、各项生产经营活

动有机地联结成一个整体,发挥企业的整体功能。

②有助于企业各部门业绩考评,揭示了业务重点。

③使其成为企业成员的共同追求,企业可减少在目标实施过程中的潜在冲突。为具有不同价值观的管理者制定协调一致的决策提供了基础。通过在战略制定活动中促使在目标问题上达成共识,企业可以将其后实施过程中的潜在冲突降低到最低限度。

④描绘了企业发展的远景,科学的战略目标是一种理想,对企业职工有很强大的动员和激励作用。它是一种精神动力,激发员工向上和进取。战略目标一旦被广大员工承认和接受,它就可以变成员工内心的坚定信念,使员工产生一种使命感,推动员工去接受挑战,为它的实现去努力奋斗。

⑤帮助利益相关者了解他们在决定企业未来中的作用。

4.2.3　战略目标设置的原则

战略目标的设置,应该遵循以下原则:统筹兼顾企业内、外部环境动态发展与企业短期运作的不同要求,使所设定的目标具有可接受性、可检验性、可分解性和可实现性,既能对充分挖掘企业潜力起到激励作用,又能对企业的实际运行起到指导作用。

有的学者提出,战略目标的制定原则还要包括:①定量化原则。实际上战略目标是战略性的,基本上是定性的、宏观的,或者说是模糊的。由于战略目标的层次性,越上层的越宏观,越模糊,越下层的越微观,越定量化。执行目标就应该是定性的。②平衡性原则,它要求做到:第一,不同利益之间的平衡;第二,近期需要和远期需要之间的平衡;第三,总体战略目标与职能战略目标之间的平衡。一般而言,总体战略目

标的内容是看不出这种平衡性的;③权变性原则(刘元庆,2001)认为,由于客观环境变化的不确定性、预测的不准确性,因此在制定战略目标时,应制定多种方案。在一般情况下,制定在宏观经济繁荣、稳定、萧条三种情况下的企业战略目标,分析其可行性及利弊得失,从而选择一种而将另外两种作为备用。或者,制订一些特殊的应急措施,如原材料价格猛涨等情况下对战略目标进行适应性调整。这个原则是不应该设定的,因为企业在设定战略目标时,必须考虑环境的变化及其发生的概率,绝对不可能再搞什么其他"备用"目标,否则,从经理层到基层员工都会因为存在"备用"目标而可能心存疑虑,不能一心一意的为企业目标而工作,这会是有害的。

4.2.4 战略目标系统

由于一个集团内不同层面不同层次的组织的利益不同,它们目标之间在不同程度上可能会不一致,甚至出现冲突,存在矛盾。例如,企业生产部门的产量目标和销售部门的销量目标之间可能存在冲突;企业降低成本、增加利润的经济目标和依法纳税、保护环境的社会责任目标之间可能存在冲突等。因此,制定战略目标的有效方法是构造战略目标体系,使战略目标之间相互联合、相互制约,从而使战略目标体系整体优化,反映企业战略的整体要求。

企业的战略目标不是一个,而是由很多目标所组成,它们根据一定的规则,可以构成一个系统。这一个系统与企业的战略系统基本上是对应的。目标系统由三个层面的目标体系组成:集团层面的目标体系、事业部层面的目标体系、职能部门层面的目标体系和集团下属公司层面目标体系。但集团层面的目标体系处于其他三个层面体系的领导地

位。集团层面的目标体系中，存在战略目标与执行目标之间的差别。战略目标是更长远的、更重大的、更全局性的目标，而执行目标是保证战略目标实现的比较具体一点的"目标群"；最高层的战略目标是比较抽象的、模糊的，越到下面，越具体、越可以定量化。

企业战略目标体系可以用图 4.7 表示。可以看出，企业战略目标体系一般是由集团总体战略目标体系和第二层次的事业部目标体系、职能部门目标体系和集团下属公司目标体系所组成。在企业使命和企业功能定位的基础上制定企业总体战略目标体系，为保证总目标的实现，必须将其层层分解。也就是说，总战略目标体系是主目标体系，事业部目标体系、职能部门目标体系和集团下属公司目标体系是保证性的目标体系。

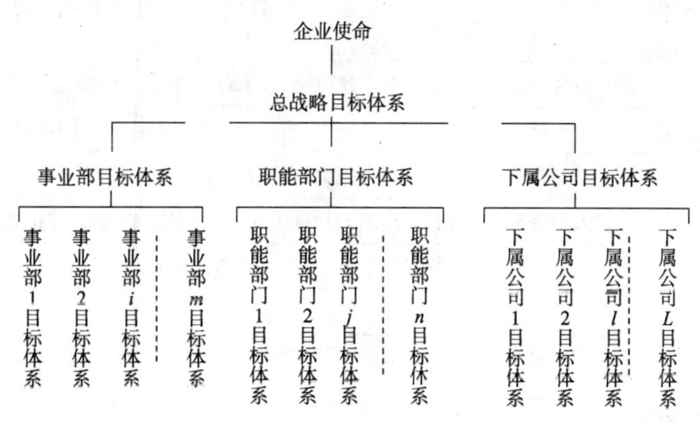

图 4.7　战略目标体系

集团总体战略目标体系是由集团的总目标和众多其他目标所组成，集团总目标可以分为利润目标、资源目标和社会目标三个方面。利润目标包括收益性目标（资本利润率，销售利润率，资本周转）、成长性目标（销售额成长率，市场占有率，利润额增长率）和稳定性目标（自有资本比率，附加值增长率，盈亏平衡点）；资源目标（能力、品牌、企业文化等）和社会目标(股东分红、公益性、慈善事业);一个事业部的目标体系是由这个事业部的总目标和众多其他目标所组成;一个职能部门目标体系由其总目标和众多其他目标所组成,比如营销部的营销额、市场目标;集团下属公司目标体系由这个公司的总目标和众多其他目标所组成。

众多的目标项目组成了企业战略目标体系,但是目标在数量上和内容上没有固定的模式。应当根据企业的资源条件、发展方向,设计出符合自身实际情况的目标体系。表4.2是某企业的战略目标系统的例子。

企业战略目标体系 表4.2

分类	目标	目标内容
业绩目标	收益性	资本利润率,销售利润率,资本周转率
	成长性	销售额成长率,市场占有率,利润额增长率
	稳定性	自有资本比率,附加值增长率,盈亏平衡点
能力目标	综合	战略能力,决策能力,执行力,集团组织力,企业文化,品牌能力
	研究开发	新产品比率,技术创新能力,专利数量
	生产制造	生产能力,质量水平,准时性,成本降低率
	市场营销	销售能力,市场开发能力,服务水平
	人力资源	经理人与员工人数比,安定率,职务安排合理性
	财务能力	资金筹集能力,资金运用效率
价值创造	顾客	产品质量、价格,服务
	股东	分红率,股票价格,股票收益性
	员工	工资水平,员工福利,能力开发,士气
社会目标	综合	税收,为社会创造就业机会,企业形象,公害防治程度

4.3 新国线运输集团战略与目标系统

4.3.1 新国线运输集团公司简介

新国线集团是抓住了国家道路运输结构调整的历史机遇后发展起

来的。在1997年9月中国共产党第十五次代表大会上,中央做出了经济结构调整的战略决策,交通部根据中央的方针和道路运输行业的实际,也及时制定了道路运输结构调整的方针。深圳市中南实业股份有限公司,科学地分析了形势,紧紧抓住这一历史机遇,制定了跨出深圳、走向全国、做大做强的发展战略。第一步首先走向东部沿海,以发展东部沿海高速公路旅客运输为重点,按照先布点、后连线的思路,先后在福州、南京、天津、北京等地创建了合资公司,并以中南实业的经营理念,指导和促进企业运作,为新国线运输集团的创建和发展奠定了基础。

2001年4月,经交通部正式批准,组建了以跨省(市)高速公路快速客运为主业的新国线运输有限公司,前交通部胡希捷副部长参加了新国线运输有限公司开业新闻发布会,并提出要求:把"新国线"办成中国的"灰狗",打造中国道路运输第一品牌。新国线运输集团按照部领导的指示精神着手实施以扩大规模为特征的低成本扩张,并确定以结点运输、科技应用、星级服务为该发展阶段打造新国线品牌的三个基石。

2001年10月14日,前交通部黄镇东部长、原交通部部长张春贤、前交通部副部长胡希捷等4位部领导率40多位司、局、院长,从北京乘新国线运输集团快车到南京,沿途考察了高速公路客运情况。2001年11月11日,新国线运输集团第一个驿站(天津驿站)成立。

2002年元旦出版的中国交通报特刊上,将新国线运输集团的创建列为2001年中国交通十大新闻之一。同年4月,交通部办公厅下发了《关于在京沪高速公路上开展结点接驳运输试点工作的通知》,决定由新国线运输集团在京沪高速公路上开展结点运输试点,这是交通部为

新国线运输集团的发展提供的重要政策支持。随着新国线运输集团北京、天津、上海、福州等公司的先后成立与营运,在快速发展、资产整合的基础上,2002 年 4 月新国线运输集团有限公司正式注册成立。

2002 年 7 月,新国线运输集团与“灰狗”加拿大公司签订合作协议,双方将在管理技术、小件快运、国际旅游运输等方面进行密切合作,开创了中国道路运输企业与国外知名大型运输企业结成战略合作伙伴的先河。

2002 年 9 月,深圳市中南实业股份有限公司向新国线运输集团追加投资 6000 万元,使新国线集团注册资本增加到 1.1 亿元人民币,并由新国线运输集团控股深圳市中南运输集团有限公司注册资本的 50.9%。

2002 年 10 月 21 日,经交通部批准,在中国道路运输协会领导下,由新国线运输集团发起和组织承办,并与中国道路运输协会、交通部科学研究所、交通部公路科学研究所、中国交通报社和中国公路学会汽车学会共同主办的本行业层次最高、规模最大的“2002 年中国道路运输发展论坛”取得圆满成功。新国线运输集团在为民族道路运输业发展做出贡献的同时,也提高了其在行业内外的知名度和影响力。

2003 年 8 月,经过三级交通主管部门组织专家评审,新国线运输集团获得了中国道路旅客运输企业一级经营资质(交通部公告)。与此同时,新国线运输集团领导核心做出决策,实施战略转变,即由量的扩张阶段进入质量效益的提高与量的扩张并举,以质量效益提高为主的发展阶段。

新国线运输集团经过短短几年的发展,截止到 2004 年 5 月 1 日,已经建立了东部沿海和中部客运网络。该网络已遍布广东、福建、北

京、天津、香港、山东、河北、江苏、上海、浙江、湖南、广西、海南等 13 个省市区，成立了 34 家控股子公司和 14 个全资驿站，初步构筑了一个遍及中国东、中部地区的旅客运输网络的基本框架，为新国线集团做大做强奠定了坚实的基础，形成了向全国发展的良好态势。

截止到 2004 年 5 月 1 日，新国线运输集团资产规模已达 16.65 亿元，净资产 5.5 亿元，资产负债率 67%，拥有 6 个公路主枢纽客运站，拥有各类营运车 3300 多辆。先后开辟了各种省际省内客运线路 600 多条，同时还拥有多条华东旅游专线和部分城市的市内公交线路，运营范围覆盖了我国东部主要地区和城市以及中西部地区部分城市。成都至北海的西南出海大通道已全线贯通，公司着力开发西南客运市场，为推进实现公司的全国性道路旅客运输经营网络奠定了基础。

新国线运输集团的企业使命是：为社会提供尽可能多的有用产品，并让尽可能多的人进行消费；为社会最大限度地创造财富，并使这种财富不断增加；企业要尽可能地为人才实现自我价值提供条件，尽可能多地为社会提供就业机会。

企业的定位是运输服务。

“为社会提供尽可能多的有用产品，并让尽可能多的人进行消费”强调了产品的有用性、多样性、广泛性和占有率的问题，是企业做大的基础；“为社会最大限度地创造财富，并且使这种财富不断增加”强调了产品的质量，是企业做强的基础，企业对社会的贡献除了为人们的生产生活提供便利，还包括对政府税收的增加和企业财富的不断积累，这要以创造尽可能多的利润为前提；“企业要尽可能地为人才实现自我价值提供条件，尽可能多地为社会提供就业机会”是企业的文化基础，强调了以人为本的观念，只有企业的资金资本和人力资本的最佳结合，

才能创造利润和财富,才能为人才自我价值的实现提供条件。

4.3.2 新国线运输集团的集团战略层次结构

新国线运输集团的企业层面战略层次如表4.1所示。第一层次是“资源领先战略—运输网络战略”,第二层次战略是“东南沿海高速公路客运发展战略”、“发展与经营并举,以发展为主战略”、“由量的扩张阶段进入质量效益的提高和量的扩张并举,以质量效益提高为主的发展战略”,第三层次是“获取政治资源,占领京沪高速公路客运市场战略”、“先布点,后联线,东部联网,西部辐射战略”、“品牌跨越式发展战略”、“战略联盟战略”、“一体化战略”等。

4.3.3 新国线运输集团的总目标——打造中国道路运输第一品牌

作为新国线运输集团战略总目标——打造中国道路运输第一品牌有着深刻的含义:一是“打造”,这意味着新国线集团的这一总目标的达到一定是一个长期的过程,要全体员工努力奋斗,要坚韧不拔,要反复地锤炼才能“修成正果”;二是“中国”,突出了民族性。三是“道路运输”,强调了企业的主业和专业性;四是“第一品牌”,是新国线运输集团争第一的决心,在所有的道路运输企业中,是领袖性企业、排头兵和“龙头”,引领中国道路运输企业的潮流,使企业市场覆盖度高、信誉度高。

新国线运输集团的战略目标“打造中国道路运输第一品牌”内涵是丰富的。“第一品牌”概括起来,主要包含有以下“四个第一、八大要素”:一是营运网络、营运规模和服务地域范围全行业第一。这是“第一品牌”的外在表现,也是打造第一品牌的基础。二是安全和服务第

一，为社会提供一流的服务和可靠的安全保障。这是“第一品牌”的内在要求，也是打造第一品牌的前提条件。三是管理和技术第一，用先进的经营管理理念和高新技术武装新国线，用科学的方法组织生产经营。这是“第一品牌”的客观需要，也是打造第一品牌的有效手段。四是效益和业绩第一，树立“以业绩为导向”的观念，企业的一切活动和行为都应淡化过程，强调结果，注重业绩。这是“第一品牌”的集中反映，也是打造第一品牌的关键和核心所在。以上这“四个第一、八个要素”是一个统一的整体，密不可分，缺一不可。只有这“四个第一、八个要素”得到全面、协调、可持续发展时，以科学发展观为指导的“第一品牌”目标才能越来越近。

4.3.4 新国线运输集团的目标体系

新国线运输集团的战略目标体系如图4.8所示。

4.3.5 新国线运输集团的各事业部层面战略及其目标体系

以下论述的战略及其目标，都能有它们的子战略和子目标，分别构成战略体系及其目标体系。

(1)道路快速旅客运输。

①战略：道路快速旅客运输是公司的主营业务，战略是：以长江三角洲、珠江三角洲和京津地区为源头，以国道主干线“两纵两横”为依托，迅速搭建起公司“一弓二箭”的快速客运网络骨架，并进而形成“二弓成环”网络总体骨架。

②目标：打造中国一流的快速客运规模化经营、集约化发展的新模式，使快速客运成为公司具有独特品牌、较大市场份额、强大竞争能力

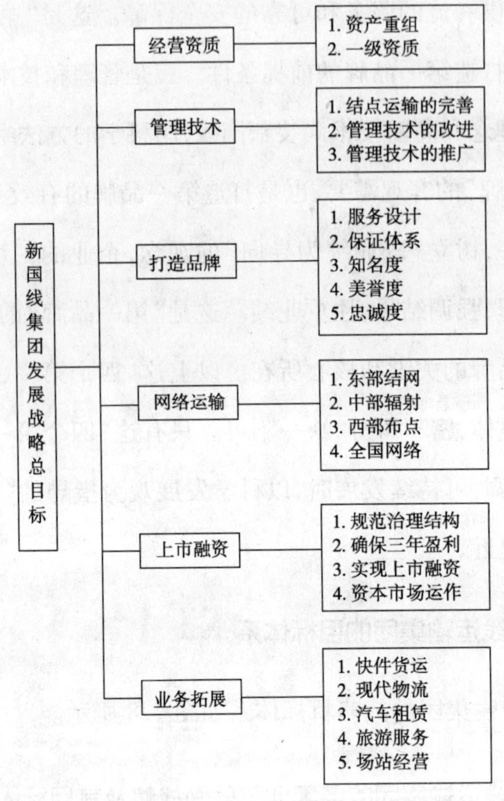

图 4.8　新国线运输集团发展战略目标体系

的拳头产品。

(2)快货及物流——仅次于快速客运的业务。

①战略:“同网运营”、“三网协同”和“三化集成”战略。“同网运营”是指快货和客运依托客运网络实现共网经营;“三网协同”是指新国线集团客运站场网络、物流信息网络和管理网络三者要实现协调运作、共同发展;“三化集成”是指快货、物流要形成专业化、系统化、网络化的物流系统。

②目标:成为我国道路运输业具有代表性的高质量、高水准、具备国内竞争实力的精益快货系统。

(3)旅游客运。

①战略:从集团整体发展规划出发,借助企业有形与无形资源优势,以快速客运网络为依托,重点突破、占领中心、局部成网、逐步推进、形成合围。

②目标:以旅游班线、旅游公交、旅游包车为主,在建成旅游客运线路网、旅游客运服务网、旅游客运信息网络的基础上,形成连接华东、华南、西北、西南主要旅游区的旅游客运经营体系。

(4)车辆租赁。

①战略:依托道路快速客运的网络和沿线"驿站",定位明确,稳健、适度发展,积极培育,因地制宜,动态发展,方式多样。

②目标:形成以个人服务为基础、外资企业服务为主体、以政府服务为重要补充的车辆租赁服务体系。

汇总新国线集团及其事业部、职能部门和下属公司的战略体系与目标体系,在平面上可以用图 4.9 表示。无论是事业部级、职能部门级还是下属公司级的战略必须服从新国线运输集团的总战略与一般战略,而且要为实现集团的总战略服务。无论是事业部级、职能部门级还

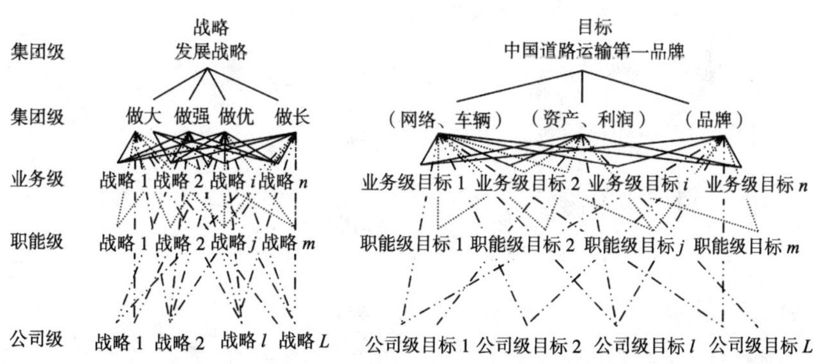

图 4.9　新国线集团战略体系和目标体系图

是下属公司级的目标必须服从新国线集团的总目标，而且要为实现集团的总目标服务。事业部级、职能部门级以及下属公司级的战略相互之间存在密切的关系，事业部级、职能部门级以及下属公司级的目标相互之间也存在密切的关系，它们之间在某种方面会有矛盾，可以通过集团总部加以协调，最终为达成集团的目标而努力。

第 5 章 企业能力

本章对个人能力和企业能力的基本概念进行论述，回顾各种能力观，介绍 6 种能力的特征和 6 种能力作用，分析企业能力变化形式和核心能力。根据新国线运输集团的战略规划实践，提出企业能力分析原则和能力分类，给出能力系统层次结构。最后分析战略能力与执行能力的相互关系。

5.1 能力概述

5.1.1 个人能力

“能力”是心理学上的概念。它是指人完成某种活动所表现出来的个性心理特征。也可以说，能力(Ability)反映了个体在某一工作中完成各种任务的可能性(斯蒂芬·P.罗宾斯，1990)。人的能力可以表现为一般能力和特殊能力，可以是实际能力和潜在能力。人的能力在先天的基础上，经过努力是可以培养的。人的能力另一个重要特征是：只有在某项活动中才反映人的能力，能力与活动两者紧密地联系在一起。

5.1.2 企业能力的观点

企业能力概念的正式提出是在 20 世纪 70 年代，理查德森(Richard-

son,1972)在其所著《工业组织》一文中,使用“能力”(Capabilities)概念来描述企业的知识、经验和技能。钱德勒(Chandler,1992)在《规模与范围:工业资本主义的动力》一书中,所用的中心分析概念是组织能力,认为组织能力是企业、工业甚至国民经济持续竞争优势的源泉和持续经济扩张的动力,决定了企业和国家的兴衰。企业能力从根本上说是来自于企业成员的技能和知识,尤其是职能专家的技能和知识。从语源学的角度看,企业能力(Capability)这一单词可以看成是由两个单词——资本(Capital)和能力(Ability)组合而成的,这也是后来形成企业成长理论两大流派的渊源之一(余传萍,2005)。

关于企业能力的理解,100 多年来,不少学者作出了很多不同的解释,我们将这些解释汇总为几种理论观点:

(1)企业能力的整合观、配置观。

虽然艾迪斯 · 彭罗斯(Edith Penrose,1995)没有明确提出能力的概念,但在对资源和能力进行区分的基础上指出,能力更多地与服务过程有关,并以一种流量的形式体现在活动之中,提出了“企业组织能力”。迈浩尼等(Mahoney 和 Pandian,1992)提出,企业潜在资源转为活动就是能力。普拉哈拉德和哈默(Prahalad C. K. 和 Gary Hamel)两人提出核心能力就是“组织对企业拥有的资源、技能、知识的整合能力,即组织的学习能力”的论断。希特(Hitt,1995)认为,能力是指企业分配资源的效率,是将众多资源结合运用,以达到一种预想的最终状态的才能。能力使企业能够“利用洞察力和智慧创造并利用外部的机会,建立持久性的优势”,更多的高层经理人“认识到人们的技能以及对企业的贡献是企业实现竞争优势和卓著成就的最好的途径”。许多能力的基础建立在企业员工的技能和知识上,而且,经常是建立在他们某方面的专长上。

冯亚华(2002)在《企业持续发展的关键:核心竞争力》中提出,企业能力是一组资源在完成一项任务或者活动中的综合利用程度,产生于企业无形资源和有形资源内部及其相互之间长期的、独特的相互作用。黄凯(2004)认为,单独的一项资源并不能产生实际能力,企业能力来自于将各项资源进行有效的组合。能力是企业若干资源有机组合后的结果和表现。一项好的技术必须与其配套的资金、设备和人员相结合,才能得以发挥作用,产生实际的生产力,也才有可能形成企业的竞争优势。因此,企业拥有资源后,还要培养对各种资源进行组合协调,以发挥其潜在价值的能力。

有形的物质资源和无形的规则资源,对企业来说都只是表面的和载体性质的构成要素。唯有蕴藏在这些要素之后的能力,才是企业活的本质,对企业而言,物质资源和规则资源存在的意义和价值在于它们各自背后的能力。因此企业本质上是一个能力体系(胡大立,2001)。

(2)整体能力观。

小艾尔弗雷德·D·钱德勒(Alfred. D. Chandler)认为,企业能力是企业在历史的发展过程中,充分利用规模经济和范围经济获得的生产能力、营销能力和管理技能,是企业内部组织起来的物质设施和人的能力的集合。企业的长期投资产生了规模经济和范围经济,同时产生了庞大的组织结构。组织的能力来源于企业对两个方面的投资:一是对企业进行大规模生产设备的投资,以使其能充分利用技术所具有的潜在的规模及范围经济;二是为配合大规模生产,对全国乃至国外的营销、流通网络的投资,这不仅为了增强监督和调节的两个基本活动,而且还要为将来日益扩大的生产和流通制定计划、分配资源而培养具有

领导作用的管理人才。企业能力是企业长期发展、维持优势的特征，是企业持续发展的动力。斯多克(George Stalk)、伊万斯(Philip Evans)、舒尔曼(Lawrence E. Shulman)、提斯(David. J. Teece)等人为代表的能力学派的另一观点："整体能力观"。

演进经济学中的能力概念，不仅指经济当事人的个人能力，而且还指由经济当事人在组织的"共同知识"基础上形成一个"能力团队"(郑江淮,2001)，这就是演进经济学所认识的企业性质。

(3)动态能力观。

随着对企业核心能力的进一步深入研究，(Teece、Pisano、Shuen,1997)又提出"动态能力观"。他们认为，信息时代的市场变化和技术进步迅速改变着整个经济结构，环境迫使企业对能力存量不断进行质的改变，能力更新构成了产业动态性的驱动力。它使企业在面对变化的市场环境时，能够快速整合、建立和重构其内外部资源、技能和能力，迅速形成新的竞争优势。

(4)能力与活动关系论。

梦格(Menger,1871)认为能力是在企业解决生存性问题的活动过程中体现的。尼尔森和温特(Nelson and Winter,1982)在现代演化经济学的奠基之作——《经济变迁的演化理论》中提出一个关于企业能力和行为的演化理论，把企业定义为一个由组织惯例所组成的在任何时点都具有一定能力和决策规则的实体性层级结构(a hierarchy of organizational routines)，并且认为该层级结构是随时间流逝而动态变化的，在这个过程中，组织惯例在解释企业行为方面起着中心作用。

(5)独特能力观。

安德鲁斯(Kenneth Andrews,1971)在《公司战略的概念》一书中指

出,“独特的能力”是指使一个公司能够在某些领域做得特别好的力量,但他对这个概念仅仅是从直觉上使用的,并没有进行严格的定义。塞尔兹尼克(Philip Selznick,1957)在描述企业领导能力时指出,使一个组织比其他组织做得更好的特殊物质就是特有能力。企业能力曾被定义为能使一个组织比其他组织做得更好的特殊“物质”(Selznick,1957)。

(6)其他论点。

葛朗特(R. M. Grant,1991)认为能力就是完成一定的任务或活动的一组资源所具有的能量。能力不能简单地视为禀赋或信息,它代表了组织内资源之间的相互作用,具有显著的惯性及企业专有性,它是从属于学习并随实际问题的解决而改变(Dosi& Marengo,1994)。能力也不仅是指资源集合,更是企业内部所形成的人与人、人与其他资源之间的相互协调的复杂模式(N. J. Foss,1998)。

陶西等(Dosi& Marengo,1994)认为能力是解决问题的一种性能,它与“善于做某事”及“善于学习某事情”有关,那么,也就可以从企业的业务流程(价值链)来分析能力。毫无疑问,这些能力是体现在各种职能活动中的,如:配置过程的能力,它决定生产什么及如何定价;交易过程的能力,它决定是自产还是购买,是单独做还是合伙做;管理过程的能力,它决定如何设计组织机构和政策以提高业绩;技术获取过程的能力,包括开发和设计新的产品及程序、有效地利用设备及学习的能力等。

能力不仅仅表现在内部分配资源上,还应该表现在企业需要时,从外部环境获得资源,还要表现在其他方面。能力和知识是两个既不同又相互关联的概念。一个人有知识并不一定具有能力,但能力一定要以知识为基础,不管这种知识是来源于书本还是经验。

在吸取前人研究成果的基础上,张文松(2005)对企业战略能力进行了研究。他给出了企业战略能力的定义:“战略能力是能够持续地增加消费者剩余和生产者剩余的关键因素,是企业的积累性学识,是企业生存的基础,并能指导企业未来发展。与其他对手相比,它是独到的,短期内不可模仿的,它有助于实现客户的根本价值并引导客户价值的提升,是资源、战略和能力的偶合”。从这个论述看,“战略能力”似乎可以认为是种种企业能力中的一个组成部分,只不过“战略能力”显得更重要一些,不是人们通常理解中的作为企业能力的一种。但他又认为,企业家能力、技术能力和组织能力的交集是“企业内核能力”,这个“企业内核能力”再与网络能力、市场能力的交集就是他所指的企业战略能力。从这个论点看,“战略能力”是经过两次“集合”后的成果,这与前一个论点有矛盾。再者,根据集合论,张文松的“企业战略能力”的“具有”和实现之概率是很小的。这与企业的真实情况又相差甚远。

能力理论认为,企业是一个能力体系或能力的集合,企业能力系统是企业拥有和控制的所有能力的有机组合。斯诺等人(Snow、Hrebiniak、Henderson)和中国学者王毅、陈劲、许庆瑞、王锡秋和席酉民等从多角度对影响企业发展的能力进行了划分。所有这些成果对于企业能力系统研究做出了很大贡献,但是,仍然存在不足:要么缺乏严密的理论逻辑推导,要么缺乏实证,而且,关于企业动态发展过程中的能力系统研究也几乎是空白。因此,对于企业发展不同阶段的能力系统仍然需要进一步的研究与经验证明。

正如尼古莱·福斯在《企业万能:面向企业能力理论》一书中所指

出的:“企业能力理论仅仅是崭露头角和刚刚起步”。在我国,因为该理论正处于研究和开发的初级阶段,这一特征就显得更为突出。

从以上的分析可以看出,企业能力是一个复杂的概念,是指一个较笼统的特殊物质,很少有人能够十分准确地指出一个企业的能力之所在,理论上显得有些松散,叙述纯文字化和概念含糊不清(Foss,1996),但能力理论依然是目前战略管理理论的一个重要组成部分,它对人们给予启示(黄江圳,2002),同时它也是广义企业资源的一个重要组成部分。

5.2 企业能力的种类

关于企业能力的分类,不同学者的观点也不一样。本书将这些论点划分为“几种论”:

5.2.1 两种论

(1)企业能力的两个学派:核心竞争力与整体能力论。

(2)亨达森(Henderson)认为,企业能力系统包括元件能力和构架能力。

(3)李瑜等(2001)将企业能力划分为显式能力和隐式能力两类。显式能力包括资金、工作空间、设备、材料;而隐式能力包括人员技能、经营过程、市场能力、技术能力和组织能力。

(4)也有学者将企业能力分为一般能力和核心能力。刘洪伟等运用赫茨伯格的“双因素”理论,将企业能力划分为核心能力和一般能力两大类的思路有新意。指出“一般能力”是企业生存的基本前提和必要条件,是企业参与市场的“保健因素”,核心能力是企业的独特能力,

是其竞争优势的“激励因素”。

5.2.2 三种论

(1)关新军(2000)根据能力的本质特征,将能力分为3类:

①职能能力,是指企业完成某一活动的能力。

②流程能力,是指企业目前实践和学习的模式,它是职能能力的本质体现,包括协调、整合能力、学习能力、重组和改造能力。

③企业文化,是指企业员工或团队拥有的价值观、信念和行为规范。

这3类能力一类比一类更趋于稳定、抽象,其形成时间更长,更不易模仿,更能反映企业的本质特征。

(2)任佩舻等(202)从企业生物性和管理熵的角度分析了企业生存的3大能力——基本生存能力、竞争力和应变力。

(3)王毅等(2000)在扩展Henderson能力构架概念的基础上,从能力载体和综合程度的层次角度,将能力分为技术整合层能力、企业层能力和经营环境层能力三种。

5.2.3 六种论

余伟萍(2005)对企业能力进行归纳性实证分析后,得出了影响与决定企业持续发展的6大关键能力:盈利能力、内部运行能力、制度能力、技术能力、企业家能力、战略管理能力。这是6个能力的组合模型,称为POSTEN模型。她认为,企业的关键能力要素主要体现在创新能力、市场营销能力、战略管理能力、组织管理能力、生产制造能力、人力资源与企业文化7个方面,同时,行业环境与企业规模也会影响企业能力。

(1)企业盈利模式运作能力,是企业通过某种方式或模式获取利润的能力(3个项目,包括服务质量、营销能力、产品质量)。

(2)企业内部运行能力,是企业的业务流程管理能力,是企业为满足顾客的需求和实现企业自身目标,在其逻辑思维模式(企业与环境、企业内部等的逻辑关系)指导和现有的资源条件下实现产品或提供服务等一系列活动的能力(3个项目,包括生产能力、财务成本、运行成本)。

(3)企业制度规范能力,指组织制度构建及其执行的能力(4个项目,包括管理制度、人力资源、组织结构、股权结构)。

(4)企业技术能力,企业从外界获取先进的技术与信息,并结合内部知识,实现技术扩散和创新,同时又使技术和知识得到储备和积累的技术管理与应用能力(3个项目,包括研发能力、核心技术、创新)。

(5)企业家能力,指以经营企业为职业的企业一把手或高层管理团队,通过利用自身人力资本,对企业生产性活动和交易性活动进行综合协调,作出判断性决策和创新活动,以最大限度地降低交易成本和生产成本,实现企业持续发展与自身利益最大化的有效结合的能力(3个项目,包括领导团队、企业文化、品牌经营)。

(6)企业战略管理能力,是以战略调研为基础的,以企业核心资源的定位与优化配置为中心,对战略制定、战略实施和战略变革过程的控制能力(3个项目,包括多元化、风险管理、战略实施)。

5.2.4 八种论

史世鹏(2004)认为,企业能力“可归纳为八类,这些能力显然都与要求保持警惕、管理战略调整过程以及制定和保持成功的战略——战略容纳能力相联系。只要目标是超越竞争对手而不仅仅是求得生存，那么，每个企业都会找到一个独特的能力组合。战略领导人的重要作用就是找到这个组合，具有区分关键性事物的能力，使整个组织成员有所了解并对其予以支持，以能产生重要影响的事物为目标，衡量结果并督促改进。"他认为企业的八类能力是：

(1)保护战略意识的能力；

(2)令利益相关者满足的能力；

(3)战略竞争力；

(4)战略实施与调整的能力；

(5)保证质量和客户利益的能力；

(6)职能部门的竞争力；

(7)避免遭受失败和危机的能力；

(8)在道德伦理和社会责任的基础上经营管理的能力。

5.2.5 十种论

斯诺等(Snow and Hrebiniak)提出，可以根据企业活动的功能，把企业能力具体分为10类：一般管理能力、财务能力、市场营销能力、市场研发能力、产品研发能力、工程能力、生产能力、分销能力、法律能力和人力资源管理能力。

5.2.6 另类分法

邵一明(2003)用另一种思维对企业能力进行了分类。

(1)按能力所处的管理层次分类。

按照企业能力所处的管理层次不同:可以将企业能力区分为选择性的、组织性的、技术性的和学习性的能力。

①选择性能力。这种能力存在于企业的战略制高点,即企业投资和市场决策在这一层面上,如企业的响应能力和企业的战略决策能力。企业的响应能力是指企业在恰当的时间内对重要事件、机会和外部威胁作出有意识的反映以获得或保持竞争优势的能力;企业的战略决策能力决定了企业核心资源的配置,也决定了企业未来的兴衰。其作用表现在产业发展相对平稳的时期保持企业核心能力发展和积累的一致性;准确预测产业的动态变化,适时进行企业核心能力的跃迁,以适应新的市场竞争环境。

②组织性能力。这种能力主要存在于和高层管理相连接的中层管理技术结构层,是企业持续增长的内在动力,企业竞争优势地位因组织能力而得以不断重新确立和巩固。组织能力是建立在组织素质和组织结构之上,组织素质是一个组织的根本优势之所在。而组织素质的培养和提高则要靠持续的修炼,也就是说,要成为一个学习型组织。组织作为动态系统,随着形势的不断变化,具有进化和应变的特征,组织素质越高,这种特征越明显。

③技术性能力。这种能力主要存在于生产作业层,基层的作业活动都在这一层次完成。它包括以下要素:a. 寻找可靠的可选技术,并决定最合适的引进技术的能力;b. 对引进技术实现从投入到产出的转换能力;c. 改进以适应当地生产条件的能力;d. 实现局部创新的能力;e. 开发适当的 R&D 设备的能力;f. 制定基础研究计划并进一步提高改进技术的能力。

④学习性能力。这应当和组织的各个层次密切相关,并可以通过

某种方式转化为企业的内部规则。按照吸收能力的观点,在已知的环境中,学习是最重要的。

(2)按能力所处的价值链的位置分类。

能力按照其在价值链上位置的不同,可分为一般能力和核心能力。一般能力能够通过价格完全体现,涵盖了公司整个价值链。包括市场界面能力(如销售、广告、客户服务等)、基础设施能力、技术能力等组织内分散的活动、技巧。同时还包括企业的文化与价值观;核心能力强调价值链上特定技术、生产力、营销和企业文化方面的专有知识,能为企业获得超额利润,它是企业一般能力整合的结果,表明企业在某一方面比竞争对手更出色,更为擅长。

邵一明的分类方法具有较明显的生产制造企业的特征。

纵览上述一些学者的观点,他们对于企业能力的分类作出了贡献,但由于分类的原则定位不清,所以其分类的结果比较混乱,综合性能力与个别"小能力"混在一起,个人能力与企业能力混在一起,对外与对内混在一起。在本章的5.7节关于新国线集团企业能力的论述中,将给出企业能力分类的原则和具体的分类。

5.3 国内外学者对企业能力观点的见解

在以上介绍的关于企业能力的理论中,可以发现,每个学者根据自身的理解,给出企业能力的解释,好像没有一个"规矩"和原则,对于企业能力的理解存在任意性、随意性。这些问题具体表现在:

(1)没有给出企业能力分类的原则或者标准,没有说明是根据什么来分类的。

(2)企业家(个人)能力与企业的其他能力放在一起作为企业能力一并提出,让人感到企业家能力就是企业的其他能力,两种能力概念混淆。

(3)能力没有层次结构性,也就是说有的企业能力是综合性的,它有很多"子能力",因此企业能力是一个系统——企业能力系统。

(4)能力没有主次之分,这是说,对于企业优势影响大的能力为主要能力,对于企业优势影响小的能力为次要能力,必须分清主次。

(5)没有说明企业能力的来源,所有能力都有其来源。

关于个人能力和企业能力的关系,不管是"六种论"还是"八种论",还是其他别的理论观点,企业能力中的很多组成部分源与个人能力。可以说,企业能力源于个人能力。企业家的个人能力直接影响企业战略管理能力、制度规范能力等;由于中高级职业经理人的能力不一,决策能力、组织能力、战略实施与调整的能力等会有不同的反映;一般员工的能力大小也会影响到企业的技术能力、满足顾客能力、盈利能力的强弱,所以企业中的个人能力与企业能力是正相关的关系,企业能力是企业内所有员工能力的综合反映,而不是个别人员单独能力的反映。

5.4 企业能力的特征与作用

5.4.1 企业能力的特征

能力是影响企业市场绩效和形成竞争优势的重要因素,同时它的形成和培养具有长期性,这是由能力的特征及不断发展的外部环境决定的。企业能力的特征有以下几方面(黄凯,2004):

(1)能力的"普遍模糊"性。能力是企业拥有的关键技能和隐性知识,是企业拥有的一种智力资本。隐性知识和智力资本本身具有一定的模糊性。进行企业与企业间竞争力比较是可能的,但这种识别是模糊的。即使是企业自己有时也不能准确地识别出自己竞争优势的源泉。这种"普遍模糊"性具有两重性,一方面保护了企业的竞争优势;另一方面也限制了企业对能力形成路径的认识。

(2)能力的"积累"性。企业能力不是一朝一夕形成的,而是"天长日久"地、循序渐进地通过不断地组织学习积累起来的,大部分能力不是通过相应的要素市场购买获得的,具有流动低、模仿性差的特征。

(3)能力与互补资产的关系。企业能力作用的发挥和调整受互补资产的制约。互补资产是企业的专用性资产,是企业在建立已有能力时进行的不可还原性投资,仅与特定的产品、技术或经营方式联系时才具有价值。能力的培养与互补资产的投资同步而行,其调整既可能提高,更可能毁掉互补资产的价值。能力的培养和调整如果不能与互补资产的价值相协调,则会提高沉没成本,从而减少了企业采纳变革寻求发展的可能性。比如企业员工对专用人力资本的投资,在能力培养调整中面临着重大的道德风险,道德风险降低了企业员工进行新的、专用性投资的愿望,从而也降低了企业能力培养和调整成功的可能性。(黄江圳、谭力文,2002)

(4)动态性特征。能力是具有较强稳定性的,企业只有不断地加大投入,培育新的能力和提升原有能力,才能适应不断变化着的外部环境对企业的要求,才能保持企业优势。这是"动态能力观"产生的重要原因。具备很强动态能力的企业,能够使它们的资源和能力随时间变化而改变,并且能利用新的市场机会来创造竞争优势的新源泉。在一

个变化无常的超竞争环境中,能力持续不断地培养、开发、运用、维护和扬弃,这正是动态能力本质之所在。

(5)与活动相伴性。“能力”是心理学中的一个概念,个人能力的强弱以及企业能力的强弱只有通过活动,并评价其结果的好坏才能确定。所以“能力”与“活动”具有依附性和相伴性。

(6)具有强烈的路径依赖性(惯性)。无论是企业的特殊能力或者是核心能力,都很难保证企业获得持久的竞争优势。

5.4.2 企业能力的作用

能力是企业在市场上进行某项业务运营的重要前提,是企业进入行业时必须具备的条件,是企业进入市场竞争舞台的“入场券”。一般而言,企业往往以其整体能力和资源为出发点,来制定和实施企业战略。能力决定了企业的规模和边界,也决定了企业多元化战略和跨国经营战略的广度和深度;企业能力最终决定企业优势和经营绩效;企业积累、开发和运用企业的各种能力,为的是使企业优势更持久。一种重要的观点是:核心能力是企业竞争优势的源泉,核心能力来自于组织内的集体学习,来自于经验规范和价值观的传递,来自于组织成员的相互交流和共同参与。企业能力是企业长期发展、维持优势和持续发展的动力。

能力系统的首要功能和根本功能就是为今天和明天的客户创造价值。

关于能力的信息和知识对企业来说是至关重要的(李瑜等,2001),它的作用主要有:

(1)了解企业能力有助于制定正确的投资和战略决策,并能使企业将其研发力量集中在某些关键领域。

(2)有助于企业了解有关企业能力方面的当前工业标准,从比较中发现本企业在能力方面的优势和不足。

(3)有助于企业进行能力部署,以建立新市场和新业务,确定企业发展的主要战略方向。

(4)逐渐积累和增加企业在能力运用和管理方面的知识。

(5)评估企业是否具备完成特定任务的能力,以便决定是否为其他企业提供能力。

(6)将自身能力对外发布,供能力需求方选择,增加潜在的企业间合作的机会。

5.4.3 企业能力的变化形式

企业能力在企业发展过程中一直处于变化之中,其变化有两种形式;一是演进,二是变革。演进是指通过持续学习的一种自发的能力渐进演化过程,变革是指在短时间内发生的、根据企业发展战略规划,有意识、有目的、自觉进行的能力突变。

在分析技术变迁的过程中,演化经济学家运用进化论和熊彼特创新理论相结合的方法,提出了技术变迁和技术创新的演化理论分析框架,其研究的基础理论大体有两个:一是产品生命周期理论和产业发展阶段论;二是基于熊彼特传统的创新及其扩散理论(盛昭瀚,2002)。

(1)企业能力的演进。

王锡秋等(2002)认为,企业能力的自发演进缺少控制,具有很大的盲目性和风险性,是不现实也是不经济的;绝对地按照规划来建立能力结构是很难办到的,因为未来具有很大的不确定性。即使是在短期,

由于信息不完全和机会主义行为,合约当事人也无法预期可能出现的各种情况,企业边界实际上是由合约当事人的信息成本确定的。通过长期的学习,以及企业及其合约当事人的活动惯例化,一方面可以降低合约当事人的决策成本(包括交易成本和内部管理成本),另一方面能够满足"企业能力逐步积累,产生扩大生产规模和生产多样化的要求,并且通过收购和兼并等途径转移其过剩的能力",或者对原有的惯例进行复制,推动企业的成长(郑江淮,2001)。

(2)企业能力的变革。

演化经济学研讨了企业资源、能力和历史对其创新的影响,认为:企业的惯例决定了企业与众不同的能力。企业是不会经常改变自己惯例的,因为企业的员工要改变过去已习惯了的行动从心理上会有"障碍",而且变更企业惯例的代价往往会很高。因此,根据内外部环境的变化,企业倾向于适当地调整惯例,即对企业能力作出微调,而不是变革。另外,由于企业能力存在惯性,它很难在超竞争的环境中作出重大的变革以保持动态战略适应。为了获得持久的竞争优势,企业需要的是能够进行"创造性毁灭"的能力。同时,为了获得新的获利机会,经理们要克服心理和文化上的障碍,还要克服信息或能力上的障碍,与创新相关的能力所有者协调和交流信息,打破已形成的不利于创新的企业惯例,形成新的企业能力。在这一系列活动中付出的成本称为动态交易成本(Robert,1995)。一旦付出这种动态交易成本,企业就获得了创新所需的能力,使创新成功,企业成长壮大。

哈佛大学教授拉瑞·葛雷纳认为,企业生命周期的发展蕴含能力演进和能力变革两方面的含义。演进是指一种没有发生重大动荡的时间较长的生长事件;变革是指存在着重大动荡的组织成长。在企业发展的各个生命阶段中，都有演进和变革相互交织的影子，演进中孕育着变革，变革促进演进，二者共同推动企业继续发展。因此，如果把能力演进和能力变革结合起来，就形成一个完整的企业能力获得和增加的过程。能力演进是企业发展中的基本过程，能力变革是能力演化的极端情况。普拉哈拉等（Prahalad & Doz，1987）认为，剧烈的变革过程其效果不及缓慢演进过程，但同时，几乎所有成功的演进都是从一个关键的变革开始的。大多数学者研究发现，企业能力是企业的知识、技能、文化和行为的长期积累的结果，是很难通过外购获得的。因此，实现企业能力演化的主要途径是自我发展和培育，通过演化法、孵化法等方式自我开发企业能力，改变企业能力结构，增强竞争优势。

5.5 核心能力

5.5.1 核心能力的概念

企业核心能力或核心竞争力是一个内涵非常丰富的新观念、新思想。并不是所有的资源和能力都能为企业带来竞争优势和合作优势，简言之,并不是所有的资源和能力都能带来企业优势。它们必须满足一定的条件或要求,企业核心能力(又称核心竞争力)是为了描述能力具有独特性的一个重要概念。核心能力是企业持续拥有某种竞争优势的源泉,是市场竞争的中坚力量,是企业各个业务单位的“粘合剂”,更是新事业或业务发展的“根基”(黄凯,2004)。

企业核心能力的概念最初是由普拉哈拉和汉默(Prahalad & Hamel,1990)在《哈佛商业评论》的一篇文章中提出的。从此以后,有

关企业核心能力的观点和论著愈来愈多,研究不断深入。迄今为止,还没有一个能为大家普遍接受的、较为清晰的关于企业核心能力的定义,而且由于不同学者所研究的问题不同以及研究的视角不同,逐渐地将狭义的对核心能力理解或者定义拓展为广义的核心能力理解(定义)。对于核心能力有几种不同的观点:

(1)企业核心能力知识观。

知识观认为企业核心能力是指具有企业特性的、不易外泄的企业专有知识和信息。核心能力的基础是知识,学习是核心竞争力提高的重要途径,而学习能力是核心能力的核心。普拉哈拉和汉默关于企业核心能力的定义是世界上最早给出的,并被认为是最经典的。他们认为,企业核心能力是企业中的集体知识,尤其是指协同不同产品的生产技能,以及对多样化的技术进行集成的知识。虽然这一定义本身强调企业核心能力是一种知识的集合,但从他们形象化的说明和其实际应用上看,通常将核心能力理解为一种核心技能。巴顿是该流派的代表,他认为核心竞争力是使企业独具特色并为企业带来竞争优势的四维的知识体系。这四维分别是技巧和知识系统、技术系统、管理系统、价值观系统,这四个维度之间存在较强的相互作用。巴顿还认为,核心竞争力构成了企业的竞争优势,它随时间积累而不易为其他企业所模仿。

麦肯锡咨询公司的凯文·科因、斯蒂芬·霍尔和帕特里夏·克里福德等也提出,核心竞争力是某一组织内部一系列互补的技能和知识的组合,它具有使一项或多项关键业务达到业界一流水平的能力。这一提法,强化了核心能力以知识的形式存在于企业的各个方面能力之中。因此,核心能力都广泛应用在技术性很强的制造企业和IT行业,对于像道路运输业一样的服务业似乎没有“作为”。把核心能力理解为核心技能,

在一定意义上讲，使之概念化、简单化，但这有利于人们比较方便地去识别一个企业是否具备核心能力。有的企业虽然看不出具有哪种明显的技能或核心技术，但企业的业绩令人佩服，在市场中具有领导地位，品牌响亮。显然这一定义在很多情况下不能解释这样的现实。

我国学者黄凯(2004)认为，核心能力是一个企业比其他企业做得特别出色的一系列活动，它是能够使企业长期、持续地拥有某种竞争优势的能力，通常表现为企业经营中的累积性常识，尤其是关于如何协调不同生产技能和有机结合多种技术流的学识。

(2)企业核心能力资源观。

资源观强调资源和能力对企业获取高额利润回报和持续市场竞争优势的作用(克里斯汀·奥利佛)。基于这一观点，企业在获取和配置资源和能力的“异质性”决定了其获得高额经济回报率的可能。这些长期的、能获取高于正常利润回报的特性是企业在“有缺陷的”和“不完全的”要素市场中获取并开发战略性资产的能力所决定的。因为企业在选择和积累资源上的决策是以在有限的信息、认知偏见、因果关系模糊等条件制约下最经济性地合理配置这些资源为特征的。

所以，不同企业之间在获取这些战略性资源时在决策和过程上的“异质性”构成了企业的核心能力。基于这样的观点，资源成为保证企业持续获得超常规利润的最基本条件。从资源的类型看，构成核心能力的资源具有稀缺性、独一无二性、持续性、专用性、不可模仿性、非交易性、无形性、非替代性等特征，企业只有拥有了这样的资源，才能在同行业中拥有独特的地位，这种地位就来自其在资源识别、积累、储存和激活过程中独特的能力。基于资源观，可以认为核心竞争力是企业在获取并拥有这些特殊资源的独特的能力。柯利斯和蒙哥马利(David

J. Collis & Cynthia A. Montgomery,1995)特别强调一些特殊性资源对于企业优势的重要作用,认为那些具有独特性、持久性、专用性、不可替代性和竞争优势的资源就是企业核心能力。金占明(2004)认为,虽然具有上述特性的资源能给企业带来竞争优势,但这种资源到底是指实物资源,还是企业形象、信誉等无形资产呢?如果将某些独占性资源作为企业核心能力来对待,那么一个企业又如何获得这些资源,这是否意味着对资源垄断行为的鼓励。如果说这里的资源主要是无形资产,毫无疑问,这种资源的获得和维持需要企业具有良好的组织和管理能力,而且这些能力必须在学习过程中得以不断提升。他还认为,这种解释同样不适当地扩大了企业核心能力的内涵。

(3)企业核心能力的组织和系统观。

组织与系统观认为,核心能力是提供企业在特定经营中的竞争能力和竞争优势基础的多方面技能、互补性资产和运行机制的有机融合,体现在这种组织中的核心内涵是企业所专有的知识体系,正是企业的专有知识使核心能力表现得独一无二、与众不同和难以模仿。核心能力建立在企业战略和结构之上,以具备特殊技能的人为载体,涉及众多层次的人员和组织的全部职能,因而,核心能力必须有沟通、参与和跨越组织边界的共同视野和认同。库姆斯认为企业核心竞争力包括企业的技术能力以及将技术能力予以有效结合的组织能力。因此,企业核心竞争力既具有技术特性,又具有组织特性,它包括企业的技术专长(包括产品和工艺在内)和有效配置这些专长的组织能力。

与组织和系统观相接近的,拉法和佐罗认为企业核心竞争力不仅在于企业的操作子系统中,而且存在于企业的文化子系统中,植根于复杂的人与人以及人与环境的关系中。企业真正的核心竞争力是企业的技术核心竞争力、组织核心竞争力和文化核心竞争力的有机结合。核心竞争力的积累蕴藏在企业的文化中，渗透到整个组织中，而恰恰是组织共识为一个综合性、不可模仿的核心竞争力提供了基础。D. 福克纳和 G. 鲍曼认为，一个企业所拥有的又能使其在行业中表现最佳的运行制度可称为核心能力，这一能力包括销售网络、技术一体化以及价值提升和创新能力。

(4)企业核心能力的综合观。

陈政立(2002)认为，核心能力是一个企业内部经过整合的资源、知识和技能、尤其是关于怎样协调和整合不同知识和技能的能力，从而形成了一种与众不同的、难以再生的、难以匹敌的、难以模仿的、不可替代的、效用最大的特殊能力和绝对优势，为企业和顾客创造超额价值。一个企业是否具有核心竞争能力，关键在于它的能力或资源是否具有一些必要的特质、是否达到了一定的标准，或者说，一种能力或资源只有能够通过若干标准的检验，才能成为持续竞争优势的来源。其核心能力内容不仅仅包括能力还包括资源。不同行业的不同企业的特殊技能和竞争优势往往是各不相同的，因此核心竞争能力的表现形式多种多样。因为它们是企业组织性格的一部分。这种特殊能力和绝对优势的外化，可以是技术、工艺、诀窍、专利、品牌、理财、经营手段、管理素质、创新能力、服务质量、企业文化、关系网络和制度规范等。

上面 4 个关于核心能力的理论观仅仅是众多定义中的有代表性的几个。各种各样企业获得成功的核心能力是千差万别的。无论在理论界还是在企业界，人们对于核心能力的理解都逐渐地从狭义的转向广义的。不是所有成功的企业都拥有一种为大家所共同承认和易于识别的统一的核心能力。核心能力的关键不是核心而是能力，是一种有形和无形的"力"。

5.5.2 核心能力的特征

核心能力应具备以下几个特征。这些特征是识别核心能力的基本标准。

(1)价值性。能为顾客创造价值,为企业创造价值的能力。

(2)难以模仿性。如果企业的一种能力或者某些资源容易被竞争对手所模仿,或通过努力很容易模仿,则它就不可能给企业带来持久的竞争优势,那这种能力资源就不是核心能力,相反就是。

(3)异质性。核心能力是企业所独有的而未被竞争者或潜在竞争者所拥有的。

(4)不可替代性。一般产品和能力很有可能受到替代品的威胁,但核心能力应当是难以被替代的。

(5)动态性。这是指企业核心能力的状态会随时间的变迁而变化,它可以更强,也可能变得越来越弱,核心能力可能演变为企业的一般能力。

企业核心能力可分为硬核心能力和软核心能力两类。硬核心能力是指以核心产品和核心技术或技能形式为主要特征的核心能力,这类核心能力在技术密集型行业尤为重要。软核心能力是指企业在长期运作中形成的具有核心能力特征的经营管理方面的能力。这类核心能力更加无形化,更难识别与模仿(黄凯,2004)。

5.6 企业能力系统

企业的能力往往是多种多样的,又是多层次的。因此这些能力构

成了一个系统。企业能力系统是企业拥有和控制的所有能力的有机组合。各种能力不仅表现在企业对外的整体上、各种生产经营环节或各职能领域内,而且还存在于企业内部各层次上。有的能力在经营中起一般、必要的作用,有的能持续地支持企业赢得某种竞争优势。能够帮助企业持久地建立竞争优势的能力,我们称之为企业核心能力。企业资源和能力是制定战略的基础,也是企业取得竞争优势和获得超额利润的源泉,特别是企业的核心能力。

传统的企业研究将企业作为“黑箱”处理,而能力系统则侧重于对“黑箱”内部的研究,能力系统是复杂的社会性惯例体系,它决定企业将“投入”变为“产出”的效率和效果。

与自然人一样,企业也有其素质。素质是一个综合性的概念,是企业各个组成部分的有机整合。企业实际拥有的能力决定了企业的边界和多元化的可能性,能力系统能综合反映企业的素质,是企业赖以生存和发展的基石。

人们从不同的视角、不同的需要对企业能力进行分类的。企业的每一种能力都不是孤立的,要受到其他能力的制约(互补、增强、削弱),它们之间互相关系是错综复杂的,因此,人们从整个企业的角度来探讨能力问题。

企业能力系统是一个动态变化的系统。在市场经济环境中,企业要取得优势,提升价值,在不同时间、地点、环境条件所需要的能力是不同的。曾经赖以取胜的能力不一定是将来能使企业取胜的能力,它有可能是将来取胜的绊脚石。因此,企业要不断地学习、吸收组织内外的知识尤其是隐性知识,培育新的企业能力,这对企业健康发展尤为重要。

关新军在《企业能力系统》一文中提出,企业能力系统是指企业各能力相互联系、相互作用的方式和秩序,即各能力在时间、空间上排列组合的具体形式。各个企业能力及其能力结构都是互不相同的,因此只能从抽象的、本质的、简化的角度来进行探索。

我国学者王毅、陈劲、许庆瑞等人将这些关于企业能力的研究成果归结为整合观、网络观、协调观、组合观、知识载体观、元件构架观、平台观、技术能力观等8大观点,并在扩展Henderson构架概念的基础上,从能力载体和综合程度的层次性角度,把企业能力分为3个层次,即技术整合层能力、企业层能力和经营环境层能力。

所有这些成果,对于企业能力系统研究作出了很大的贡献,但是,对企业发展过程中的能力系统结构的系统性研究几乎是空白,该领域尚需深入研究。在后面的章节,结合新国线集团的战略管理实践,提出企业能力系统层次结构。

5.6.1 企业能力分类原则

(1)制定企业能力分类原则的意义。

国内外学者根据各自的理解和所处的不同情况,对企业能力进行了各种各样的分类。他们为企业能力理论做出了贡献,但各自的分类显得比较混乱,本书认为,没有确定分类的原则是造成形形色色企业能力混在一起的主要原因。本书提出分类目的在于:各种企业能力能按确定的原则,分门别类地进行规律性的归类,有助于企业家及高级职业经理人对于企业能力的获取、利用、整合、维护和发展,使之有序、高效。

(2)企业能力分类原则。

本书以为企业能力分类原则应该是:

①内外有别原则。在各种各样的企业能力中,有的是面向企业外部的,即只有在企业外部可以体会到这种能力;有的是面向企业内部的,即只有在企业内部可以体会到这种能力的。所以在分类时,考虑内外有别,但有的是混合类的,即面向企业外部又面向内部的。

②综合性与可分性原则。这个原则体现了系统观点。有的企业能力是综合性的,由其他子能力组成,因此它也是可分的。综合性与可分性是一件事情的两个方面。

③个人能力与企业能力区分原则。企业能力是反映企业的能力,它们中大部分重要的能力源于企业家能力和职业经理人能力。企业家能力有时决定着企业的能力,但企业家能力不能直接与企业能力混在一起。

④对外(对企业外)的整体性和独特性。企业能力表现在企业外部时,要以企业整体出现在公众面前,而且具有独特性。不具备整体性和独特性的企业能力不要放在企业外部能力范畴。

5.6.2 企业能力的分类

根据企业能力分类原则,企业能力按能力在企业外、企业内以及混合性的特征分类。

(1)企业外向能力,这是指企业的活动所体现的能力主要反映在企业外。比如获取资源的能力(相应的活动是获取营运线路资源、社会资源、政策资源)、与其他企业的合作能力、市场能力(市场拓展能力、市场控制力、市场营销能力)等。

(2)企业内向能力,这是指企业的活动所体现的能力主要反映在企业内。比如组织变革能力、管理能力、整合资源能力、使用资源能力、企业文化建设能力、执行力等。

(3)混合能力,这是指企业的活动所体现的能力既反映在企业内又反映在企业外。比如战略能力、品牌能力等。

有的学者在企业能力分类时,提出过企业"盈利能力"和"创新能力"作为一个类别。其实,盈利能力是企业能力的最终反映——结果,所以不必作为分类提出。创新能力是一个总概念,已经涵盖在从企业家、高级经理人到员工,涵盖在包括制度、技术、观念、战略创新等各个领域,所以也不必作为分类提出。

5.7 新国线集团的企业能力系统

5.7.1 新国线运输集团的企业能力系统层次结构

新国线运输集团的企业能力系统层次结构如图5.1所示。这个系统分为4层。第一层是企业价值创造能力,是所有其他能力的汇总

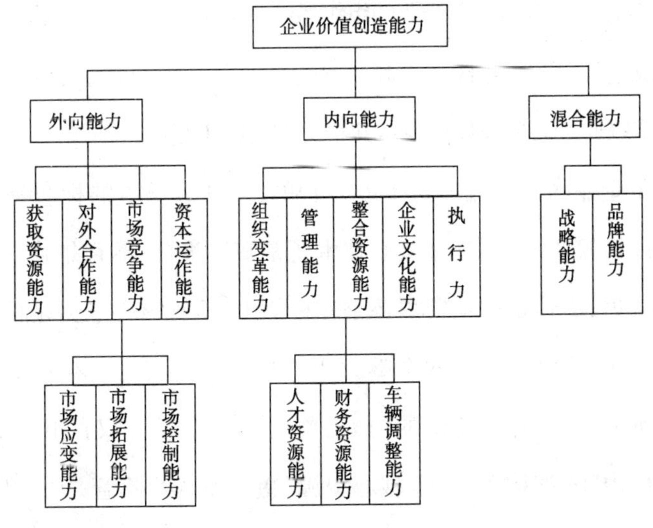

图5.1 企业能力系统层次结构

结果。第二层反映的是第一层的企业价值创造能力是由外向能力、内向能力和混合能力三个分系统组成。外向能力、内向能力和混合能力已经在上面作了解释。第三层分别组成了第二层的子系统,第四层分别是第三层的子系统。这个能力系统层次结构图说明两个问题:①企业中林林总总的能力是分"大"、"小"的,也就是说,企业能力是分层次的,有的能力是不可分的,称为"单能力",有的能力可以是由其他能力组合的,称为"复能力",这种复能力也许是另一个能力的"子能力"。这与系统论中的"系统是有众多的子系统组成的,这个系统可能又是别的系统的子系统"道理一样。这也说明了能力的可分性和可综合性。②层次结构中的能力都以企业的能力名义表达,将个人能力融合在企业能力中。

5.7.2 新国线运输集团的企业核心能力

5.7.2.1 新国线运输集团的企业核心能力

核心能力是通过整个企业的组织系统和文化价值的传递而发挥作用,一旦形成这种以整个组织体系和共同的文化价值为基础的核心能力,竞争对手就难以通过简单模仿或挖走几个关键人物来复制这种能力。

各个企业的核心能力是千差万别的,但其最根本的标志是其独特性和难以被模仿性,不管是核心技术还是知识集合;不管是管理特点还是服务特色;不管是一项资源还是一种能力;不管核心能力是根植于整个组织系统,还是依靠一两个魅力型领袖或天才人物的存在。根据本书前几章的观点,林林总总的"核心能力"论点,从广义的角度讲,"企业核心能力"不如称为"企业核心资源"更为贴切。不管是"一般资源"(狭义资源)还是"企业能力",统统属于企业资源范畴,这将在下一章详细论述。

新国线运输集团的核心能力目前表现在以下两个方面：

(1)战略能力。

战略能力是企业进行企业战略制订的能力，这包括战略制订以前对于国家体制、政策变化的政治敏锐性，对于相应市场变革的判断力，对于市场机遇的敏感性和及时性，对于企业现有资源和潜在资源的洞察力，最后是巨大的进取性、魄力和风险的承担力。汇总起来8个字：外部、内部、机遇和魄力。

新国线运输集团的战略能力具有核心能力所必备的价值性、异质性、难以模仿性和不可替代性等几个特征，根据新国线运输集团的快速发展里程和在道路运输市场中的出色表现，可以认定新国线运输集团的战略能力是其核心能力。

(2)经营线路网络。

经营线路网络是指新国线运输集团所辖范围内的所有公司经营线路构成的网络。新国线运输集团的经营线路网络已覆盖全国十几个省市，是全国所有道路运输企业中，经营线路网覆盖面最广的一个大型企业，在中国独一无二，而且，通过这个网，经营客运、物流、小件快运、旅游交通、小汽车租赁等与道路运输相关的多种业务。因此，经营线路网络是新国线运输集团符合核心能力所必备的价值性、异质性、难以模仿性和不可替代性等几个特征的核心能力。

新国线运输集团核心能力的概念同样使用于其他大型道路运输企业战略规划的分析。

5.7.2.2 战略能力与执行力

战略能力与执行力一直是企业界和学术界激烈争论的问题之一。

有的说，战略能力重要，有的说“执行力决定一切”。孙伯淮(2005)认为，企业成功20%来自于好战略，60%来自于对于战略的执行力。

(1)执行力的定义。

从“世界最受推崇企业”的实践，可以看到“执行力主要表现在战略的有效沟通、员工承担责任以及对细节的重视上。”在大多数公司，对战略的沟通和理解几乎仅限于高层经理人。中层经理人如果不理解战略意图将会对公司造成很大的负面影响。因为中层经理人是重要的战略执行者，同时他们又是将公司战略向下沟通的重要成员。企业家应该通过各种有效的措施，确保战略能够有效地向中层经理人沟通，并使中层经理人理解他们在实施战略过程中的角色。如果更广泛的员工群体能够理解战略，并且对企业的战略目标有信心，他们对工作的热爱和对公司的承诺也会加强。在企业界，不能落实是普遍性的问题，这也是执行力差的主要原因。

(2)战略能力与执行力谁重要？

战略能力与执行力谁重要？这是一个在理论界和企业界争论得最多的问题之一。目前市场上十分畅销的一本书《细节决定成败》(汪中求，2002)，可称为执行力圣经。而与之观点针锋相对的就有了一本《战略决定成败》(何学林，2005)。战略能力与执行力到底谁重要？

“执行力重要观”认为，效益卓越的公司尤其是“世界最受推崇企业”，他们并不一定在战略规划上花费更多的时间或努力，但他们却表现出卓越的执行力。他们用以说明自己观点的“有力”的例子就是世界上做网络设备最大的公司CISCO。该公司的全球副总裁林正刚来中国时，他竟然不认为CISCO的成功在于技术，而在于执行力。“执行力”在世界级大公司被看得很重。只有执行力才能使企业创造出实质的价

值,失去执行力,就失去了企业长久生存和成功的必要条件。他们还认为,在企业的经营与管理中,建立企业的愿景、战略与计划以及强调对人力资源、财务资源和实物资源的管理固然重要,但如何将这些管理的重要方面有效地联结和整合起来,可能才是企业真正在竞争中取胜的根本保证。这种整合的能力就是目前许多优秀企业家和学者所强调的“执行力”。

有人说过,如果不能执行的话,领导者的所有其他工作都会变成一纸空文或一场空谈。也有人断言,企业间过招,比拼的就是执行力,而中国企业缺的恰恰也是执行力。执行力缺乏,再好的战略也是空谈。“世界最受推崇企业”在“执行力”中,细节是最个性化、最不可复制的,理应属于“艺术”的范畴。通用电气总裁韦尔奇被誉为“世界经理人的经理人”,但多数人对他的了解和尊重,并非是因为他在管理学基础理论上作出了多么大的建树,而是他作为通用电气总裁身体力行的一些管理细节:手写“便条”并亲自封好后给基层经理人甚至普通员工;能叫出 1000 多位通用电气管理人员的名字;亲自接见所有申请担任通用电气 500 个高级职位的人等。“企业很难靠战略取胜,因为战略是同质而且是易于复制的”的观点很是偏废。

作为“战略能力重要观”的代表人物何学林认为,“执行力重要”就是细节决定一切,细节主义“死刑”缓期执行。他还指出,“中国企业所犯的最大、最普遍的错误是战略错误,而更可怕的错误是企业家们根本不知道自己所犯的错误是战略性错误,而一直在细节上找原因。”他也强烈地抨击执行(力)主义,认为执行主义迎合了一种时尚的需要,特别迎合了老板的需要,老板希望员工执行,执行到每一个细节。

“执行力重要观”和“战略能力重要观”是两个极端。对于企业来

讲，战略能力和执行力都是相当重要的能力，不能偏废。

(3)战略能力与执行力模型。

“战略能力和执行力两者对于企业都是相当重要”的论点是建立在“对企业不同层次员工的不同要求”基础上的。本文将企业所有员工分为三个层次：高级职业经理人，中级职业经理人和一般员工。战略能力和执行力对于他们来讲有着不同的程度要求，本文将不同人员和能力不同要求构建成“人员—能力模型”，如图5.2所示。从图中可以看出，高级职业经理人应该具有最强的战略能力，随着人员职位层次的降低，对于战略能力的要求就越来越低，也就是，一般工人对于企业战略只要了解，主要精力放在“执行”上；另一方面，高级经理人、中级经理人到一般员工随着职位层次的降低，对执行力的要求越来越高。这样的模型就能辩证地解释“战略能力与执行力谁重要”的问题。

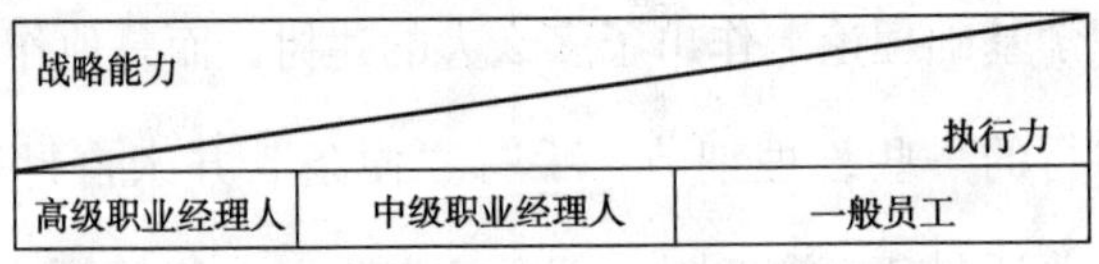

图5.2　人员—能力模型

第6章 企业资源系统

目前,对于企业资源的研究,存在 4 个问题:①对于企业资源的概念混乱,资源构成不清;②大多数对企业单个资源分别进行研究,从资源系统角度看,这些研究具有单项性、局部性特征,甚至显得零散和无序;③没有明确的关于资源与企业战略及其目标三者关系;④有的认为,企业是能力的集合,因此,企业的成功取决于企业的能力;有的则认为,企业是资源的集合;有的认为企业的成功取决于企业资源数量和资源的配置;也有的认为,企业是资产与能力的集合,真是莫衷一是、说法相异。

本书试图在汇总、理清企业资源概念的基础上,从系统观点来审视资源和能力,将企业所有的有形资源、无形资源,以目的性、层次性、关联性等系统特征构建资源系统,使企业资源的研究和利用具有全局性和有序性。

本章首先介绍资源的一般概念,包括自然资源和企业资源概念,对企业资源的定义、作用、分类和特征进行了综述。在给出了资源学派和能力学派的主要观点和基本思想的基础上,分析了这两个学派的异同点,为本书后面的探讨打下了基础。在分析了前人对于能力和资源的观点基础上,给出了本书关于资源和能力的结构模型。最后提出道路运输企业资源的定义以及道路运输企业资源系统。

6.1 资源的基本概念

关于资源，迄今没有一个被公众普遍接受的定义。目前，人们从两个不同的视角来解释“资源”，一是指自然界及人类形成资财的要素，二是指能为企业创造财富的要素。自然界及人类形成资财的要素中，有来自自然界的“自然资源”，也有来自人类社会的“社会资源”。笼统地说，“在现代社会中，凡能够形成、制造、带来或转化为财富的东西均可视为资源”（楼尊，2002）。

在一般经济学中，资源是指有限的、具有使用价值的要素；在生产经济学中，生产的四大要素——土地、劳动、资本和管理被称为“生产资源”；西方资源经济学中的“资源”通常是指自然资源。在西方以及我国有关资源、环境科学文献中所提到的“资源”一般是指自然资源（曲福田，2001）。史忠良等（1993）提出“经济资源”的概念，认为“经济资源”是一切直接或间接地为人类所需要的、并构成生产要素的、稀缺的、具有一定开发利用选择性的资财。最终商品不属于资源，不稀缺的资财不属于资源，不存在分配问题的资财也不是资源。杨秀苔（1993）认为，限定资源概念的生产活动必须是宏观社会生产活动，而不是个别企业的微观活动，这就直接否定了“企业资源”存在的可能性。姜文来（2003）等所著的《资源资产论》是一种针对自然资源的资源资产论。孟继民（2004）将资源与所有制联系在一起进行研究，既涉及自然资源的所有制，又论述了企业资源的所有制问题，他从“企业是具体拥有和使用资源的组织。企业的起源和发展可以说是源于资源配置”的角度来说明“企业与资源有非常紧密的联系”。总之，人们从不

同的角度,定义了不同的资源概念。一般经济学认为资源是要素;生产经济学提出“生产资源”概念;资源经济学的“资源”是指自然资源;还有“经济资源”的概念等。本文主要从企业资源角度研究道路运输企业资源。

6.2 企业资源定义、作用、分类和特征

6.2.1 企业资源定义

至今,还没有形成一个比较统一的关于企业资源的定义。企业资源理论对资源的定义是相当广泛的,外延非常之宽,在实证上很难对它进行操作化(王庆宝等,2004)。不少学者从不同的角度研究企业资源,取得了不少成果,这些是本书研究的基础,但有的观点是值得商榷的。从狭义和广义两个视角对企业资源的涵义进行论述。

(1)狭义“资源”概念下的企业资源定义。

巴尼(J. B. Barney)认为企业资源应具有以下四个特征:①价值性:一方面,资源本身具有价值;另一方面,资源与战略有一定的适应关系,适应度大的,价值就越大。②稀缺性:资源的稀缺性是指它在要素市场上的物理性稀缺或者可觉察性稀缺。③不可模仿性:无法被其他企业轻易获得或复制的资源就具有不可模仿性。④不可替代性:没有别的东西可以替代的资源具有不可替代性。“资源”是那些符合价值性、稀缺性、不可替代性和不可模仿性条件的,并可以为企业带来潜在经济租的资产。简单地说,一项资产要变成为资源,就必须及时创造经济租,尽量长久地保持经济租。

巴尼关于企业资源的定义确实是很严格的,不具备上述4个“条

件”的就不是企业资源。本书将在后面会提到，企业资源也有等级之分，一般的企业资源不一定具备这4个条件，但具备这4个条件的一定是高等级的战略资源。

葛朗特(Grant,1994)认为公司资源是指那些与公司紧密联系且较难分离的资产(分为实体性资产与非实体性资产)。企业不仅是一个管理单位，而且是一个具有不同用途、且随时间推移由管理决策决定的生产性资源的集合体(杨浩等,2001)。

邵一明(2004)认为，资源是企业所控制或拥有的有效因素的总和。陈政立(2002)在对于一般意义上的资源论述时认为，企业资源也具有为人类开发和利用的使用价值的特性。企业现有的资源是企业创造竞争优势和财富增值的出发点，企业的价值增值之所以要立足于“资源”而不是“产品”或“资本”等，是因为，相对而言，“资源”的概念涵盖了企业所能控制和交易的所有生产要素。他给出了企业资源的定义：“是指企业在向社会提供产品或服务的过程中所拥有和控制的、能够实现企业战略目标的各种生产要素的集合。”

杨浩(2001)将企业资源定格在生产性资源，邵一明和陈政立分别认为资源是企业所控制或拥有的有效因素和各种生产要素。但他们都没有进一步地解释什么是生产性资源、有效因素和生产要素。

(2)广义的“资源”概念下的企业资源定义。

强调“资源”问题的重要性，是资源学派的理论出发点和基础。其主要理论代表人物是柯利斯(David J. Collis)和蒙哥马利(Cynthia A. Montgomery)，他们认为，资源是一个企业所拥有的资产和能力的总和。

李建良(2003)认为，企业资源是企业的特殊资产、技能以及能力的总和。张琼等(2004)认为，企业资源“是广泛意义的、不同种类的资

源,如权利、工具、知识和能力等"。资源被用于投入企业的生产过程。资本、设备、员工的技能、专利、财务状况以及经理人的才能,这些都是资源。从更广的范围来看,资源包含了一系列个人、社会和组织的现象(J. G. Combs & D. J. Ketchen, Jr., 1999)。

从希特(P. G. Hitt)和康斯(J. G. Combs)等人的观点看,能力和狭义资源是可以作为统一的"资源"概念出现在战略管理的研究中,本书将广义资源称为"一体化资源",以示与一般资源概念的区别。

6.2.2　企业资源作用

从广义的角度讲,企业资源是企业生存的基础,反映了企业的实力,是企业优势和企业发展的最重要的条件之一。企业间的竞争说到底就是企业资源的较量。

企业现有的资源是企业创造竞争优势和财富增值的出发点(陈政立,2002)。笛孜、笛卡罗利和康斯(D. L. Deeds, D. Decarolis & J. Combs., 2000)认为,"一般来说,资源本身并不能产生竞争优势,一种竞争优势可能会来源于几种资源的独特的组合。"本书认为,这样的看法是不全面的,因为有的资源,比如对于道路运输企业来讲,其营运线路网络资源本身就具有竞争优势,所以全面地讲,有的资源本身具有竞争优势,但有的资源必须经过组合才能产生竞争优势。

梅秋珠等(2005)从战略联盟的角度研究了企业的资源。对于联盟双方都有用的资源是联盟资源,也称为"互补性资源"。正是由于这些联盟资源的存在,才能使联盟各方得利,联盟巩固成为可能。

6.2.3　企业资源分类

关于企业资源的分类,已经有不少学者对此进行过有效的研究,但

迄今为止,没有形成一个统一的看法。

在早期,从国家宏观的角度出发,以农业经济为导向,有“三资源论”及“四资源论”。“三资源”是指劳动力、资金及土地。许多经济理论也都以“三资源”为支柱。不过,世界上劳动力很多、土地很大、资金很多的国家,并不都很富庶,而劳动力不多,土地不大,资金缺乏的国家也不是都很贫穷。所以,现代经济学家就把人类生产商品及劳务所需的资源增加为四种,即劳动力、资金、土地及管理,称为“四资源论”,并认为“管理”是一种有效运用前三种资源的无形力量,不可忽视。从企业的角度看,还有“五资源论”。这五种资源分别是指人力、金钱、原物料、机器设备、产销方法或技术。“五资源论”比宏观经济更接近工业化的一端。“六资源论” 是在“五资源论”的基础上多了“时间”资源。如果第 7 种的资源叫“信息”,那么就有了“七资源论”(史世鹏,2004)。

相对比较新一些的企业资源分类,大致有以下几种:

(1)两分法:

将企业资源按有形资源和无形资源的两分法的学者很多,他们是 Deeds, DeCarolis & Coombs; Hitt, Nixon, Olifford & Coyne(1991);M. de Miranda Oliveira, Jr. (1999); Hitt, P. G. Clifford, R. D. Nixon & K. P. Coyne;P. R. Hall(1991)和黄凯(2004)等。有形资源是指可见的、可以量化的资产。生产设备、工厂是有形资源。无形资源是指那些根植于企业的历史、长期以来积累下来的资产。因为它们是以一种独特的方式存在,所以非常不容易被竞争对手了解和模仿。知识、经理及职员间的信任和联系、他们的思想、创新能力、管理能力、管理惯例(人们在一起工作的方法)、企业产品和服务的声誉、与人们交往的方式(职员、客户及供货商),这些都是无形资产。

有形资源和无形资源分别可以继续往下分类。有形资源包括财务资源（企业的借款能力，企业产生内部资金的能力）、组织资源（企业的报告系统以及它正式的计划、控制和协调系统）、实物资源（企业的厂房和设备的位置以及先进程度，获取原材料的能力）和技术资源（技术的含量，如专利、商标、版权和商业机密）。无形资源包括人力资源（知识、信任、管理能力、组织惯例）、创新资源（创意、科技能力、创新能力）和声誉资源（客户声誉、品牌）。无形资源还包括产品质量、耐久性和可靠性的理解；供应商声誉；有效率、有效益、支持性的和双赢的关系与交往方式。因为无形资源更难被竞争对手了解、购买、模仿或替代，企业更愿意把无形资源作为它们能力和核心竞争力的基础。

实际上，一种资源越不可见，在它之上建立起来的竞争优势就越具有持久性。无形资源的另外一个优势是，与大多数有形资源不一样，它们的价值可以被更深地挖掘。例如，职员间的知识共享，对于任何一个人而言，它们的价值都不会减少。相反，两个不同的人共享他们的知识结构，经常会创造出对双方来说都是全新的知识，这些知识能帮助企业获取战略竞争优势。品牌是一种无形资源，它能为企业创造声誉，也可以作为许多企业竞争优势的重要来源被广泛地认识，特别是那些生产并销售消费产品和服务的企业。

虽然黄凯（2004）也将资源分为有形资源和无形资源两类。但他将“在产品”、“库存商品”列入企业资源就不妥了。

邵一明（2003）从两个角度作了两种分法：企业资源按其是否容易确认和评估来分，资源可分为有形资源和无形资源；按其发挥的作用不同，可分为一般意义上的资源和核心资源。他将有形资源细分为财务资源（公司的借款能力，公司内部资金的再生能力）、物质资源、人力资

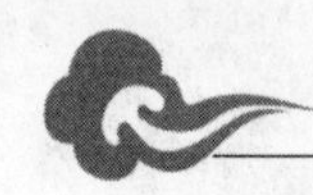

源(公司的经理人员和工人培训、经历、判断力、智力、洞察力、适应性、承担的义务和忠诚)和组织资源。无形资源细分为技术资源、创新资源、信誉。

一般资源和核心资源。一般意义上的资源应用在各个企业中,泛指生产活动所必需的一切要素;核心资源是企业长期累计所得的,为企业所私有,并可被企业用来为某些细分市场有效地生产出有独特价值的、市场出售的、独特有形物和无形物的统一体。

从邵一明对于企业资源分类的论述可以看出,有形资源的财务资源和人力资源中已经包括了“能力”。所以说,某些资源本身已包含能力的概念了,换言之,一般意义的狭义资源与其本身的能力构成了合二为一的广义资源了。无形资源不仅作为公司能力和核心能力的基础,而且有些资源经过组合可以成为能力。

李建良(2003)从资源能否为多元化经营服务角度出发,将资源分为公共性资源和专业性资源。公共性资源是指可以在多种业务中同时使用,又不发生冲突的资源;专业性资源是指专为某一经营业务所使用,并可能导致经营单元之间的竞争和冲突的资源。

汪方军等(2003)从成本角度看,企业资源可以分为直接资源和间接资源两大类。

由上面的介绍可以看到,虽然都是两分法,但不同学者从不同的角度、不同的目的出发,分类名称是不一样的。具体的有:

①按资源是否容易确认和评估来分:它们可以分为有形资源和无形资源,大部分学者是这样来分的;

②按资源发挥的作用来分:它们可以分为一般资源和核心资源;

③按能否为多元化经营服务角度来分:它们可以分为公共性资源

和专业性资源;

④按成本角度来分:它们可以分为直接资源和间接资源。

梅秋珠等(2005)将企业资源分为基于财产的和基于知识的两大类。这两类资源的区别在于"对知识的保护是否完备"。

(2)三分法:

企业资源可以分为三类:实物资源、人力资源和组织资本。有形资源与无形资源的二分法,主要是基于资源的物质性与精神性两大范畴之上,但事实上,还有一些资源是统一于物质性与精神性两大范畴之中的。人力资源就是这样一种有形与无形的统一性资源。同时,人力资源在人类历史上一直是一种重要的生产要素,但直到知识经济时代才成为二种典型"资本"形态,人力资源通过人力投资(主要包括正规教育和职业培训)而形成人力资本。人力资源集中体现了在知识经济时代物质性的有形资源与非物质的无形资源汇合交融的趋势,这是一个值得注意的现象。以高级人才为主体的智慧资本成为企业的生命和利润源泉,是知识经济企业生存和发展的前提。

现在,公司可以有效利用的资源种类越来越多(希特,2002)。将外包 IT 企业资源分为核心资源、外包资源和市场资源三类(王雨等,2003)。

在企业经营管理过程中,通常存在着三种不同类型的资源,即物质性的有形资源、非物质性的无形资源、有形与无形的统一性资源。

从上面的介绍可以看出,资源的分类,林林总总、各种各样,归总起来有"两分说"、"三分说"。在"三分说"中,陈政立将人力资源归为"有形与无形的统一性资源"。他的主要理由是,"人"是有形的,但"人"又具有智慧和创新能力等无形的东西。其实,有形资源具有"无形的能力”的例子是很多的，“有形”与“无形”合二为一的资源不仅仅是人力资源一个，不必为人力资源单独列出一类来。而豪尔(Hall)却将人力资源纳入无形资源的范畴。但大部分学者认同“两分说”，即，将企业资源分为“有形资源”和“无形资源”。

值得注意的是，从以上关于资源的定义、分类的各种论述可以看到，他们认为资源与能力是相互区别的两个概念，即使是陈政立(2002)所提到的有形与无形的统一性资源的人力资源的例子也只说明“有形”和“无形”(物质和精神)的关系。胡大立(2001)认为，影响竞争力的因素，有的是属于企业资源因素，有的是属于企业能力因素，有的是属于环境因素，因此他认为，企业竞争力是由资源、能力及环境共同决定的，三者缺一不可。

6.2.4 企业资源的特征

不同类型的企业资源，或多或少、或强或弱地表现出以下几个特征：①路径依赖性；②累计性；③模仿性；④扩散性；⑤时效性；⑥交易性特征(邵一明，2003)。除此以外，还应有第7个特征，即不确定性。

企业资源的路径依赖性是由其与该企业中其他企业资源联系程度决定的。当与企业中其他企业资源联系越复杂、越广泛，企业资源的路径依赖性就越强，反之就弱。一般说来，有形资源的路径依赖性低，路径简单，有的甚至没有，而无形资源的路径依赖性较高，路径复杂。

企业资源的路径依赖性导致：在较大程度上约束企业未来发展战略的选择空间；能够保护企业资源避免被竞争者无偿快速获取；限制企业资源的扩散性与交易性；提高企业资源的交易成本。这会在较大程度上提高母子公司系统中对资源共享与扩散管理的难度；容易造成企

业竞争力对固有资源的依赖,导致企业僵化。

累计性是指企业资源的形成具有过程性与时间性要求。这是因为企业资源不是孤立存在于企业中的,其价值创造力的发挥需要通过与企业其他资源连接起来,融合在一起共同发挥作用。创造企业价值能力越强的企业资源,其积累性特征越明显。因此,要想实现企业持续发展,就要实施必要的企业资源储备战略。

企业资源模仿的不完善性是指企业资源不能够被完全复制运用到其他组织环境中去的特征。这主要是由于企业资源价值创造的活动与效果间因果关系的模糊性与不确定性造成的(Lippman & Rumelt, 1982)。企业资源模仿的不完善性,是决定资源维持公司竞争力的首要必备条件。为了尽可能地维护公司竞争优势,就必须为员工提供长期的“租”,其目的是:一方面维护企业资源间的联系;另一方面则是为了防止其他组织通过挖人员而实现对公司资源关系进行转移与模仿。

企业资源的扩散就是指企业在不同组织间有着一定程度的可移植利用价值,从而形成了企业资源在不同组织之间流动与共用的可能性。不同的企业资源扩散性不同。

企业资源的时效性主要是指企业资源会随着企业发展、市场竞争环境变化以及由于企业资源的扩散造成竞争对手的不断模仿而出现市场竞争能力的衰减。要及时用足现有企业资源的价值创造力;要进行必要的资源储备;企业应该根据自身发展战略的要求,围绕企业的现有核心业务、近期新业务以及未来新业务等,进行相应的企业资源的匹配性组合管理,及时处理已经或即将失效的企业资源,以避免造成企业的僵化。

在市场经济中,只要能够创造经济价值的因素就具备潜在交易性

的特点,就存在交易的可能性。

战略资源的不确定性是因为战略是基于未来的谋划,是因为整个市场是变化着的。

6.3 能力学派与资源学派的异同

6.3.1 能力学派的主要观点

普拉哈拉德和哈默的核心能力观认为,核心能力是“组织中积累性学识,特别是如何协调各种不同的生产技能和有机整合各种技术流”。“核心能力”是指蕴含于一个企业生产、经营环节之中的具有明显优势的个别技术和生产技能的组合,注重企业价值链中的个别关键优势。斯多克、伊万斯、舒尔曼为代表的“整体能力观”认为,组织成员的集体技能和知识以及员工相互交往方式的组织程序,强调价值链中的整体优势(叶克林,1998)。应该以经营能力和过程中的特有能力为出发点,来制定和实施企业竞争战略。

在此,从“能力的定义”、“能力作用”、“能力与企业”、战略管理思想、能力的动态性等方面再回顾一下能力学派的主要观点:

(1)能力是企业拥有的关键技能和隐性知识,是企业拥有的一种智力资本,它是企业决策和创新源泉。

(2)能力是分析企业的恰当切入点。就本质而言,企业是一个能力体系或能力的集合。

(3)能力决定了企业的规模和边界,也决定了企业多元化战略和跨国经营战略的广度和深度。企业能力最终决定企业的竞争优势和经营绩效。

现代市场竞争是基于能力的竞争。能力学派强调应该使企业成为一个以能力为基础的竞争者。

(4)能力学派的战略管理思想可以归结为:内部环境分析—了解能力结构、能力水平—制定竞争战略—实施战略—建立和保持核心能力—赢得竞争优势—获得业绩。

(5)企业能力呈现出一种动态的非均衡状态。随着外部经营环境和内部企业目标的变化,能力持续不断地积累、培养、开发、运用、维护和扬弃,如此循环往复,永无止境,形成正反馈的增强回路。

6.3.2　资源学派的发展和基本思想

资源学派从20世纪80年代中期开始出现,经过20世纪80年代末90年代初的长足发展,现已成为战略管理理论中的另一支重要流派。沃纳菲尔特(B. Wernerfet,1984)认为,公司内部环境同外部环境相比,具有更重要的意义,对企业创造市场优势具有决定性的作用;企业内部的组织能力、资源和知识的积累是解释企业获得超额收益、保持竞争优势的关键——这里的"资源"概念是狭义的。他的观点对整个20世纪90年代的战略理论研究产生非常重要的影响,他的研究以及后来的罗曼尔特、里普曼、温特、巴尼、申得尔、库尔、迪瑞克斯、德姆塞茨、库勒、皮特瑞夫、柯利斯、蒙哥马利等人的研究共同形成了所谓的资源学派。正因为这样,沃纳菲尔特于1993年获得了美国战略管理协会授予的年度奖,他的这篇论文也被《战略管理杂志》评为"所刊出的最优秀的论文"。资源学派在发展过程中始终存在两种思路:一是以巴尼为代表,遵循战略管理的传统,从企业的层面展开研究,这种思路受经济学的影响小;另一种以皮特瑞夫为代表,强调从市场的层面展开研

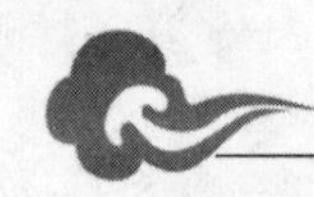

究,受经济学的影响较大。从模式的意义上来说,资源学派要形成一个统一的模式,就只能接受一个思路和一个逻辑。但直到核心能力理论产生时为止资源学派还没有建立起一个内部统一的模式(马昀,2001)。

资源学派认为,每个组织都是独特的资源和能力的结合体。这一结合体形成了企业竞争战略的基础。因此企业战略管理的主要内容就是如何最大限度地培育和发展企业独特的战略资源以及优化配置这种战略资源的独特能力,即核心能力。核心能力的形成需要企业不断地积累战略制订所需的各种资源,需要企业不断地学习、超越和创新。只有核心能力达到一定水平后,企业才能通过一系列组合和整合形成自己独特的、不易被模仿、替代和占有的战略资源,才能获得和保持持续的竞争优势。同时资源学派也承认产业分析的重要性,认为企业能力只有在产业竞争环境中才能体现出重要性。因此资源学派的战略管理思想可以概括为:产业环境分析、企业内部资源分析—制订竞争战略—实施战略—积累战略资源并建立与产业环境相匹配的核心能力—赢得竞争优势—获得绩效。

资源学派发现:不同的企业在收益上的差异主要不是因为行业不同,而是因为他们所拥有的资源和能力各不相同。处于同一行业内相互竞争的企业所拥有的资源和能力也有很大的差异,优秀企业中相当部分的资源和能力是独一无二和难以模仿的,并且也是无法轻易转移或流动的。

值得注意的是:资源学派的(核心)"能力"与能力学派的"能力"概念上是不一致的,因为资源学派的(核心)"能力"最终要让它成为战略资源,归结为资源。被称为资源学派理论的"资源要素",实际上是

包括资源与能力两部分的广义资源,其中的“资源”是传统资源的“人、财、物”,而“能力”是一般理解的能力。

6.3.3 能力学派与资源学派的异同

资源学派和能力学派是20世纪90年代以来企业战略管理理论研究的主流思想,它们源自一个理论基础,即早期的企业内部成长论,从20世纪80年代中期开始,因为研究侧重点不同而逐渐分化为相互独立又互为补充的两派。

(1)能力学派与资源学派的相同点。

①同源性:产生的理论基础相同,都是从企业内部成长论演化而来。

②异质性:假设企业是异质的,两派都认为企业是资源和能力的集合体,由于每个企业拥有的资源和能力是不同的,因此企业与企业之间不相同。

③从企业内部出发来研究企业和市场的关系,以寻求持续竞争优势。

④企业间存在效率差异,这种差异产生的原因在于企业所拥有的资源和组织能力有本质差异。因此,有些企业可以依靠特殊的资源和能力在相当长的时间内获得稳定的超额收益,从而建立和维持公司持久的竞争优势。因此,积累和利用这种具有差异性的资源和组织能力来开拓市场是公司长期竞争优势的决定性因素(马昀,2001)。

⑤公司资源和组织能力处于动态状态。公司竞争优势的形成、巩固、创新、变革同公司资源和组织能力的形成、积累、维持和淘汰有着非常密切的关系。

⑥公司资源和组织能力最终决定公司的企业边界，即公司经营的业务内容多少和业务进行的程度。

⑦战略管理的基础是资源和能力的。除了资源学派提到的战略资源的概念外，其他的“资源”概念，在能力学派和资源学派看来都是狭义的。

(2)资源学派与能力学派的不同点。

①研究重点不同。在寻求企业保持竞争优势的原由时，能力学派中的“整体能力观”的力量显得比较单薄，而“核心能力观”则越来越占研究的上风。资源学派则侧重于研究战略资源。目前资源学派还没有给出清晰的资源定义，对资源所涵盖的范围和具体内容比较模糊。

②企业这个“黑箱”是这两个学派都在研究的内容之一，但在资源和能力对于竞争优势的作用机制上两者却有着不同的解释：资源学派强调企业持续竞争优势的根源是那些具有价值性、稀缺性、不可模仿性和不可替代性的战略资源，而能力学派则认为企业的核心能力是竞争优势之源，但它们对资源和能力的作用机制的研究都需要进一步深入。

③能力学派主要从企业内部的能力进行分析，而资源学派不否认产业分析的作用，并从产业结构和企业内部相结合的角度来研究资源和竞争优势的关系问题，弥补了能力学派的一些不足，因此资源学派被看作是对能力学派观点的扩充，或者说，是为企业架起一座接通结构观和能力观两种完全不同的研究方法之间的桥梁，完善了安德鲁斯早年建立起来的SWOT 理论框架。资源学派的不足表现在研究思路的不同导致目前还无统一的理论分析模式。

④在企业战略的制订和实施方面，能力学派强调企业能力是企业在市场上竞争的基础，以此决定企业战略，而资源学派则强调基于资源的

竞争战略。

从企业能力理论的产生与发展来看，企业战略管理研究的关注点从研究企业外部的行业结构对公司竞争战略的影响逐渐地转到研究企业内部的资源、能力对形成企业战略的作用上来。这种转变是有其深刻背景的，即竞争环境的变化使得竞争优势的创造和维持成为人们关注的焦点，人们必须从一个全新的角度来研究竞争优势的产生和维持。以沃纳菲尔特、巴尼、柯利斯、蒙哥马利、拉哈拉德、哈默和提斯等人为代表的资源学派和能力学派在对企业持续竞争优势的探求上以一种比较深入透彻的思路从公司内部资源和能力的角度对公司竞争优势的产生和维持进行了阐述，具有一定的代表性，从而为战略管理理论做出了自己的贡献。（Richard L. Priem and John E. Butler, 2001）

从资源学派和能力学派的观点看，可以总结出以下的信息：

（1）无论是资源学派，还是能力学派，都涉及“资源”和“能力”两个概念，但这两个学派都没有给出十分清晰的定义，至少是一个概念，给人们的只是一种模糊的东西。比如，关于“能力”，提到的有：企业能力，特殊能力，特有能力，核心能力，动态能力，经营能力，整体能力，能力结构，组织能力等；关于“资源”提到的有：生产性资源，核心能力的资源，特殊资源，战略性资源等。

（2）两个学派都认为企业是资源和能力的集合体，不同的是；能力学派主流观侧重于对核心能力的研究，而资源学派则侧重于对战略资源的研究。两个学派都将企业资源和企业能力看成是两个完全不同的“事物”。

（3）持续竞争优势是两个学派的共同研究主题。其实，竞争优势只是构成企业优势的一个组成部分，还存在别的优势，比如合作优势。

(4)资源学派强调有价值、稀缺、不可完全模仿、不可完全替代的战略资源是持续竞争优势之源,而能力学派则认为企业的核心能力是竞争优势之源泉,但它们对资源和能力的作用机制的研究都需要进一步深入。我们能否大胆地设想,将资源学派和能力学派理论整合成新资源理论。

6.4 能力与资源的关系

6.4.1 能力和资源关系的观点

对于能力和资源的关系,学者们有3种不同的观点。

(1)企业"资源"概念的范围大,它包含"能力",即企业能力是企业资源的一个组成部分,所以企业资源是广义资源。比如,能力学派的巴纳(J. B. Barney,1991)根据是否能够买卖、有形或无形等标准对能力和资源进行了区分,认为资源包括所有的资产、能力、组织过程、企业特征、信息和知识等。项国鹏(2003)认为,公司的资源中,公司知识只是公司资源的一个组成部分,它不能单独地作为公司战略结构化分析的依据。他将"能力"作为企业的战略资产或广义的资源的重要组成部分。考里斯等(Collis & Montgomery,1994)认为资源包括公司的资产、技能和能力。潘卢斯(Penrose,1959)认为企业的资源包括物质资源和人力资源,后者就包括占有知识的各类有技能和无技能的员工。楼尊(2002)认为,管理能力也是资源。

(2)企业能力包含资源。刘洪伟等(2005)第一次提出并使用了"资源能力"一词,从其论文的内容看,"资源能力"是资源和能力的集合,刘洪伟将企业能力从低到高划分为资源与知识层、整合能力层和经营能力

层。本书先不去管这样的划分是否合理,从他的观点可以看到,"资源"划入"能力"范畴。

(3)资源和能力的因果关系。资源和能力是两个概念,资源概念是狭义的。比如,艾米特等人(Amit,1993)区分了能力和资源,认为能力是指公司安排、使用资源并取得一定结果的能力,公司能力是基于信息的、有形或无形的组织程序,能力由长期而复杂的资源互动产生。但艾米特等人没有给出资源的定义。

狭义的企业资源大部分指直接用于生产的企业的"人、财、物"等有形资源。关于资源、能力和竞争优势的关系,希特认为,资源是企业能力的来源,企业能力是企业核心竞争力的来源,核心竞争力是竞争优势的基础。这个因果关系反映在资源基础模型里。作为能力的来源,有形和无形资源是发展企业竞争优势的关键因素。资源在被整合或组合时,它的战略价值会增加。根据这一模型,公司不同时期表现的差异是由它们独特的资源和能力的组合所引起的,并非行业的结构特征所致。

在企业资源、能力和企业三者的关系方面,黄凯(2004)认为,资源是能力的基础,企业资源和能力又是制定战略的基础,是企业取得竞争优势和获得超额利润的源泉,如图6.2所示。

图6.1和图6.2说明了两个问题:①资源与能力是两个"事物";②资源是能力的前提和基础,有前后之分,两者是因果关系。

企业能力是反映在企业生产各个环节,获取资源、整合资源、利用资源,在企业发展战略中所特有的各种主观条件和实施后的效果。这里存在三种情况:①有的资源就是资源,不具有能力的特征,比如材料、车辆、车场等资源;②有的资源本身具有能力的特征,也就是说,资源特征和能力特征合二为一的资源，比如人力资源；③某些企业能力仅仅是能力。

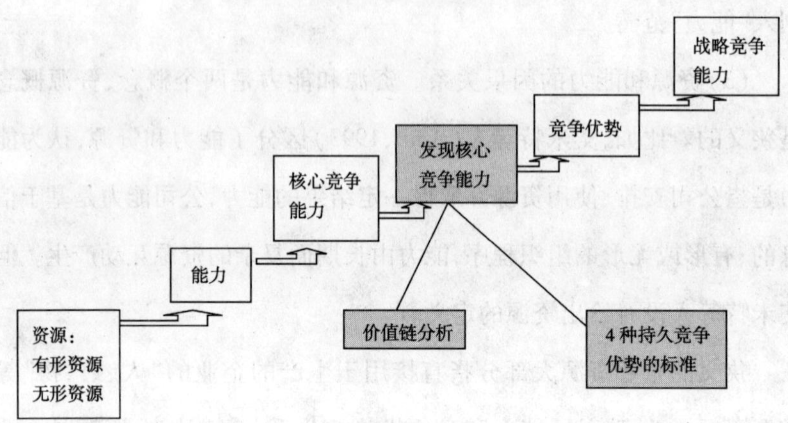

图6.1 资源、能力、核心能力、竞争优势关系

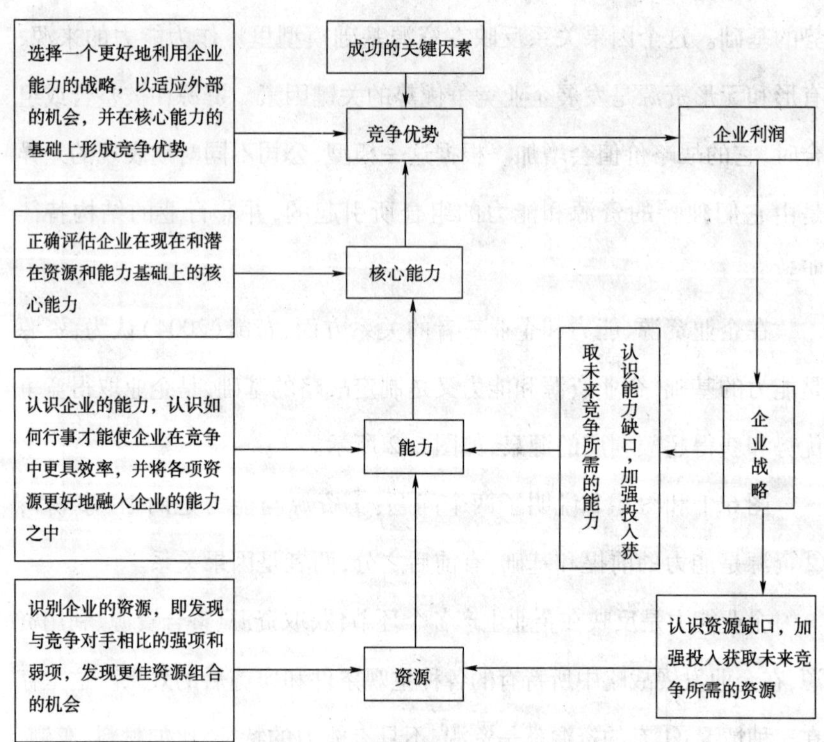

图6.2 以资源为基础的战略分析

6.4.2 资源、能力的结构关系

正如前述,图6.1和图6.2都表达了希特(Hitt)的观点,即“资源是企业能力的来源,企业能力是企业核心竞争力的来源”,也就是说,资源与企业能力存在因果关系,企业能力与企业核心竞争力也存在因果关系。本书认为,这种观点是片面的,因为企业资源不一定是企业能力的“因”,相反,某种能力却是企业的一种资源。同样企业能力与企业核心竞争力的关系不是因果关系,而是概念大小的“包含关系”,企业能力的概念范围大,它包含了“企业核心竞争力”,竞争力只是企业能力的一部分。根据前文,广义企业资源既包含一般意义的资源,也包括企业能力。本书称广义企业资源为一体化资源。各种资源构成一个资源系统。有人提出“资源(有形的、无形的)—能力—企业竞争优势(而不是企业优势)链”。如果按广义资源来解释的话,能力是资源的一个组成部分,从集合论来讲,资源包含能力。能力必定存在于或依附于某一项或几项资源之中,见图6.3。该图说明两件事:①资源系统的组成;②企业优势的组成。

以大型道路运输企业为例,从广义资源的角度看,企业有5种资源:

(1)一些资源本身有能力,比如人力资源。人力资源是公认的一种资源,但人有各种能力,比如创新能力,获取资源能力等;比如财务资源,除了资金以外,还包括筹资能力和运用资金能力;还比如职业经理人资源本身具有能力。

(2)若干种资源组合后才会形成能力,比如线路资源、驾驶员资源和车辆资源经过组合,形成了运输能力。

(3)特殊资源,本身就代表着企业优势,比如道路运输企业集团的

线路运营网络。

(4)一般性资源,比如车辆、车场、一般劳动力等。

(5)获取外界资源的能力和战略能力等纯粹的企业能力。

图6.3所示的资源—能力结构模型是第3章图3.5资源增值、“三价值实现”循环链模型的细化。

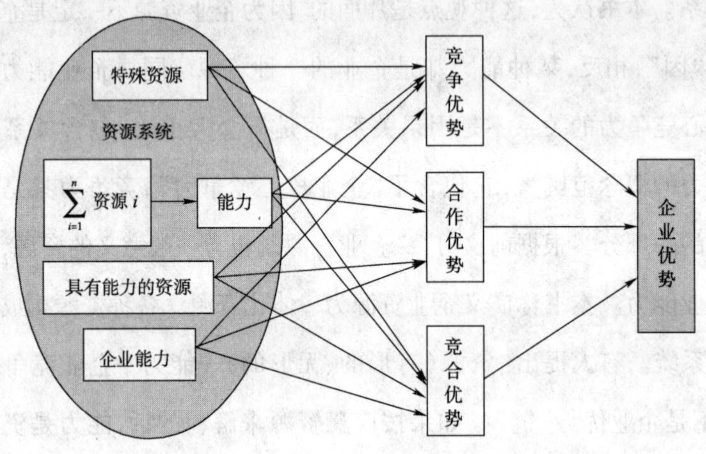

图6.3　企业资源、能力与企业优势的关系

本书对于图6.3的描述反映了本书的“混合学派”的观点。这个观点反映在两个方面:一是,企业能力与企业资源混合,两者作为“资源”一个整体出现;二是,企业竞争优势和企业合作优势混合,以企业优势的整体出现,这一内容将在第13章详细阐述。

6.5 总战略及其目标

6.5.1 总战略及其总目标是资源

(1)总战略是资源。

第3章和第4章论述了资源、战略和目标的动态循环关系。这里

的论点是:总战略是资源。总战略是企业总部对于整个企业长远的影响全局的谋略,起到统领一切的作用。总战略一般是对外公开的,往往具有对内和对外的号召力和影响力。比如新国线运输集团的(运营线路)网络战略具有独特性、创造性和领先性,对内和对外都具有"震撼力",在运输生产过程中是极其重要的投入要素,因此按照本书的资源定义,它也是一种企业资源。要注意的是,仅仅总战略是资源,而其他战略不是资源。

(2)总目标是资源。

总目标是整个企业，上至企业家、董事长、总经理，下至一般员工，为之奋斗的理想。它吸引人们加入这个队伍，激励员工忠诚地为之努力。总目标是实实在在的运输生产的各个环节的重要投入，作为无形资源的总目标，与总战略一样，都是资源的一个重要部分，它可以纳入特殊资源的范畴。

6.5.2　愿景也是资源

在有效激励员工时,利润和愿景都很必要(大卫,2003)。愿景是企业家对前景和发展方向的一个高度的概括,这种概括性描述在情感上能激起全体员工为企业效力的热情。共同的愿景反映出利益的一致性,这将使员工精神从单调的日常工作中获得提升,并将他们带入一个充满机遇和挑战的全新世界。

(1)愿景是塑造未来的前提条件。

打造企业的未来是从企业家在脑海中形成的愿景开始的。这样就明白应该做什么和不应该做什么。提出和制定清晰的、具有企业家精神的、睿智的愿景是有效地进行战略领导的一个前提条件。如果一个企业家对企业的发展没有一个以未来为导向的展望，他就不可能有效地进行领导，也不可能有效地制定战略。因此，愿景的提出和制定要求企业家对未来进行战略性地思考，对未来发展提出一个可行的概念，阐明在市场“坐标系”中所处的位置及前进路线，塑造发展的战略轮廓，使各项工作引入到其他所有职业经理人都做出郑重承诺的道路上去。惟有如此，才可能成功地走向愿望的将来。

(2)愿景的构成。

愿景是企业家用以统一企业从高层到基层所有员工思想和行动的有力武器，它由核心理念和对未来的展望两部分组成。

核心理念是企业存在的根本原因，是企业的灵魂，是企业精神，是企业的凝聚力，是激励员工永远进取的永恒的东西。核心理念由核心价值观和核心目的构成。①核心价值观是企业最根本的价值观和原则。②核心目的是企业存在的根本原因。比如，迪士尼的核心目的是“给人们带来快乐”，沃尔玛的核心目的是“给普通人提供和富人一样的购物机会。”

未来展望代表企业追求和努力争取的东西，它随着企业经营环境的改变而改变。未来展望由未来10~30年的远大目标和对目标的生动描述构成。远大目标是激励员工的有力工具，它能统一人们的认识和激发人们的团队精神和创造力。沃尔玛在1990年制定的远大目标是在2000年成为销售额达到1250亿美元的公司，花旗银行在1915年制定的远大目标是成为世界上服务最好和最大的世界性金融机构，波音公司在1950年制定的远大目标是成为最大的商用飞机制造商并把世界带到喷气机时代；远大目标必须用生动形象的语言加以描述，才能激起员工的热情和激情，才能得到员工的认同，才能使员工完全地投

人。比如,福特把他的"让汽车的拥有民主化"的远大目标,描述成"我要为大众造一种汽车,它的低价格将使所有挣得相当工资的人都能够买得起,都能和他的家人享受上帝赐予我们的广阔大地"。

由于愿景是企业家用以统一企业从高层到基层所有员工思想和行动的有力武器,在情感上能激起全体员工为企业效力的热情,生产更多更好的产品,为顾客更好地服务,愿景也是一种生产产品的极其重要的投入要素,拉里克(Rarick)和维顿(Vitton)发现,拥有正式使命的企业给予股东的回报是那些没有正式使命陈述的企业的三倍;巴特(Bart)和贝伊茨(Baetz)发现,使命陈述和企业业绩之间存在着正相关关系;《商业周刊》(Business Week)报道,按照同一财务评价尺度,有使命陈述的企业获得的回报比没有使命陈述的企业高出30%,所以企业愿景也是一种企业资源。

新国线运输集团的愿景是:把新国线打造成中国道路运输第一品牌。

6.6 大型道路运输企业资源系统

6.6.1 研究道路运输企业资源系统的目的

对于传统的道路运输企业而言,企业领导人最关注的一个问题是资源,这里的资源是指狭义的营运线路资源,没有这种资源无疑就没有了企业生存的基础。因此,线路资源成了道路运输企业领导人必须想方设法、千方百计要得到的东西。可见资源对于道路运输企业的重要性。随着企业的发展,规模化、集约化的道路运输生产成了历史的必然。

过去被表达为“人、财、物”的资源概念虽然比单纯的线路资源概念要“宽泛”得多,但这不能适应快速发展的道路运输市场的变化。道路运输企业的资源比起其他企业来,显得更为多样性,企业资源的概念已经形成并还在发生变化,其构成越来越全面,资源系统内的关系变得越来越复杂,对于道路运输企业制定发展战略显得越来越重要。因此,研究道路运输企业的资源系统就显得特别重要。这种重要性主要是从道路运输企业本身特点、道路运输生产和服务的特点、中国道路运输结构性调整的需要和企业战略制定的需求而得出的。

在前人关于资源理论研究成果的基础上,我们结合道路运输企业本身的特点来研究道路运输企业的资源系统。这些研究将有利于道路运输企业发展战略的制定。

6.6.2 大型道路运输企业资源和企业能力的定义

(1)企业资源定义。

本书综合众多学者的观点,结合道路运输企业的特点,给出企业资源的定义如下:

企业所拥有和控制的、能给顾客、运输企业、股东、企业员工带来价值的、在生产运输产品过程中所投入的、存在于企业内部和企业外部环境的自然、经济、技术、社会、人文等一切要素。这些要素可以是有形的,也可以是无形的;可以是大的,也可以是小的;可以是重要的,也可以是不重要的。有的要素是维持日常运输生产的基础,缺少这些资源就不能进行正常的运输生产,这称为一般资源。这些资源可以在市场中比较容易获得,不具有价值优越性、异质性、不可模仿性、不可交易性、难于替代性的特点,比如道路运输企业的车辆和驾驶员等劳动力资

源。有的要素是制定企业发展战略的基础、战略选择的依据，对于企业来讲具有重要的战略意义，而且具有价值优越性、异质性、不可模仿性、不可交易性、难于替代性的特点，这称为战略资源。比如品牌资源，线路网络资源、特殊的社会资源等。

从定义可以看出，一体化资源包括以下几个特点：

①企业资源既有企业内部培育的资源也有从市场上获取的资源。

②资源具有“三性”：企业对资源的需求性；资源的稀缺性；资源可获得性。

③既有有形资源又有无形资源。

④资源的获得是需要代价的，包括资金、时间和精力等。

⑤企业的资源都是有价的。

(2)企业能力定义。

综合众多学者的观点，结合道路运输企业的特点，企业能力应该作如下定义：企业能力是反映在企业生产各个环节，获取资源、整合资源、利用资源，在企业发展战略中所特有的各种主观条件和实施后的效果。

能力也像资源一样，有高低“等级”之分，有战略能力和一般能力等。一般能力表现出来的有运输能力，客户服务能力和组织能力等，而职业经理人的个人能力综合企业其他要素而形成的企业战略能力是企业最高层次的能力。

6.6.3 新国线运输集团对运输企业资源的进一步理解

新国线运输集团的发展过程中，用4个“天下”形象地表达了本书对运输企业资源的诠释：借天下势、交天下士、集天下智和成天下事。

(1)借天下势。这里的“势”是指国际局势、改革形势、国家和交通

运输部的宏观政策、经济趋势、发展时势等，它是大方向。还有就是官员的“政绩需求”。企业不能刻意地去违背时势，要顺势而为，高人就会借势，所有的“势”为我所用。新国线集团董事长是中国道路运输协会副会长，而各省的交通厅长是中国道路运输协会的常务理事。这个关系运用好了也是借“势”。新国线集团参与交通运输部的大课题，参与政策制定的建议，这也是借“势”。

(2)交天下士。这里的“士”指的是仕宦、有志之士、有识之士、谋士、士人、绅士等。企业家要善于结交各方人士，特别是愿意共同做网络事业的志同道合的人，以他们为友，将他们汇集在一起。“在家不会迎宾客，出外方知朋友少”，在关键时刻，这些朋友会给企业以援助、帮助。

(3)集天下智。这里的“智”是指智慧、智谋、知识、智力、智略、智囊等。老领导的建议、老局长的推荐信、学者的策划和思路等等都是“智”的重要组成部分。企业家要善于汇集所有可能为企业所用的“智”，补充企业家的“智”的不足，使其决策更正确，战略能力更强。

(4)成天下事。这里的“事”是指事情、事业。成天下事是指要做成一件大事。

借天下势，交天下士，集天下智的目的就是成天下事。就新国线集团而言，就是新国线运输集团要做全国道路运输运营网络这件大事情。这里的“势”、“士”和“智”是道路运输企业非常重要的资源。

6.6.4 大型道路运输企业资源的分类

大型道路运输企业与其他企业一样，用于运输生产的资源是多种

多样的。分类也可以是有很多方法,本文采用“两分法”。根据前面的分析,本书所涉及的资源是广义资源,即一体化资源,既包含一般意义的资源,也包括能力资源。

(1)按照资源形态的外露性分。

①有形资源:属于看得见、摸得着的资源。大型道路运输企业主要的有形资源有3小类,它们分别是人力资源、运营线路网络资源和车辆车场资源。“人”是客观存在的,所以归入有形资源的范畴。人力资源包括三个层次的资源,他们分别是高级职业经理人、中级职业经理人和一般员工。

②无形资源:属于看不见、摸不着的资源。大型道路运输企业主要的无形资源有6小类,它们分别是资本资源、能力资源、品牌资源、企业文化资源、社会资源和愿景。资金、资本不能因为日常生活中用到的“货币”——人民币是“看得见、摸得着”的就认为是有形的资源。从资金流的概念看,资金流是无形的,所以资本资源属于无形资源。能力资源、品牌资源、企业文化资源、社会资源属于无形资源是显而易见的。资本资源分成两个部分:一是用于维持日常运输生产的资金,二是用于企业发展战略的资金;能力资源的内容是十分繁多的,但对于道路运输企业,主要的有企业的战略能力、获取资源的能力、执行力和创新能力等;品牌资源包括吸引乘客的能力和发展战略联盟能力;企业文化资源主要由“提高员工对企业的忠诚度”和“提高企业凝聚力”两个部分组成;社会资源包括“与政府关系”、“与企业协会关系”和“与纵向企业关系”。“与政府关系”指的是与交通运输部建立良好的关系、与地方政府建立良好的关系。“与纵向企业关系”指的是与客车制造企业的关系。大型道路运输企业如果获得了“一级经营资质”,那么“一级经营

资质”也是道路运输企业的无形资源。经交通部批准的“一级经营资质”的客运企业只有13家,新国线集团就是其中的一家。交通部2000年公布的“道路旅客运输经营管理规定”第23条明确:具备一级经营资质的企业可经营所有线路,线路长途不限,并可直接向交通部申请在全国范围内设立子公司或分公司。

(2)按照资源对于企业长远发展战略的重要程度分。

①生产性资源:是指只维持运输生产所需要的基本资源,也称为基础资源。这些资源包括资金资源、设备资源(车辆、车场)、线路资源和人力资源。

②战略性资源:对于运输企业发展战略具有重要作用的资源,如果缺少这些资源,或者缺少其中的一些,就不能实现战略目标。资源的战略价值由它们对企业的能力、核心竞争力及竞争优势所做贡献的程度来衡量(希特,2002)。这些资源包括职业经理人资源、能力资源、品牌资源、企业文化资源和愿景等。本书将社会资源也归入战略性资源范畴,不再另外列出。职业经理人资源、能力资源、品牌资源、企业文化资源和强力资本资源和社会资源等的含义与上述相同。

(3)按照资源的组成复杂性分。

①纯资源:是指一种资源是单独的狭义资源或者单独的能力资源,比如道路运输企业的营运线路网络、车辆资源、获取资源能力等;

②复资源:是指狭义资源与能力复合而成的一种资源,比如人力资源、财务资源等。

6.6.5 大型道路运输企业资源系统的层次结构

大型道路运输企业资源系统的层次结构如图6.4所示。这个结构

分为四个层次，第一层（一级）是系统的顶层；二级是按有形资源与无形资源分类；三级分别是按有形资源与无形资源的次级资源安排的；四级是系统的最低层。本书按照有形资源与无形资源的分类，一是与大部分的学者的习惯相同，二是为了形象化、简单化。

道路运输企业资源系统共有三级 11 种资源。人力资源、线路网络资源、企业文化资源和品牌资源 4 项资源将在后面章节详细研究。

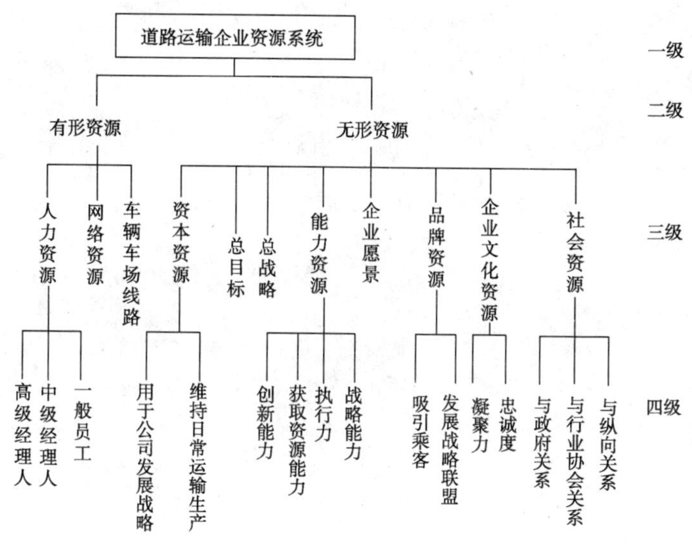

图 6.4　大型道路运输企业资源系统层次结构

属于社会资源的“与政府关系资源”是非常重要的战略资源，这一点，新国线集团非常有体会。“中南股份”是地处深圳的地方性道路运输公司，除了在 1998 年实施“东部沿海战略”走出深圳走向全国、先进的经营理念和应用高科技设备、抓住中国道路运输结构性调整的机遇外，没有交通运输部和地方交通主管部门的支持，新国线集团就不可能有今天的发展。大家都认识到：“市场需求固然重要，但政府政策更不能忽视，仅有市场需求，没有政府政策导向、政绩需求，企业的发展就会遇到阻力和障碍”。交通运输部是新国线集团第一层次必须取得的“与政府关系资源”。在实施“东部沿海战略”,开辟各省市运输市场的过程中,与各地政府主管部门的良好关系成了主要资源。要去了解当地政府的需求、政绩需求和企业需求,考虑当地合作伙伴的利益,才能得到他们的支持,才能互惠互利,新国线运输集团才能发展。

第 7 章 营运线路网络资源

道路运输企业的营运线路网络是一种"硬资源",既是基础资源,也是战略资源。本章通过新国线运输集团营运线路网络资源这个实例来说明三个"如何",即如何成功地取得资源,如何有效地利用资源,如何使网络资源增值并快速地发展资源。本章首先提出营运线路网络资源的意义、作用,以及新国线运输集团取得营运线路并形成网络资源的有益经验,提出了有效地利用线路资源的道路运输最新组织模式——"结点运输、无缝接驳"的理论模型。根据新国线运输集团的实际运输运作,在道路运输界第一次提出营运线路网络效应及其评价理论。阐述了新国线运输集团在中国道路高速长途客运第一线——京沪线的实践。

7.1 营运线路网络资源的概念

7.1.1 营运线路是道路运输企业资源

一条高速公路建成以后,不是什么车都可以往上开的,这既指车辆的技术性能合格与否,还指道路运输企业的营运车辆不经过当地政府主管部门的批准是不能随意地在高速公路上载客运行的,营运车辆只能按照经过批准的营运线路(起点到终点的空间和时间)运行。因此,

经过政府道路运输主管部门批准的、授予企业的营运线路，对于道路运输企业来讲就是“资源”。所以，传统地讲，道路运输业界提到的“资源”首先指的就是“营运线路”。线路资源对道路运输企业是至关重要的，它是道路运输企业生存和发展的基础和根本。没有“线路”资源，道路运输企业就失去了企业生存的理由。线路是道路运输企业实实在在的“硬资源”和基础资源。线路资源主要包含三个要素，即发到站点、发到时段和线路路径。

7.1.2 营运线路网络资源

7.1.2.1 营运线路网络资源及其重要性

(1)定义。

运营线路网络指的是道路运输企业申请并经政府道路运输主管部门批准的、企业运营线路所组成的网络。一条营运线路主要包含三个要素：发、到站点、发到时段和线路路径。营运线路网络的节点由营运线路发点、到点和交叉点组成，网络的“边”由线路(一般称“班线”)路径的路段组成。集团的下属公司设立在大、中城市。下属公司的维修点位于下属公司所在地。大型道路运输企业的“驿站”设立在营运线路交叉点或者城市中。企业两条或者多条营运线路的重合边，在网络中只表现为一条“边”。

(2)重要性。

一个道路运输企业如果只有一条营运线路，或者只有几条关联性比较差的营运线路，那么企业的规模效应就不能充分发挥。如果企业的营运线路构成网络，那么线路网络作为一种资源，它不仅仅是一种投入到运输生产的基础资源，它更重要的作用是：①作为战略资源能够对

于企业发展具有重要的、长远的、全局性的战略意义。②营运线路构成网络所发挥网络效应远比几条单一的线路作用的叠加要大得多，呈“乘积”式增加，而且有的效应是单一线路无法实现的。

7.1.2.2　营运线路的取得和维护

新国线运输集团的前身是深圳市中南运输公司。正如前述，为了企业的发展，抓住了京沪高速公路开通以及交通部进行结构调整的良好的机遇，深圳市中南运输公司与北京华通企业经济发展总公司以及上海市长途汽车运输公司联合组建了新国线运输公司。这是全国首家由交通部直接批准成立的跨省市、跨区域的新型高速公路快运企业，是以资产为纽带、以市场为导向、强强联合、集中资源，走集约化、规模化经营道路的一次积极探索，也是一次高起点、高水平的有益尝试。以深圳市中南运输公司为控股公司，在北京成立了新国线运输公司，注册地是北京。在当时，中国道路运输市场是分割的，以行政区域为界，区域地方保护。也就是，外地的道路运输企业的车辆要进入本地市场的条件是“对开”或称为“对营”，即你开一班车进来，我就开一班车到你的所在地。因此，作为想构建线路网络的新国线运输公司，取得线路运营资格，把自己的车开到别人地盘上去，阻力是极大的。新国线运输公司的策略是：与省、市、县政府道路运输主管部门谈判新国线运输公司“借道”经过“贵地”，目的是构建道路运输网络，不会对当地的运输市场产生负面影响，但要办理经营许可。与政府部门的汇报、沟通是艰难的过程。但毕竟一个一个的、一地一地的取得了经营许可。在一个地方“落脚”以后，就有了与当地其他道路运输企业同样的线路报审权和经营权，就有了“国民待遇”。

线路资源的优劣对于企业的盈利是决定性的，所以“资源要积极获取,不断优化,精心维护”,线路资源的获取、优化和维护需必要的激励,这与科学经营、市场变化有关。激励管理人员去积极获取、优化、维护线路资源,但激励要显示公平,要在资源认识上有所突破,必须改变对于线路资源只重视获取,不重视优化,不重视维护的做法,要将资源的优化和维护纳入议事日程。不重视资源维护的原因,不在于经营者,而在于企业没有树立相应的经营哲学和相应的机制。企业在建立相应

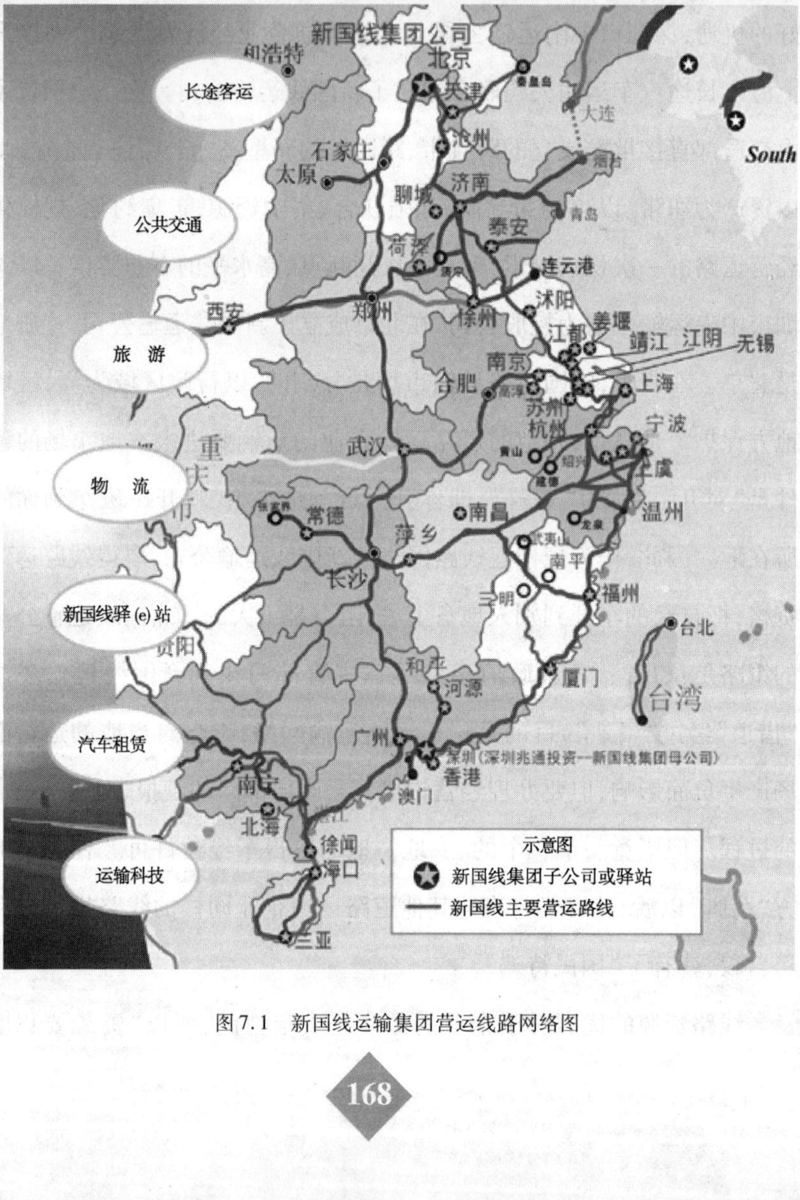

图7.1　新国线运输集团营运线路网络图

的机制中,要计算经营责任人维护资源支出的边际成本,这样才能使企业的边际利润最大化。

7.1.2.3　新国线运输集团的营运线路网络

新国线运输集团的营运线路经过几年的发展已形成了覆盖珠江三角洲、长江三角洲和京津唐环渤海湾地区。连接这三个中国经济最发达地区以及中西部的全国性网络正在形成,如图 7.1 所示。营运线路网络是这样构成的:网络节点是新国线运输集团的下属公司所在地、驿站,网络线段(弧)是连接节点的营运线路。网络线段是单一线段,并不是双线或多线的。如遇有下列情况,网络线段定义为单线:①新国线运输集团的一个下属公司的多条运营线路可能在某些高速公路的路段上有重叠,比如北京—天津,北京—济南两条运营线路都是北京公司的运营线路,在北京—天津段有重叠;②新国线运输集团的两个或多个下属公司的运营线路有重叠时,比如上海公司的上海—南京线路与宁波公司的宁波—北京线路在上海—无锡段有重叠。

7.2　"结点运输、无缝接驳"理论

出于高效地利用线路资源的日的,我们提出了"结点运输、无缝接驳"理论,并在新国线运输集团进行了成功的实践。

7.2.1　"结点运输、无缝接驳"的产生背景

(1)我国道路旅客运输业的发展状况。

近 10 年来,我国的高速公路建设飞速发展,到 2004 年底已建成高速公路 3.42 万 km,为快捷优质的道路旅客运输提供了优良的基础设施;大批高级营运客车进入快运领域,和与之适应的先进服务理念、先

进管理手段相辅相成，提高了道路旅客运输的现代化水平；道路运输市场机制日臻完善，不断深化改革的运输企业成为快捷道路旅客运输的主体，在国家经济产业结构调整政策的指引下，集约化、规模化的运输格局正在加快形成。然而，与国外发达国家的道路客运相比，目前我国高速公路长途旅客在运输组织与服务质量等方面仍存在一定问题。为改变这种状况，“结点运输”这种新的运输组织模式应运而生。它依赖各种新技术，通过沿线各结点企业间的协作，实现服务质量和经济效益的同步增长。“结点运输”的实现，必将使高速公路客运具有更强的生命力，增强公路运输的比较优势，使高速公路旅客运输，尤其是长途高速公路客运在竞争中处于有利的地位。

(2)京沪高速公路的开通。

京沪高速公路是继我国京沈高速公路建成后的又一条国道主干线重要路段，全长1262km，它贯通京津沪三大直辖市，纵横冀鲁苏三个经济大省，穿越渤海湾、淮海、长江三角洲三个经济区，是沟通我国东部较发达地区的公路交通大动脉。京沪高速公路客运线路的开通，对促进沿线六省市乃至东部较发达地区的经济发展，充分发挥高速公路在综合运输体系中的特殊作用和投资效益，具有十分重要的意义。

(3)新国线运输公司的成立。

“新国线”采用“结点运输、无缝接驳”这种新的运输组织模式，打破了地域的限制，强调“一体化”的运作方式(即决策一体化、调度一体化、服务品牌一体化)，不仅打破了以区域为界限划分运输市场的传统封闭作法，为国内其他运输企业走经营集约化、管理科学化、生产专业化的路子提供了借鉴，而且对加快运输组织结构调整步伐，引导民族产业向主要经济增长点和优势领域集中，实现资源优化配置，也发挥了很

好的导向作用。

在以上背景下,新国线运输公司在国际道路运输界首创并逐渐完善了中国道路运输新的组织模式——“结点运输,无缝接驳”(王永立,2002)。2002年4月29日,交通部在《关于在京沪高速公路上开展结点接驳运输试点工作的通知》(厅公路字[2002]129号)中,正式明确地确认新国线运输公司在京沪高速公路上所进行的“结点运输”试点工作。2003年初,作为这一试点的成果“结点整合的客运组织运输模式”分别获得了深圳市第三届企业管理现代化创新成果一等奖、第十二届广东省企业管理现代化优秀成果一等奖。

7.2.2 “结点运输,无缝接驳”的概念

(1)结点运输概念。

结点运输是利用异地售票电脑联网系统、全球卫星定位技术、通信技术以及营运管理系统等先进运输技术,通过各个运输环节的相互协作,沿线各地的配合,在正规站点配客、专用接驳车接送、在高速公路附近进行中途配客,实现直达班线无缝接驳,充分挖掘线路资源,产生互补效益的一种新的运输组织形式。它是在不增加运力的情况下,实现长途及超长途客运线路的低成本、网络化、高频发车的集约化经营的优化方案,具有资源利用合理化、运力投放最优化、经营集约化、效益最大化等显著特点。

“结点运输”不同于传统的“沿途配客”形式,它是服务质量好、运输效率高、组织形式新的一种崭新运输组织模式。与“沿途配客”形式比较,它更安全、更快速、更方便、更经济。

结点运输具有两种含义,一是狭义高速客运结点运输,二是广义高

速客运结点运输。

狭义结点运输是利用异地预售票电脑网络系统、卫星定位系统和营运管理系统等先进运输科技,通过紧密型或松散型的协作、正规站点组客,通过专用接驳车接送,实现中长途客运直达班线在高速公路附近的中途配客、无缝接驳的一种联合运输形式。狭义结点运输要保证始发站的直达乘客中途不换乘,不同于区域间直达班车的换乘接驳联运。狭义结点运输,必须在沿途正规站点固定组客售票,保证沿途站点的固定运力。它不同于普通公路的沿途配载。狭义结点运输虽在沿途正规站点组客售票,但不是在正规站点配客,而是在高速公路出口处附近配客,干线车辆基本上不离开高速公路主干道,通过专用接驳车实现干线车辆与正规站点间的接送,以便将配客耗时降至最低,实现"零时间"旅客乘降。配客点最好是高速公路服务区或各地高速公路出入口收费站附近。

广义结点运输包含了全程高速直达班车、全程高速直达班车的结点运输(即狭义高速客运结点运输)、区间直达班车及区间直达班车的换乘接驳联运四种运输方式。在全国网络的意义上,直达班车的换乘接驳联运和直达接点班车的换乘接驳联运更具普遍意义。

根据各发车点、终点、配载点的地理位置和连接结点的线路情况的不同,可将中长途快客班车结点(配载)营运图简单分成线形、树形和网络形。线形模式比较适合于单一线路的结点运输;树形模式适合于有较长公共干线的单一或多线路结点运输;而网络形则适合于多线路结点运输,它是运输发展的高级阶段,高速公路网络形成以后将成为结点运输的理想模式。

(2)"新国线"驿站的概念。

“驿站”在古代是指设立在驿道旁用来供传递政府文书和信息的人休息、换马的地方。“新国线”将“驿站”这个具有民族传统特色的词语古为今用,在“驿”字后加上了“e”字,寓意在其本意上予以扩展,延伸了电子化、网络化概念。驿站的设置是新国线公司客运组织的重要部分,驿站是京沪高速公路上的运输结点,又是以京沪线向四周辐射的网络运输的起点,是交通运输部要求建设的干支相连、四通八达的客运网络的不可缺少的衔接点。其功能主要有:组织结点接驳运输;组织发展物流;开展运输延伸服务,包括汽车租赁、旅游和商务活动服务等。

(3)无缝接驳。

“无缝接驳”是“结点运输”的理想目标,“无缝”指接驳时间和接驳距离的零概念,可以通过全球卫星定位系统、运输调度信息管理系统来实现,使资源达到最优利用和配置,在保证服务质量的基础上实现配客和换乘的“人不等车、车不等人”的无缝接驳。

7.2.3 “结点运输,无缝接驳”的意义

“结点运输”是利国、利民、利企业的“三利”运输组织模式。它的意义在于:

(1)有利于道路运输市场竞争有序,有利于节省社会资源。

道路客运市场的无序竞争是目前困扰企业的一大问题。一条线开成功了,马上周边地区也开同方向的班线,造成线路班次重叠、运力过剩,承包车主争抢客源、互相压价的事件屡见不鲜。另外,受地域观念影响,本地车排斥外地车,造成长途客运的实载率偏低,使整个客运市场的无序竞争加剧。“结点运输”通过紧密型或松散型企业联合,打破地域界限,对线路的车辆班次进行统筹安排,避免无谓的道路运输业界

内耗,提高资源的利用率,有助于市场竞争的有序化。在传统运输组织环境下,“对开”或“对营”运输方式,在一定的客运需求条件下,不同客运公司开出不同班次车辆,上座率不高。而采用“结点运输”模式,可以少用车辆,为社会节省资源。

(2)提高道路客运企业在综合运输市场中的竞争力。

在传统的运输组织形式中,没有高新技术手段管理,车辆出站后,企业无法随时了解车辆的运行状况,从而不能采取有效的方法组织客源,造成运输的低效。或者为了维持班车运行,只能通过途中上下客,牺牲服务质量。“结点运输”是以 GPS 技术、移动通信技术以及计算机网络技术为支撑的,企业可随时获得车辆的位置信息及实载情况,通过异地联网售票广泛组织客源,在保证服务质量的前提下,大大提高车辆的实载率,提高客运企业的经济效益。这是提高道路客运企业竞争力的一个方面。

另一方面,“结点运输”能提高企业管理水平。过去十多年来,道路运输企业大多采用承包经营的方式,将营运车辆承包给个人,实行资产租赁承包模式,企业基本上都是以包代管,卸下了管理的职能。随着高速公路主干网的不断建设和人民生活水平的提高,人们对运输服务质量提出了新的要求。过去的分散化经营和以包代管的管理模式已远远不能满足需要,企业由分散化经营向集约化经营转变已是大势所趋。结点运输顺应了时代潮流,将各种新技术运用于管理之中,极大提高了企业管理水平。

“结点运输”在公路客运优势基础上融合了铁路运输的运行方式与航空运输的优质服务,利用高速公路通道运输的快捷,比较优势已非常明显,市场竞争力大大加强。

(3)提高客运服务质量。

传统的道路客运,由于没有统一的服务标准以及未能对质量问题引起足够的重视,其服务质量一直是一个薄弱环节。“结点运输”采用豪华车辆运行,从旅客售票、候车、乘车到下车等环节为旅客提供全过程、全方位的服务,使服务质量向前迈进了一大步。“结点运输”的集约化经营改变了道路客运市场“多、小、散、弱、乱”的道路运输业“坏”形象,让旅客享受到集约化经营条件下的“安全、快速、方便、舒适”的乘车环境,从根本上满足旅客的需求。

7.3　新国线运输集团关于“结点运输、无缝接驳”理论的实践

新国线运输集团首先在京沪线班车运营中实践了“结点运输、无缝接驳”理论。以下是新国线驿站停靠数学模型和算法。

7.3.1　“哑铃式”客流组织

北京至上海的高速公路长度 1262km,共有 70 个收费站。两个收费站间最短的距离是 8 ~ 9km,平均距离是 18.5km。两个驿站间最短的经济运输距离应该是大约 100km。综合诸多因素,新国线集团选择了始点北京、终点上海和 10 个驿站作为研究对象,这些驿站分别是天津、沧州、德州、济南、泰安、沭阳、江都、靖江、江阴、无锡。

一些城镇非常接近京沪高速公路,处于新国线快运班线的吸引区域内。根据京沪高速公路沿线城镇的经济和人口状况,在京沪高速公路两端的许多城镇处于京沪高速公路吸引区内,如图 7.2 所示。

位于京沪高速公路两端的众多驿站绵延 400km 长,分别接近北京和上海。这些客运站和驿站形成了一种哑铃型的布局。靠近北京一端

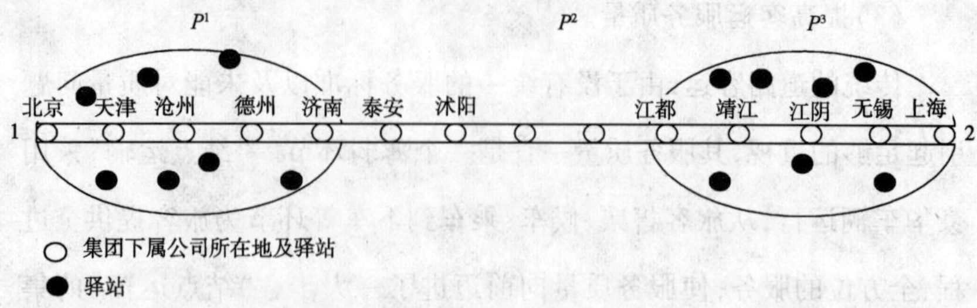

图 7.2 京沪线客流的哑铃状分布

的驿站集合定义为 P^1,靠近上海一端的驿站集合定义为 P^3,中间的驿站集合定义为 P^2。根据交通部办公厅的文件,为了提高客运班车的营运速度,京沪班车的每个班次中途停靠的接驳站不得超过 3 个,每次停靠不得超过 15min。同时为了提高客车实载率,对于下行方向(从北京到上海)班车,P^1 中的驿站只能上客,P^2 中的驿站既可以上客也可以下客,P^3 中的驿站只能下客。同样道理,上行方向的规定正好相反。

7.3.2 "哑铃式"客流组织数学模型

(1)定义。

$$x_i = \begin{cases} 1, \text{如果第 } i \text{ 班车在始发站发} \\ 0, \text{否则} \end{cases}$$

$$y_i^{pq} = \begin{cases} 1, \text{如果第 } i \text{ 班车在 } p \text{ 站接驳(上客)}, q \text{ 站下客} \\ 0, \text{否则} \quad p \in P^1 \cup P^2, q \in P^2 \cup P^3, i = 1, 2, \cdots, I \end{cases}$$

$$t_i^l = \begin{cases} l = 1, \text{第 } i \text{ 班车在始发站始发时间} \\ l = 2, \text{第 } i \text{ 班车到达终点站时间} \end{cases}$$

n_{iA}^{pq}——第 i 班车上,从结点 p 到结点 q 的实际乘客人数;

n_{iT}^{pq}——第 i 班车上,从结点 p 到结点 q 的理论乘客人数;

D^{pq}——结点 p 到结点 q 的距离,$D^{pq} = [d^{pq}]$;

N——客车定员；

M——班车从始发站（结点 1）到终点站（结点 T）的时间；

d^{1T}——班车从始发站（结点 1）到终点站（结点 T）的距离；

ψ——日均客运需求矩阵，$\psi=[\varphi^{pq}]$；

U——规定的一趟班车沿途的接驳点最大数量；

t——发车间隔；

P^1——哑铃头 1 所有车站（驿站）集合，$P^1=\{1,2,\cdots,v_1-1,v_1\}$；

P^2——哑铃中间所有车站（驿站）集合，$P^2=\{v_1+1,v_1+2,\cdots,v_2\}$；

P^3——哑铃头 2 所有车站（驿站）集合，$P^3=\{v_2+1,v_2+2,\cdots,T\}$。

（2）目标函数。

$$\max f_1=\sum_{i=1}^{I}\left(\sum_{p\in P^1}\sum_{q\in P^2\cup P^3}x_i y_i^{pq}n_{iA}^{pq}D^{pq}+\sum_{p\in P^2}\sum_{q\in P^3}x_i y_i^{pq}n_{iA}^{pq}D^{pq}\right)\Big/\sum_{i=1}^{I}x_i N d^{1T}$$

$$\max f_2=\sum_i\sum_p\sum_q y_i^{pq}n_{iA}^{pq}\Big/\sum_p\sum_q\varphi^{pq}$$

$$\min f_3=\sum_i x_i$$

（3）约束条件。

$$\text{s.t.}\quad 6{:}00\leqslant x_i t_i^1\leqslant 21{:}00\text{，当 } x_i=1,\ i=1,2,\cdots,I$$

$$7{:}00\leqslant x_i t_i^2\leqslant 24{:}00\text{，当 } x_i=1,\ i=1,2,\cdots,I$$

$$x_i t_i^2=\begin{cases}x_i t_i^{\ 1}+M, & \text{当 } x_i=1,t_i^{\ 1}\leqslant 9{:}00,M\leqslant 15,i=1,2,\cdots,I;\\ x_i t_i^{\ 1}+M-24, & \text{当 } x_i=1,t_i^{\ 1}\geqslant 9{:}00,i=1,2,\cdots,I\end{cases}$$

$$\sum_{p\in P^1}\sum_{q\in P^2\cup P^3}n_{iA}^{pq}y_i^{pq}\leqslant N,\qquad i=1,2,\cdots,I$$

$$\sum_{p\in P^1}\sum_{q\in P^2\cup P^3}n_{iA}^{pq}y_i^{pq}-\sum_{p\in P^1}\sum_{q=v_1+1}^{\mu}n_{iA}^{pq}y_i^{pq}+\sum_{p=v_1+1}^{\mu}\sum_{q\in P^3}n_{iA}^{pq}y_i^{pq}\leqslant N,\ i=1,2,\cdots,I;$$

$$\mu=v_1+1,v_1+2,\cdots,v_2$$

$$\sum_{p=1}^{v_1}\sum_{p\in P^2\cup P^3}y_i^{pq}+\sum_{p\in P^2}\sum_{q\in P^3}y_i^{pq}\leqslant U,\qquad i=1,2,\cdots,I$$

$$\sum_{i}\sum_{p}\sum_{q}y_{\mathrm{i}}^{\mathrm{pq}}n_{\mathrm{iA}}^{\mathrm{pq}} \leqslant \sum_{p}\sum_{q}\varphi^{\mathrm{pq}}, \qquad i=1,2,\cdots,I$$

$$x_{\mathrm{i}}=0,1 \qquad (i=1,2,\cdots,I)$$

$$y_{\mathrm{i}}^{\mathrm{pq}}=0,1 \qquad (i=1,2\cdots,I;\ p\in P^1\cup P^2,\ q\in P^2\cup P^3)$$

要求解 $n_{\mathrm{iT}}^{\mathrm{pq}}$：

$$n_{\mathrm{iT}}^{\mathrm{pq}}=\begin{cases}N-\sum\limits_{k=1}^{p-1}\sum\limits_{r=q+1}^{T}n_{\mathrm{iA}}^{\mathrm{kr}}, & p\in P^1,q\in P^2\cup P^3\\ N-\sum\limits_{k=1}^{v_1}\sum\limits_{r=p+1}^{T}n_{\mathrm{iA}}^{\mathrm{kr}}+\sum\limits_{k=1}^{v_1}\sum\limits_{r=v_1+1}^{p-1}n_{\mathrm{iA}}^{\mathrm{kr}}, & p\in P^2,q\in P^3\end{cases}$$

如何求解 $n_{\mathrm{iA}}^{\mathrm{pq}}$：

$$n_{\mathrm{iA}}^{\mathrm{1T}}=\begin{cases}N, & 当\ \varphi^{\mathrm{1T}}>N\\ \varphi^{\mathrm{1T}}, & 否则\end{cases}$$

$$n_{\mathrm{iT}}^{1,\mathrm{T}-1}=N-n_{\mathrm{iA}}^{1,\mathrm{T}}, \qquad 当\ D^{1,\mathrm{T}-1}>D^{2,\mathrm{T}}$$

$$\Rightarrow n_{\mathrm{iA}}^{1,\mathrm{T}-1}=\begin{cases}\varphi^{1,\mathrm{T}-1}, & 当\ \varphi^{1,\mathrm{T}-1}<n_{\mathrm{iT}}^{1,\mathrm{T}-1}\\ n_{\mathrm{iT}}^{1,\mathrm{T}-1}, & 当\ \varphi^{1,\mathrm{T}-1}\geqslant n_{\mathrm{iT}}^{1,\mathrm{T}-1}\end{cases}$$

$$n_{\mathrm{iT}}^{2,\mathrm{T}}=N-n_{\mathrm{iA}}^{1,\mathrm{T}}, \qquad 当\ D^{1,\mathrm{T}-1}\leqslant D^{2,\mathrm{T}}$$

$\Rightarrow$同样的理由可以得到所有的 $n_{\mathrm{iA}}^{\mathrm{pq}}$

这是一个具有两个 0－1 决策变量用于单向客车运营的数学模型，目标是使客车的实载率最大。提高实载率的首要意义是提高了运输的收入和利润。模型中有七个系统约束条件。第一个显示了中国人在早晨6:00～21:00上车的习惯。乘客在7:00～24:00之间到达城市的要求也是合理的，这是第二个约束条件。在始发站的发车时间和在终点站的到达时间之间的关系就是第三个约束条件。第四和第五个约束条件保证在给定车站前上车的乘客人数不大于客车的定员，就是说每一个乘客都有自己的座位。第六个约束表明每一班车途中的停站次数小于由交通部预先规定的数目 U。第七个约束条件规定运送乘客的数量不会超过旅客运输需求。最后两个条件是 0－1 变量约束。

7.3.3 新国线运输集团“结点运输,无缝接驳”实践的措施

(1)应用高新技术。

新国线运输集团在京沪高速客运组织中,采用了多种高科技手段。应用全球卫星定位技术(GPS)进行高速车辆调度,实时监控,并及时安排接驳车,确保无缝接驳;在驿站设置电子站牌,供旅客了解各班次车辆实际运行位置;利用票务网络系统实现全线联网售票;建立小件快运物流计算机管理系统,确保小件物品准确快速地运送。调度中心设在北京,每个驿站设调度分中心。

(2)营运排班计划。

新国线运输集团的结点运输模式在交通运输部、各级政府交通主管部门、京沪高速公路沿线有关运输企业和汽车客运站的大力支持下,京沪线客运得到了蓬勃发展,为京沪线的客流补给起到了不可或缺的作用。

(3)售票与预售票制。

新国线运输集团在京沪线超长途客车运输组织中,实行预售票制。对中长途客运实行预售票制能大大增加运输企业在相应线路的竞争能力。预售票制有很多种,新国线集团采用二次分配法。

7.4 营运线路网络效应评价

7.4.1 交通运输网络效应的含义和内容

所谓交通运输网络效应,就是指交通运输线路形成网络后与形成网络以前两者相比,各项效益的增加。这些效益包括经济效益、技术效益、社会效益等。具体的有运输组织优化、节点客流吸引率的增加、运

输能力提高、人力资源节省、运输规模增大等。

在研究网络效应的过程中,不仅要对路网的工程技术指标进行评价,还要对路网的经济指标进行评价,如果研究的是道路运输企业的营运线路网络的话,还必须考虑到企业的实际情况,通过网络效应所带来企业经营成本的降低,运营效率的提高。本书通过对新国线运输集团局部营运线路网络的研究来反映其网络效应。

网络效应的研究包括两个内容:一是网络节点重要性;二是网络其他效应。

7.4.2 交通运输网络效应研究的意义

中国道路运输结构调整的一个主要政策就是以市场机制调节为主的道路运输企业的"规模化、集约化"经营。

企业不同的营运线路网络具有不同的效应,所以在企业扩张的过程中,需要对不同的营运线路网络效应作出评价,以期对不同营运线路网络方案作出选择。

与营运线路网络相关的领域有运输网络、IT 网络、铁路网、城市轨道交通网规划、道路网等。"运输网络"(transportation network)是运筹学的一个组成部分,主要研究内容有多源多汇的最优运输、最短路、最大流和最小费用最大流等(李德,1982;藤传琳,1986);在 IT 网络方面,有关于网络节点重要度的研究。研究网络节点重要性的方法主要有两类:一是社会网络分析方法(李鹏翔等,2004),二是节点(集)删除的研究方法(许进等,1994),将节点的"重要性等价为该节点(集)被删除后对网络的破坏性",这种方法实际上是考虑节点删除前后图的连通状况的变化情况;丁以中(2000)对交通运输网络的综合评价指标全

面地反映在技术、经济、社会和环境方面;关于铁路网的研究,有路网发展规划模型(林柏梁,2002)和铁路网络能力的数学模型等;城市轨道交通网规划(陆化普等,2001)的评价指标主要还是线网的技术性能,比如日客运总量、线网负荷强度和总长等;道路网的研究主要反映在区域性的公路网规划(杨涛等,1998)和城市道路规划(王炜等,1998)上,其中的内容是道路网络的技术、经济、社会、环境等评价。以上的研究都对"网络理论"作出了重要的贡献,但都没有涉及"网络效应"问题,至今还没有见到本书所研究的关于道路营运线路网络效应的报道。本书站在大型道路运输企业的立场上,试图通过定量与定性相结合的分析方法,探讨道路运输企业本身的运营线路网络效应现象及效应评价,提高道路运输企业运营线路网络资源的综合运用效率以及为顾客的服务水平。

7.4.3　道路运输企业营运线路网络及网络效应内容

(1)营运线路网络效应:指的是营运线路形成网络后与形成网络以前两者相比,各项效益、效用值的增加。

(2)营运线路网络效应的内容:包括网络节点重要性;运力调配;车辆维修和救援;异地汽车租赁;旅游交通;其他。

7.4.4　营运线路网络效应评价模型

7.4.4.1　营运线路网络模型

(1)运营线路网络 $G=\{V,E,C,D\}$。

式中:V——节点集合,$V=\{v_1,v_2,\cdots,v_n\}$;

E——边的集合,$E-\{e_1,e_2,\cdots,c_m\}$;

C——边 E 的成本集合，$C=\{c_1,c_2,\cdots,c_m\}$；

D——边 E 的边长集合，$D=\{d_1,d_2,\cdots,d_m\}$。

(2)定义：营运线路路长集合 $\bar{P}=\{\bar{p}_1,\bar{p}_2,\cdots,\bar{p}_k\}$。

这样，每条线路客车往返时间为：$T_i=2\overline{p_i}/\bar{v}+t_i,(i=1,2,\cdots,k)$，

每条线路每天所需周转车辆数为：

$$N_i=B_i\div[24\div(T_i+t^{本})],i=1,2,\cdots,k$$

式中：$\bar{v}$——客车平均行驶速度；

t_i——第 i 条线路的客车在外地到站的技术作业停留时间，$i=1,2,\cdots,k$；

B_i——第 i 条线路每天开行的班次，$i=1,2,\cdots,k$；

$t^{本}$——客车在本地的技术作业停留时间。

7.4.4.2　节点重要度模型

研究网络节点重要性的方法主要有两类：一是社会网络分析方法，将节点的"重要性等价为显著性"，指标的研究不破坏网络的整体性且通常不考虑节点集的重要性；二是节点(集)删除的研究方法，将节点的"重要性等价为该节点(集)被删除后对网络的破坏性"，这种方法实际上是考虑节点删除前、后图的连通状况的变化情况。但目前这一思想并没有得到真正意义上的量化，如果不考虑连通分支的大小和形状，就不能很好地反映出不同节点或不同网络之间在结构和位置特性上的差异。

(1) 社会网络分析方法。

这种方法主要是研究IT网络时最早使用的(李鹏翔,2004)。为了确保网络安全就必须重点保护那些一旦遭到攻击可能对网络安全构成重大损失的节点或节点的集合。社会网络分析法对这一问题的研究始

于 20 世纪 40 年代末，其主流方法均基于这样一个假设，即节点的重要性等价于该节点与其他节点的连接而使其具有的显著性。这些方法的基本思路是从网络中寻找某种有用的属性信息（如度、最短路、路径中包含的信息量等）来凸现网络节点间的差异，也就是说，充分地反映出节点在网络中的位置特性，将网络节点的显著性进行“放大”来定义节点的重要性。

（2）节点（集）删除法。

对该问题的另一种研究方法是基于节点删除的思想，其主要研究成果就是系统的“核与核度”理论。该理论将系统抽象成网络，系统“核”定义为那些对系统功能来讲具有重要的或支配性作用的、且一旦遭到破坏会使整个系统瘫痪或造成重大损失的节点或节点的集合，而“核度”的计算方法则采用点断集和连通分支数来定义。这种研究节点（集）重要性的思路是通过度量节点（集）被删除后对网络连通的破坏程度来定义其重要性的。显然，对网络连通的破坏程度越大，就说明被删除的节点（集）越重要，因为网络连通（或系统功能）的维持依赖于它们的存在。点断集的运用能够方便地考虑节点（集）的重要性，囊括了对系统进行破坏的所有可能的形式。但该理论的主要目的是为了解决明显连通性不同的图却有相同连通度 $K(G)$ 的问题。

对无向连通网络，当网络中的某个节点被删除后，会在三个方面对网络的整体连通性造成损害：①被删除的某节点本身不能再与其他节点相互连通；②如果删除的是节点集（多个节点），那么被删除的节点集的节点之间不再连通；③被删节点原来的桥梁作用不起作用，致使部分节点之间由于这个节点的桥梁作用，原来连通的路径而不再连通。由前两个方面的原因造成的损失称为直接损失，第三方面原因所造成的损失称为间接损失。

基于第二类方法，为了考虑连通分支的大小和形状，用节点（集）被删除后形成的所有不连通节点对之间的距离（最短路）的倒数之和来计算指标的大小。这种做法的隐含假设是：破坏近距离的、相对直接的联系所造成的破坏性大于破坏远距离的、相对间接的联系所造成的破坏性。因为相对直接的联系往往是间接联系的必经之路，直观地讲，节点删除的后果或者是网络中的“破洞”，或者是网络的“支解”，但其余部分却是整体连通或部分连通的。

直接损失与间接损失之和称为总损失，它表示节点删除后对整个网络连通状况的总的损害程度，亦即被删除节点的重要度指标。假设，网络中共有 n 个节点（$i,j=1,2,\cdots,n$）。

具体计算公式如下：

（1）直接损失　　$D=\sum_{g}\frac{1}{L_{\mathrm{g}}(v_{\mathrm{i}},v_{\mathrm{j}})}$

（2）间接损失　　$I=\sum_{h}\frac{1}{L_{\mathrm{h}}(v_{\mathrm{i}},v_{\mathrm{j}})}$

（3）总损失　　$T=D+I$

式中：$L_{\mathrm{g}}(v_{\mathrm{i}},v_{\mathrm{j}})$——上述第一方面和第二方面原因损害情况下，$g$ 个不相连通节点对$(v_{\mathrm{i}},v_{\mathrm{j}})$的最短距离；

$L_{\mathrm{h}}(v_{\mathrm{i}},v_{\mathrm{j}})$——上述第三方面原因损害情况下，$h$ 个不相连通节点对$(v_{\mathrm{i}},v_{\mathrm{j}})$的最短距离。

7.4.4.3　运力调配效应模型

（1）假设：

①各节点客车车型一样；

②驾驶员人数没有约束；

③某些季节性和特殊性需求附加车辆的节点集合为 $V^* = \{v_{j*}\}$，节点 v_{j*} 的需求为 $X(v_{j*}),(j*=1,2,3,\cdots)$，

(2)数学模型。

$$\min Z = \sum_{i=1}^{m}\sum_{j*=1}^{n'} D_{ij*} X_{ij*}$$

$$\text{s.t} \quad \sum_{i=1}^{m} X_{ij*} \geqslant M(v_{j*}), j*=1,2,3,\cdots,n'$$

$$X_{ij*} \leqslant \mu_i M(v_i),(i=1,2,\cdots,m; j*=1,2,3,\cdots,n')$$

$$X_{ij*} \geqslant 0$$

式中：X_{ij*}——从节点 v_i 调入 v_{j*} 的车辆数；

D_{ij*}——从节点 v_i 调入 v_{j*} 的最短路长度；

$M(v_i)$——节点 v_i 的车辆保有量；

$M(v_{j*})$——节点 v_{j*} 的需求量；

μ_i——节点 v_i 的车辆备用率；

j^*——特殊需求车辆的节点；

n'——特殊需求客车的节点数。

目标函数是：让该道路运输企业的其他节点调到特殊需求节点 v_{j*} 的车辆的车公里最少。第一个约束条件是从其他节点调到特殊需求车辆的节点的车辆数要满足需求；第二个约束条件是保证从节点 v_i 调到 v_{j*} 的车数最多不超过该节点车辆备用率 μ_i；第三个约束条件是非负约束。

最后计算网络效应：$U=(X_{ij*})\cdot B - C_t$

式中：B——每车实际效应；

C_t——运力调配总成本。

7.4.4.4 车辆救援效应模型

设客车的故障率为 δ，比较在形成网络和无网络条件下的差异(即效应)。设运营线路 $P(i), i=1,2,3,\cdots,k$;每条线路可分成 j 路段,$j=1,2,\cdots,m_k$;

救援成本为: $$RC=TC+SC$$

式中:TC——从故障点到维修点(一般设置在网络的一个节点上)的救援成本,它是运距 D 的函数,即 $TC=f(D)$;

SC——客车因故障而停运的损失,包括每日少营运的收入,$SC=dv$,其中 d 为停运天数,v 为每天停运损失费。

为便于计算,假设车辆故障总发生在每一段路的中间。同时设故障点到维修点的运距 D 所产生的成本为 M 元/百公里·辆,停运损失费为 N 元/天。

7.4.4.5 汽车异地租赁效应

某些道路运输企业有汽车异地租赁业务。如果没有运营线路网络,顾客就没有办法从城市 A 的该企业下属地方公司租车,到城市 B 的该企业下属地方租赁公司还车,办理退租手续。城市 B 的该企业下属地方租赁公司马上可以将这辆车纳入租赁计划,投入到租赁业务,这不仅对于租赁者来说节省了折返所需要的成本和免去了办理退租的麻烦。对于租赁公司来说,节省了交通资源,使得公司所需要配备的车辆数大大减少,整个运营网络高效率运转,加快了企业汽车异地租赁的开展,增加企业的效益。

7.4.4.6 旅游交通效应

旅游过程一般以景点为节点,以交通路线为连线而形成闭合网络系统,其中包含了食、宿、行、游等各种活动内容。换言之,通达的路线网络和交通工具可以将所有旅游内容串联起来。交通是必要条件,没有交通即没有旅游。在景点资源丰富的交通线路上,四通八达的线路

网络使游客更方便。

旅游交通是一种为旅游服务的交通。一个道路运输企业如果具有自己的运营线路网络,网络中的每一个节点又具有“驿站”(具有接、送旅客,食宿、出售车票、导游等多种功能的站点),那么,这既方便了游客又增加企业经济效益。由于各个“驿站”同属于一个企业,利益一致,相互之间的协调比较容易,降低了整个旅游交通成本,大大提高了旅游交通的效率,旅游交通网络效应也就突现出来了。

7.4.4.7　其他效应

其他效应主要包括两个内容:

(1)运营线路网络是企业做大做强的战略资源,它对于企业发展具有重要的、长远的、全局性的战略意义。其战略意义表现在与其他道路运输企业建立战略联盟或者兼并的过程中,企业的运营线路网络是吸引其他企业加入战略联盟、吸引国外大企业合作的重要因素。

(2)企业下属地方公司处在不同的城市,城市 A 的下属公司需要在城市 B 办理有关政府或其他方面的事务,可以委托城市 B 的兄弟公司代办,这样可以大大节省办事成本,包括差旅费和公关成本。

7.4.4.8　运营线路网络效应隶属度模型

(1)设 W 是节点重要度、运力调配效应、车辆救援、汽车异地租赁、旅游交通和其他等 6 项效应得权重集合,即:

$$W=(w_1,w_2,w_3,w_4,w_5,w_6),\text{且}\sum_{i=1}^{6}w_{\mathrm{i}}=1。$$

(2)隶属度的级别和值如表 7.1 所示。

隶属度的级别和值　　表 7.1

表达项	很差	差	一般	好	很好
级别	1	2	3	4	5
隶属度值	0—1	1—2	2—3	3—4	4—5

(3)设 A 是节点效应、运力调配效应等6项效应的隶属度矩阵。

即 $A=[a_1,a_2,a_3,a_4,a_5,a_6]^{\mathrm{T}}$,亦即 $A=\begin{bmatrix} a_{11} & a_{12} & a_{13} & a_{14} & a_{15} \\ a_{21} & a_{22} & a_{23} & a_{24} & a_{25} \\ a_{31} & a_{32} & a_{33} & a_{34} & a_{35} \\ a_{41} & a_{42} & a_{43} & a_{44} & a_{45} \\ a_{51} & a_{52} & a_{53} & a_{54} & a_{55} \\ a_{61} & a_{62} & a_{63} & a_{64} & a_{65} \end{bmatrix}$

式中:a_{ij}——效应项 i 在隶属度项 j 的值。

$$\sum_{j=1}^{5} a_{\mathrm{ij}}=1, i=1,2,\cdots,6;\ 且\ 0 \leqslant a_{\mathrm{ij}} \leqslant 1$$

(4)隶属度向量为 $F=W \cdot A$。

隶属度向量说明企业的运营线路网络综合上述6项效应的一个综合表现,即综合效应在"很差"、"差"、"一般"、"好"、"很好"这5个等级上的表现程度。这6项效应既有定量的指标又有定性指标,因此,运营线路网络隶属度模型能比较真实的反映企业运营线路网络综合效应。

7.4.5 新国线运输集团运营网络效应分析

7.4.5.1 新国线运输集团长三角局部网络

该局部网络形成以前,集团下属公司有四家:上海公司、福州公司、南京公司、苏州公司。后来又先后成立了杭州公司、绍兴公司、宁波公司、温州公司,构成了依托长三角局部运营线路网络,如图7.3所示。图中,实线代表新国线运输集团的实际运营线路,而虚线代表节点间存在(高速)公路,但没有新国线运输集团运营线路,可以供车辆调配用,白色小圆圈代表新国线集团下属公司所在地，在金华没有新国线集团下属公司。

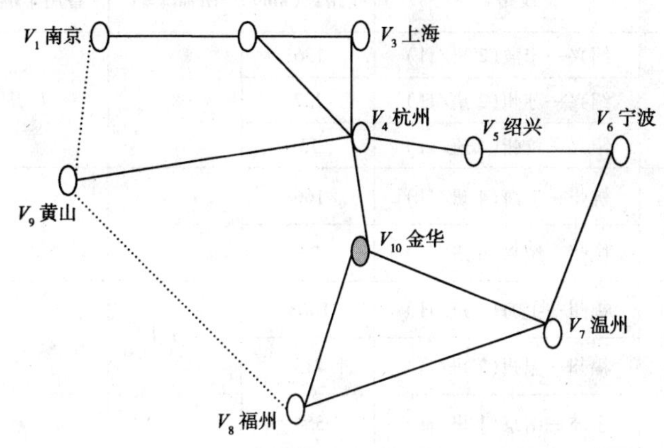

图 7.3　新国线集团长三角局部运营线路网络

新国线运输集团长三角局部网络的运营线路如表 7.2 所示。根据线路长度和每日运营班次，可以计算得到每个公司的车辆总数。里程表如表 7.3 所示。

新国线集团下属各公司运营线路详情表　　　　表 7.2

各公司运营线路					
	线路名	线路长(km)	所需车辆	备用车辆	总数
南京公司	南京—苏州(2 班/日)	191	6	1	7
	南京—上海(4 班/日)	291			
苏州公司	苏州—上海(4 班/日)	100	6	1	7
	苏州—杭州(2 班/日)	154			
上海公司	上海—温州(1 班/日)	674	6	1	7
	上海—杭州(1 班/日)	166			
	上海—苏州(2 班/日)	100			
	上海—南京(1 班/日)	291			

续上表

各公司运营线路					
	线路名	线路长(km)	所需车辆	备用车辆	总数
绍兴公司	绍兴—宁波(2 班/日)	136	8	1	9
	绍兴—苏州(2 班/日)	227			
	绍兴—杭州(4 班/日)	73			
杭州公司	杭州—上海(4 班/日)	166	8	1	9
	杭州—绍兴(4 班/日)	73			
福州公司	福州—上海(2 班/日)	1068	4	1	5
	福州—温州(2 班/日)	413			
宁波公司	宁波—南京(1 班/日)	554	3	1	4
	宁波—北京(1 班/日)	1736			
	宁波—大连(1 班/日)	2469			
温州公司	温州—北京(1 班/日)	2004	5	1	6
	温州—上海(2 班/日)	674			
	温州—福州(2 班/日)	413			

里　程　表(单位:km)　　表 7.3

	南京	苏州	上海	杭州	绍兴	宁波	温州	福州	黄山
南京	0	191	291	457	530	666	853	1247	379
苏州		0	100	154	227	363	657	1056	381
上海			0	166	239	375	674	1068	393
杭州				0	73	209	508	902	227
绍兴					0	136	581	975	436
宁波						0	480	893	313
温州							0	413	735
福州								0	705
黄山									0

7.4.5.2　新国线集团局部网络节点重要度计算

选取网络中明显比较重要的节点计算其重要度，再比较其节点。采用节点删除法对节点重要度进行计算。选取 V_2, V_4 两个节点为研究对象。

(1) 如果删除 V_2：

①直接损失为 V_2 与其余 9 个点之间不能连通。

$$D(V_2)=\frac{L(V_2,V_1)}{d_{21}}+\frac{L(V_2,V_3)}{d_{23}}+\frac{L(V_2,V_4)}{d_{24}}+\frac{L(V_2,V_5)}{d_{25}}+\frac{L(V_2,V_6)}{d_{26}}$$

$$+\frac{L(V_2,V_7)}{d_{27}}+\frac{L(V_2,V_8)}{d_{28}}+\frac{L(V_2,V_9)}{d_{29}}+\frac{L(V_2,V_{10})}{d_{210}}$$

$$=\frac{1}{191}+\frac{1}{100}+\frac{1}{154}+\frac{1}{154+73}+\frac{1}{154+73+136}$$

$$+\frac{1}{154+249+259}+\frac{1}{154+249+653}+\frac{1}{154+227}$$

$$=3.59\times10^{-2}$$

②间接损失为 V_1 不能与除了 V_2 以外的 8 个点连通。

$$I(V_2)=\frac{L(V_1,V_3)}{d_{13}}+\frac{L(V_1,V_4)}{d_{14}}+\frac{L(V_1,V_5)}{d_{15}}+\frac{L(V_1,V_6)}{d_{16}}$$

$$+\frac{L(V_1,V_7)}{d_{17}}+\frac{L(V_1,V_8)}{d_{18}}+\frac{L(V_1,V_9)}{d_{19}}+\frac{L(V_1,V_{10})}{d_{10}}$$

$$=\frac{1}{191+100}+\frac{1}{191+154}+\frac{1}{191+154+73}+\frac{1}{191+154+73+136}$$

$$+\frac{1}{191+154+249+259}+\frac{1}{191+154+249+653}+\frac{1}{191+154+227}$$

$$+\frac{1}{191+154+249}=1.59\times10^{-2}$$

∴ 节点 2 的总损失为 $T(V_2)=3.59\times10^{-2}+1.59\times10^{-2}=5.18\times10^{-2}$

(2)如果删除 V_4 点：

①直接损失为 V_4 不能与其余 9 个点相连通，

$$D(V_4)=\frac{L(V_4,V_1)}{d_{41}}+\frac{L(V_4,V_2)}{d_{42}}+\frac{L(V_4,V_3)}{d_{43}}+\frac{L(V_4,V_5)}{d_{45}}+\frac{L(V_4,V_6)}{d_{46}}$$

$$+\frac{L(V_4,V_7)}{d_{47}}+\frac{L(V_4,V_8)}{d_{48}}+\frac{L(V_4,V_9)}{d_{49}}+\frac{L(V_4,V_{10})}{d_{410}}$$

$$=\frac{1}{191+154}+\frac{1}{154}+\frac{1}{166}+\frac{1}{73}+\frac{1}{73+136}+\frac{1}{249+259}$$

$$+\frac{1}{249+653}+\frac{1}{227}+\frac{1}{249}=4.54\times10^{-2}$$

②间接损失则为 V_1,V_2,V_3,不能与 $V_5,V_6,V_7,V_8,V_9,V_{10}$ 相连通。

$$I(V_4)=\frac{L(V_1,V_5)}{d_{15}}+\frac{L(V_1,V_6)}{d_{16}}+\frac{L(V_1,V_7)}{d_{17}}+\frac{L(V_1,V_8)}{d_{18}}$$

$$+\frac{L(V_1,V_9)}{d_{19}}+\frac{L(V_1,V_{10})}{d_{110}}+\frac{L(V_2,V_5)}{d_{25}}+\frac{L(V_2,V_6)}{d_{26}}$$

$$+\frac{L(V_2,V_7)}{d_{27}}+\frac{L(V_2,V_8)}{d_{28}}+\frac{L(V_2,V_9)}{d_{29}}+\frac{L(V_2,V_{10})}{d_{210}}$$

$$+\frac{L(V_3,V_5)}{d_{35}}+\cdots\cdots+\frac{L(V_3,V_{10})}{d_{310}}$$

$$=\frac{1}{191+154+73}+\frac{1}{191+154+73+136}+\frac{1}{191+154+249+259}+$$

$$\frac{1}{191+154+249+653}+\frac{1}{191+154+227}+\frac{1}{191+154+249}+\frac{1}{154+73}$$

$$+\frac{1}{154+73+136}+\frac{1}{154+249+259}+\frac{1}{154+249+653}+\frac{1}{154+227}+$$

$$\frac{1}{154+249}+\frac{1}{166+73}+\frac{1}{166+73+136}+\frac{1}{166+249+259}+$$

$$\frac{1}{166+249+653}+\frac{1}{166+227}+\frac{1}{166+249}$$

$=3.86\times10^{-2}$

∴ 节点 V_4 的总损失为 $T(V_4)=(4.54+3.86)\times10^{-2}=8.40\times10^{-2}$

在这一网络中，删除节点 V_4 的总损失大于删除节点 V_2 的总损失，节点 V_4 比 V_2 重要。从图中可以看出，V_2 所起的枢纽作用远不如 V_4，删除 V_4 给网络带来的破坏程度大于 V_2。同样，可以计算出其他节点的重要度。定量地计算网络节点重要度，有利于节点在网络中重要性的排序，从而能使决策者在对于节点管理决策上做到轻重缓急、心里有数。

7.4.5.3　新国线运输集团局部网络运力调配效应

根据运营线路的多少，集团下属各个公司配备数量不同的车辆。在特殊情况下，集团可以调配运力。如果没有全国性的运营网络，运力调配成本是相当高的。只有形成网络，合理调配运力才成为可能。比如，新国线集团（黄山）公司旅游运输业务的季节性较强，集团公司不可能按旅游旺季配备车辆。在旅游黄金周期间，就可以利用集团公司的网络优势，调配周边地区的集团下属地方公司的车辆参加黄金周运输，满足市场需求。

假设在旅游黄金周期间，黄山公司需要增加 10 辆车，上海公司需要增加 5 辆，温州公司需要增加 3 辆。$B=800$ 元/车，运力调配的成本 =70 元/百公里 · 车，结合网络图及里程表和上述已知数据，代入模型计算得：

$X_{ij*}=\{X_{13}=1, X_{23}=1, X_{43}=1, X_{49}=8, X_{53}=1, X_{59}=2, X_{63}=1, X_{87}=3\}$

所以网络效应 $U=(X_{ij*})B-C_t=11\ 021.8$ 元

7.4.5.4　新国线运输集团局部网络车辆救援效应

对于跨地区的超长途线路，当车辆在途中发生故障时，按照就近原则，由当地或者周边地区距离较近的新国线集团下属企业安排人员和设备组织救援和车辆维修。

给出算例：

上海公司开行的班车：上海—温州线（$i=1$），分成四段，$j=4$。上海、温州、杭州、绍兴、宁波都是下属公司所在地，如图 7.4 所示。

图 7.4　上海—温州运营线路分段距离图

（1）在杭州、绍兴、宁波、温州 4 地未设置集团下属公司，只有上海一家下属公司的情况。假设：在四个路段中点可能发生车辆故障的概率分别为 0.2,0.2,0.4,0.2，所以在这种情况下，车辆故障救援的成本期望为：

$$RC_{无}=0.2\times(3\times1.66/2\times70)+0.2\times[3\times(1.66+0.73/2)\times70]$$
$$+0.4\times[3\times(1.66+0.73+1.36/2)\times70+500]+0.2$$
$$\times[3\times(1.66+0.73+1.36+4.8/2)\times70+500]$$
$$=936.09\text{ 元}$$

（2）有网络情况。上海、杭州等五个地方都有下属公司，且每个公司都有维修点。车辆故障救援的成本期望为：

$$RC_{有}=0.2\times1.66\times70+0.2\times0.73\times70+0.4\times1.36\times70+0.2\times4.8\times70$$
$$=138.74\text{ 元。}$$

所以救援效应 $=RC_{无}-RC_{有}=797.35$ 元

7.4.5.5　新国线运输集团异地汽车租赁效应

由于新国线集团在全国主要大、中城市都设有自己的公司或者驿站，当有异地租赁需求时，由当地新国线集团下属企业负责租车人的资信调查，出具资信证明，以及租车费用的结算等手续，租车人到达异地时就可以由异地新国线运输集团下属企业提供车辆使用。费用结算由两

地新国线运输集团下属企业进行结算。同时凡是成为新国线运输集团控股公司的会员，就可以享受在所有新国线集团系统企业的会员资格。

7.4.5.6　新国线运输集团旅游交通效应

新国线运输集团在开展旅游交通业务方面，也充分发挥了网络优势，当地新国线集团下属企业组织客源出团，异地新国线集团下属企业就可以提供景点旅游、食宿、交通等服务。由于同是新国线运输集团系统企业，避免了旅游组团之间的纠纷，防止出现甩团、卖团损害游客利益的现象。

7.4.5.7　运营网络效应隶属度

（1）用专家法给出权重向量 $W=(0.05,0.27,0.40,0.10,0.13,0.05)$；

（2）用专家法得出该隶属度矩阵：

$$A=\begin{bmatrix}0 & 0.2 & 0.3 & 0.5 & 0\\ 0 & 0.1 & 0.5 & 0.4 & 0\\ 0 & 0 & 0 & 0.1 & 0.9\\ 0 & 0 & 0.5 & 0.5 & 0\\ 0 & 0.5 & 0.4 & 0.1 & 0\\ 0 & 0.2 & 0.1 & 0.7 & 0\end{bmatrix}$$

（3）隶属度向量为：

$$F=W\cdot A$$

$$=[0.05\quad 0.27\quad 0.4\quad 0.1\quad 0.13\quad 0.05]\cdot\begin{bmatrix}0 & 0.2 & 0.3 & 0.5 & 0\\ 0 & 0.1 & 0.5 & 0.4 & 0\\ 0 & 0 & 0 & 0.1 & 0.9\\ 0 & 0 & 0.5 & 0.5 & 0\\ 0 & 0.5 & 0.4 & 0.1 & 0\\ 0 & 0.2 & 0.1 & 0.7 & 0\end{bmatrix}$$

$$=(0.000,0.112,0.257,0.271,0.360)$$

这说明，新国线运输集团目前的运营线路网络的综合效应处于"好"与"很好"的状态有61%的可信度，但处于"差"的状态还存在11.2%的可能，还有待于改进。

第 8 章

企业文化资源

一项科技可能会成为历史，一种产品可能会成为文物，店铺也可能会成为遗迹，而优良文化是可以流芳百世的。企业产品和企业品牌是可以蕴涵丰富文化内涵的，尤其是像道路运输企业的服务产品，这种特点更加明显。作为生产产品的投入并融入在产品中的企业文化是企业的一种重要资源，已经并继续引起企业界的高度重视。企业文化的重要组成部分——企业精神是一种看不到却感觉得到的“经营资源”，文化被称为新世纪企业发展的第一竞争力（孔庆广等，2000）。虽然，这样说有点夸大，但这实实在在地反映了企业文化的重要性。本章在简单介绍企业文化基本概念的基础上，重点讨论企业文化的作用。根据实际，提出企业文化建设的两个模型，给出了新国线运输集团企业文化建设模型及其企业文化的内涵。

8.1 企业文化概念

8.1.1 文化与企业文化

（1）文化的含义。

文化这一术语源于社会人类学。它是任何特定人群世代相传的本质特征，是群体绝大多数成员在感受、认识、思考和处理问题时所共同

认可和采取的基本规则和方式。其特点是具有独立的人格精神，即鲜明的个性，而且它可以借助群体记忆传给群体的新成员（史世鹏，2004）。

文化有广义和狭义两种理解。

广义文化是指人类在社会历史发展过程中所创造的物质文明和精神文明的总和，即包括物质文化和精神文化。这种物质文化和精神文化体现一个群体在某个历史阶段内生产力发展水平及其与之相适应的科学技术水平和意识形态。广义文化既反映每个群体的社会意识形态程度，还体现人们的技能水平和所取得物质成果的先进程度。

狭义文化可以称为次文化、亚文化或软文化，是一种群体意识形态的文化，即精神文化，一般指群体的意识、思维活动和心理状态。文化有以下一些特点（韩抽岚，1992）：

①都是在有人群的地方发生的；

②都是相对于一定的空间和时间而言的；

③都是在与内外环境的碰撞和冲突中形成的；

④都是由人创造的。

（2）企业文化定义。

从文化的层面去研究企业资源系统是战略管理理论不断细化和发展的结果。随着生产力的发展和科学技术的进步，人们不仅意识到文化对经济的依附性日益增强，而且认识到文化对管理，尤其是对企业战略的先导性也在日益强化。

企业生产与经营活动的主体是人。在从事物质和精神生产、交换与流通的过程中，企业员工之间必然要打交道，进行交流，必然会形成某些共同的职业习惯、思维方式和精神状态。企业在资源投入、产品生产、价值创造和经营的过程中，一方面受到社会文化的影响，另一方面凝聚企业本身各种群体文化的因素，形成价值观、企业精神等企业文化。

企业文化是20世纪80年代以来企业管理理论发展到一定阶段的一个新学科。美国的管理学家和企业界首先提出企业文化理论。后来，日本根据自己的国情，在理论和实践方面作出了贡献。在我国，企业文化也日益受到人们的重视，并进行了一系列研究。

对于企业文化的含义，到目前为止还没有一个统一的定义，但以下的认识是比较统一的：企业文化是指企业在发展过程中逐步形成的企业成员所共有的价值观念、企业精神、道德规范、行为准则等观念形态的总和，其中价值观是企业文化的核心。在制定企业战略的过程中，企业文化作为一种重要的资源，越来越受到企业界和理论界的重视。

企业文化是在人类社会历史发展过程中所形成的一类文化系统，是一种从事经济活动的组织之中形成的组织文化。它所包括的价值观念、行为准则等意识形态和物质形态均为该组织成为所认可。

企业文化有广义和狭义之分，广义的企业文化是指企业物质文化、行为文化、制度文化、精神文化的总和；狭义的企业文化是指以企业的价值观为核心的企业意识形态。对企业文化，世界各国的管理学家有不同的定义。彼得斯·袄特曼认为："企业文化就是员工作出不同凡响的贡献，从而也就产生有高度价值的目标感，这种目标感来自对生产、产品的热爱，提高质量、服务的愿望和鼓励革新，以及对每一个人的贡献给予承认和荣誉"。霍恩斯认为："企业文化是在工作团队中逐步形成的规范"。狄尔·肯尼迪认为："企业文化是为一个企业所信奉的主要价值观是一种含义深远的价值观、神话、英雄人物标志的凝聚"。

也有人认为,企业文化是指企业所形成的具有自身特色的思想、意识、观念等意识形态和行为方式,以及与之相适应的制度和组织机构,它具体包括企业哲学、企业精神、企业道德、企业风尚、企业民主、企业目标和企业制度(许建业,1988)。企业文化就是企业这个社会形成的群体意识及其群体意识产生的行为规范。企业文化是指企业在发展过程中逐步形成的企业成员所共同具有的价值观念、道德准则等观念形态的总和(韩文辉、吴威,2000)作为精神层面的东西,企业文化并不是抽象的,它总是以一定的具体实体为载体而表现出来,如企业的形象(CI)、企业的制度等。在制定企业战略的过程中,企业文化作为一种重要的资源,越来越受到企业界和理论界的重视(董克用、叶向峰,2004)。

企业文化是企业作为一个群体有其特定的群体文化,是社会的一种亚文化。所谓的企业文化,是指在一定的社会历史条件下,现代企业成员所共同拥有的、反映本企业特色的基本假设和信念,是对企业在外部环境寻求生存的竞争问题和内部合作问题的反应。它是企业在经营管理活动中所创造的精神财富及其物质形态的提炼,是一个企业所特有的传统和风气,成为一代又一代企业员工必须掌握的或者说已经内化了的"内在规则"。

企业文化是一个综合的、系统的概念,其构成要素包括价值观、企业理念、道德规范、行为准则、历史传统、企业制度、文化环境、企业产品等。其中,价值观是企业文化的核心。企业文化作为一种有形和无形的感知力量,在企业这个特定的群体社会中构成了一种氛围,使得进入企业者,无论其能力强弱、个性同异,都会或多或少地受到影响而有所改变。这种改变统一于、内化于某种认同感、归属感和工作意愿(史世鹏,2004)。

众多管理学家都偏重于狭义企业文化。美国哈佛大学狄尔·甘乃迪(1982)认为,企业文化由价值观、神话、英雄和象征凝聚而成,这些价值观、神话、英雄和象征对公司的员工具有重大意义。“构成‘企业文化’有五要素:一是企业环境。这是塑造企业文化总目标的外部条件。二是价值观。这是企业基本的观念及信念,是构成企业文化的核心。三是英雄模范,这是企业文化的人格化,是企业员工行为模仿效法的具体典范。四是典礼和仪式,这是企业文化的外在表现,是企业文化在生产经营活动中例行事务的行为规则。五是文化网络,这是企业先进的价值观和英雄意识能够沟通传递到广大员工的渠道”。一个公司的文化由其传统和风气所构成。此外,文化还包含一个公司的价值观,如进取性、守势、灵活性,即确定活动、意见和行为模式的价值观(威廉·大内,1981)。日本拓植大学的今西伸(1987)认为,企业文化是特定企业中具有固有特征的价值体系。它由三项主要因素构成:一是价值体系——精神:企业哲学、经营观念信条、企业目标等;二是行为体系——工作结构:组织环境、组织结构、战略、规章制度、习惯、惯例等;三是经营风尚——基础方面:社风、组织风尚、传统、行为规范、成员行为能力等。

以上关于企业文化的定义和内涵,主要是指精神文化。

企业的狭义文化应包含以下几个方面:

(1)企业的经营宗旨。它反映了企业群体的经营理想、经营观念和经营战略,反映了企业长期的经营追求,代表企业经营发展的未来。

(2)企业的价值观。它是企业群体的价值取向。企业文化中的价值是指人们认为能够满足自己和社会的需要,能达到某种目的、有积极

意义的活动，就会得到自我的肯定、尊重、珍视和追求，就被认为是有价值的；反之，则被认为是无价值的，就会对其产生消极、厌恶和抵抗的态度。

（3）企业的道德行为准则。它要求企业员工在生产活动中应遵循的规范与制度。

（4）企业文化的全员认同。企业文化不是少数人、部分劳动者或个别领导者的愿望和意志。要让绝大多数员工共同信守。企业文化需要将能使企业兴旺发达、具有代表性的价值观，通过对一定的文化灌输、文化传播等形式，变为企业的一种群体意识。

（5）企业文化要经过长期的培育才能形成。每个企业的文化不可能自发地产生与发展，都在企业生产经营活动中长期沉淀的比较稳定的文化基础上，不断完善充实自觉形成的。

8.1.2 企业文化特征和功能

（1）企业文化的特征。

在我国，关于企业文化的基本特征，也是仁者见仁，智者见智。杨海涛等（1988）认为，企业文化的基本特征具有六个方面：

①民族性。这是其首要特征。在世界文化体系中，每个民族都有独特的行为途径与文化个性，在不同的经济环境和社会环境中形成了特定的民族心理、风俗习惯、宗教信仰、道德风尚、伦理意识、价值观念、行为准则。

②传统性。这是指企业文化中属于过去的、稳定长存的、流传至今并仍起作用的文化要素。

③稳定性。世界上任何一种企业文化一旦成型，具有了自己的稳定

个性。

④权变性。随着企业内外环境的变化,企业文化一定会随着环境变化而更新。

⑤潜意识性。从某种角度讲,企业文化是一种对传统文化的历史积淀的不自觉的反映。

⑥标志性。企业文化优劣的主要标志是,一是看员工群体积极性调动程度,二是看企业文化对与企业长期发展推动作用程度。

(2)企业文化的功能。

①引导功能。这是指企业文化能对企业整体和企业每个成员的价值取向及行为有导向作用,使员工行为符合企业战略目标。企业文化的导向与传统的行政手段不同,主要是通过文化塑造来引导员工的行为心理,施加微妙的心理影响,在潜移默化中接受共同的价值观。

②凝聚功能。企业文化是一种粘合剂,是企业上下全体成员的内在认同。在企业文化建设和完善的过程中,员工之间人际关系改善,彼此之间亲密相处,使企业成员对企业产生一种依恋之情,形成巨大的向心力、凝聚力。而企业文化的这种凝聚力正是企业生存、发展的基本保证。

③激励功能。这是指企业文化具有使企业员工从内心产生一种情绪高昂、奋发进取的效应,同时可以促使企业管理各要素之间的协调,从而形成制约与调节企业内部矛盾,减少内耗,激发人们专心致志工作的良好环境。

④约束功能。这是指企业文化对每个企业成员的思想和行为具有约束和规范作用。这是一种精神、价值、传统的"软"约束、间接约束,与企业规章制度的"硬"约束、间接约束一起形成相互协调的约束环

境。“软”约束是无形的,但它一旦起作用,在一定意义上比“硬”约束作用更大。

企业文化通过观念的整合,达到行为整合的目的;通过对个体的引导、规范,达到群体的统一、和谐;通过思想的共鸣,达到力量的凝聚;通过精神的内化,达到物质的扩张;通过内部的创新,达到外部的共生。这些都充分地表明,企业文化与企业竞争力的关系是非常紧密的。

(3)企业文化与企业发展战略的关系。

①企业文化引导企业战略定位。通常情况下,企业战略是在企业价值观、经营理念等企业核心要素所规范营造的总体经营思想、路线和方针的指导下产生的。在很大程度上,有什么样的企业文化,就会有什么样的企业发展战略。

②企业文化的氛围引导企业战略实施。企业战略需要企业全体成员共同去贯彻、执行,否则,它不可能对企业的生存发展产生任何作用。企业文化作为企业成员意识和所形成的行为模式长期以来行之有效,被认为是“理所当然”的,是一种长期的假设。这种假设非常灵敏,完全处于管理者的无意识状态之中,并为企业员工所内化,以至于任何替代假设和建立在其他不同假设基础上的企业战略都是根本不可能的。企业文化正是以其所营造的企业整体价值取向、经营理念和行为方式,潜移默化地引导企业全体成员去贯彻、执行企业既定的战略,保证战略的实现。

由以上分析可以看到,企业文化不仅仅表现在对企业内部的引导、凝聚、激励和约束方面,还表现在对企业战略的影响上,作为企业资源的一个重要组成分。

8.1.3 美国和日本企业文化

8.1.3.1 美国企业文化

美国企业文化的主要特点是:

①强烈的竞争意识,强调个人竞争;②强烈的个人奋斗意识和进取精神;③严重的雇佣意识;④淡漠的人际关系,企业与员工、人与人之间只有单纯的工作关系,过分重“利”。

8.1.3.2 日本企业文化

日本注重培育企业的家庭气氛,日本企业文化的主要特点是:

①现代文化与日本传统文化相结合,集中体现在组织上的集团意识,思想上的“和”、“忍”、“信”等观念;②企业家族化;③重视培养员工对企业的忠诚,实行员工的终身制;④加强企业内部凝聚力。

8.2 企业文化建设模型

各种企业进行企业文化建设所采用的方法、形式是不一样的。这些方法、形式可以归为模型来说明。

(1)企业文化建设模型的含义。

企业文化建设模型是指企业在进行企业文化建设时所采取的方式,是从企业文化的提出一直到实施过程的信息流关系。不同的企业文化建设模型反映了企业领导人、企业家的管理理念和管理模式。

(2)企业文化建设模型。

本书认为,企业文化建设模型大致有两种,一种是偏向于自上而下的“灌输型”模型,另一种是上下联动的“民主型”模型。图 8.1 是“灌输型”企业文化建设模型,图 8.2 是“民主型”企业文化建设模型。

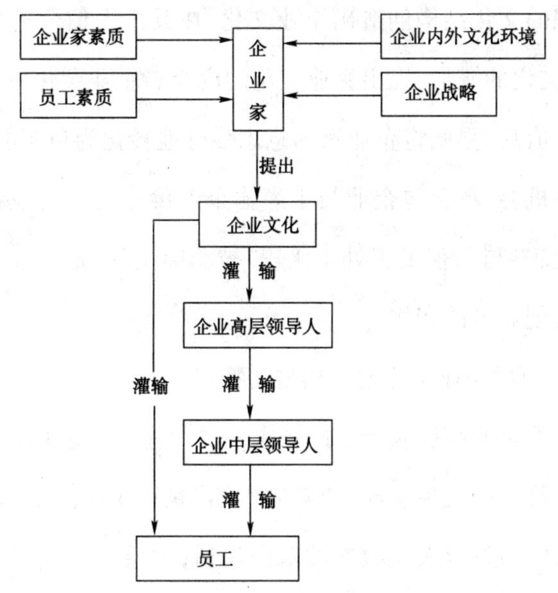

图8.1 “灌输型”企业文化建设模型

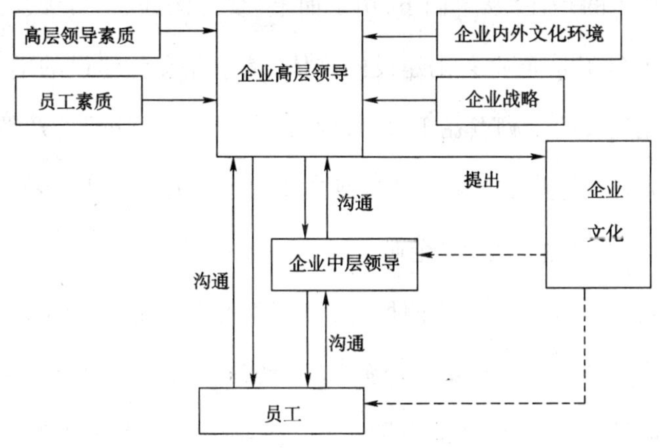

图8.2 “民主型”企业文化建设模型

①“灌输型”企业文化建设模型的特点。

“灌输型”企业文化建设模型突出了企业家在企业文化建设中的主导地位,企业家根据自己对于社会的理解,对于市场的把握,对于企业的追求,对于企业经营的思考,对于企业员工的人性假设,通过他头

脑中潜意识的文化结构创造出企业文化,在其个人信念的指引和约束下,勾画出文化的雏形,提出企业文化的内容。企业文化主要反映企业家的个人价值观,强调将企业家的意志强行地转化为员工的行动,企业家通过各种机会、场合向企业员工灌输企业价值观和企业精神。虽然也提倡“全员参与”,但员工处于比较“被动接受”的地位。企业文化一般是企业的创业者的产物。

②“民主型”企业文化建设模型的特点。

除了反映企业高层领导人的意志外,“民主型”企业文化建设模型更强调企业员工的民主参与。“双向沟通”是一个明显的特点:企业高层领导人与中层领导人无数次的双向沟通,中层领导人与员工无数次的双向沟通,企业高层领导人与员工无数次的双向沟通。企业高层领导人更注重的是在“从上而下,由下而上”反复沟通、全员参与的过程,认为广大员工是企业文化建设的主体,是企业文化建设的本质内涵。企业文化建设的落脚点在于每个班组,每个员工,重视“群众性和实践性”。“民主型”企业文化建设模型更多地是由国有企业或者国家控股企业,所以模型中用的是“企业高层领导”而不是“企业家”。

“灌输型”和“民主型”两种企业文化建设模型各有特长,不能说哪一种比哪一种更好。只要适合企业本身实际的,又能使企业快速发展的模型都是好的。好、坏的衡量标准是企业是否良性的健康的发展。

8.3 企业家与企业文化建设

企业领导人与企业文化存在着双向的相互作用关系。

邵尔(Scheir E. H. ,1985)在《组织文化与领导》一书中研究了企业

领导人在企业文化诞生和传播过程中所起的作用，进一步提出领导与文化的概念是相互关联的，认为“当人们密切观察文化和领导时，会发现它们是一个问题的两个方面，不能单独解释。……事实上，有一种可能就是领导所做的惟一真正重要的事情就是创建和管理文化，领导的独一无二的才能就是管理文化的能力”，“企业的创始人根据头脑中已形成的“文化模式”创建文化，而后，企业领导人通过一系列的认知过程塑造企业文化。企业文化一旦形成，领导人将受到文化准则及假设的限制，因此，文化与领导人是相互作用、相互影响的。”领导人在组织中起着非常重要的作用。事实上，领导人为文化的导入和加强创造了重要的机制，文化准则的产生和变革受到领导的关注点、他们对危机的反应、他们的角色类型及他们奖励和招聘的标准的影响（Eli Ginzberg & George Vojt.，1985）。

企业文化可以有多种来源和构成，其中居于主导地位的应该是领导文化，即领导者个人崇尚或极力提倡的价值理念，这是因为：领导者在决定企业的发展方向、经营方针的过程中居于举足轻重的地位，而企业的发展战略和经营方针本身就体现着企业文化；领导者在形成企业的特有经营风范、管理风格和鼓舞士气等方面起着决定性作用，而这些是领导者本身价值观的流露；领导者将利用其在企业中的权力（基于职位）和权威（基于个人威望和品质）对他厌恶的价值观予以摈弃和压抑，直至企业的理念最大限度地与他的价值观相吻合。由此可见，领导者与企业文化之间是双向影响的过程，良好的企业文化是几代领导者持续倡导的结果，而有效的领导者也是在一定的企业文化环境中塑造出来的（张乙江，朱洪文，田也壮，2003）。

企业文化与企业领导是密切相关的，它们二者相互影响、相互促

进,是辩证统一的。一方面,企业领导在塑造和传播企业文化中起着重要作用。美国研究企业文化的著名学者沙因认为企业领导对企业文化的影响作用主要发生在以下环节:重视、调节、控制企业文化;企业领导对重大事件和危机作出反应;角色示范、教育和培训;制定分配薪酬和提升员工的标准;招聘、挑选、提升、退休和解聘职工;另外,企业领导还可以通过企业组织结构、企业制度和建筑物的设计、重大事件和重要人物的故事传说、企业宗旨等塑造企业文化。另一方面,企业文化对企业领导的培育和塑造起着重要作用(洪向华,2003)。企业文化培育了企业领导人,企业文化促进了企业的成功,为企业领导向企业家的转变创造了条件;企业文化塑造了企业领导的形象;企业文化影响着企业领导有效的领导过程。文化与领导之间是一个不断地相互作用的过程,领导创造了文化发展的方法,以及使标准和行为与文化一致的强化力量。文化将以领导关注什么、对危机如何反应、行为模式和吸收谁到该企业而提高或改变。领导解释文化的特征和实质,而最终为其下属所接受。

相应地,文化对领导的影响就像领导对文化的影响一样。例如,在具有强烈的价值观和基层员工自我管理倾向的企业文化中会阻碍高层领导增强个人权力。特定的情况下,文化能影响领导在诸如招聘、选择和配置方面的决策。

关心企业变革的领导人会努力培育一种文化,这种文化能有助于创新、解决问题、冒险、实践。第一,必须明确表达出所希望的变革;第二,在结构、程序和实践中必须创造出必要的改变并使之广为传播;最后,新的行为模式得以建立并得到加强,成为新的文化的象征。

8.4 新国线运输集团企业文化建设

2000年6月,“21世纪中国企业文化论坛”在广州正式举办。企业代表空前踊跃参与论坛各项讨论,掀起了一股关注企业文化的热潮。论坛举办过程中,企业家们普遍反映:企业文化的作用说起来很重要,但在实际管理中并不好操作。为什么企业文化在实施过程中会走样?可见,在一个新企业要创建具有自己特色的企业文化有多难,但新国线运输集团企业家们,坚定信念,锲而不舍地在企业发展中创新、推行新国线企业文化。

作为进入壁垒较低的道路运输业,想要在竞争激烈的市场中取得企业优势,就必须构建新国线运输集团独有的优质服务体系,提升服务水准,努力挖掘顾客的潜在需求,积极提供差异化服务,在服务中体现“新国线”的企业精神和企业核心价值观,使顾客始终保持对“新国线”的忠诚度,而不转向其他企业,从而提升“新国线”竞争力和品牌资源的价值。

8.4.1 “新国线”企业文化

新国线运输集团对于企业文化有自己的认识。

企业的文化基础是“人文关怀,市场机制”。文化是全体员工正确行动的集合,企业文化是一种行动,哲学理念能否化为行动,就要求领导、管理队伍率先推行,就要求企业不断宣传员工中正确行动的代表。提倡正确行动,约束不正确行动,这样才是对正确行动员工的公平。

企业持续、健康、稳定发展是员工、经营者、股东的根本利益和长远利益。股东投资创造了企业、经营者经营管理企业、员工参与生产,如果企业不能存续了，股东将面临破产，管理者、员工将面临失业，这是长远利益。分红、工资、福利是眼前利益，眼前利益不能太近，近到只看到当天利益就是“贪”。企业既要关心眼前利益，更要注重长远利益。在眼前利益和长远利益发生矛盾时，要以长远利益为主。长远利益才是根本利益。

“公平”与“效率”的问题。“效率优先、兼顾公平”，效率是绝对的，公平是相对的，要坚决反对以牺牲效率来换取公平，无谓的公平是一种不负责的官僚主义的表现。

“努力比能力更重要”、“行动比创意更重要”，也是企业文化的重要组成部分。“努力比能力更重要”有递进的含义，是在首先肯定能力的基础上强调努力的重要性，能力重要，努力比能力更重要。“行动比创意更重要”，也有递进的含义，首先肯定正确的创意和思想的重要性，创意重要，行动更重要。“努力比能力更重要”对普通员工是一种公平，“行动比创意更重要”对人才是一种公平。有能力不努力不行，有创意没行动也不行。对人才方面，按照这样的顺序来评价：有文凭的看水平；有水平的看综合素质，包括品德、人格、政治立场，德才兼备才是素质。有综合素质的看心态，态度决定一切。对公司的忠诚、敬业、勤奋决定一切。

同时，新国线运输集团尊重人格。人格是与生俱来的，包括先天品性、性格特点、为人处事的做法。由于企业使用的是人才的能力和人才对公司的贡献，因此企业完全尊重员工的人格，但其前提是对公司忠诚、敬业和创造的业绩。

8.4.1.1 “新国线”企业精神

“新国线”的企业精神是“创新、合作、规范、效率”。

8.4.1.2　“新国线”企业核心价值观

新国线运输集团的企业核心价值观是新国线人工作的行动指南和行为准则，也是新国线事业持续与跨越式发展的指导思想。这 16 个字不仅具有时代精神，而且内容丰富、内涵深刻。

企业的核心价值观：“坚持诚信、渴望创新、科学经营、注重业绩”。

①坚持诚信。

“坚持诚信”指的是企格、企品、人格、人品。“诚信”是诚实、忠诚、守信，是做人做事最基本的道德规范。市场经济是信用经济、契约经济和法律经济。将“坚持诚信”放在价值观的首位，表达了新国线集团的“诚信为本”的理念。坚持诚信是处理企业与员工之间、上级与下级之间、企业与企业之间关系的基本准则。对员工而言，就是要对企业忠诚、守信。诚信就是要求个人要认真履行职责，出色地完成公司交给工作任务。

②渴望创新。

“渴望”是一种向往，一种追求，没有追求就没有动力。“创新”是新事物对旧事物的否定，是企业进步的源泉。创新没有激情是难以实现的。渴望创新就是指企业为适应市场、环境变化而进行的一系列变革的激情，其目的在于提高企业的核心竞争力；员工在工作岗位寻求技术、服务的不断提高，提升企业价值的行为也都要创新。创新包括观念创新、制度创新、技术创新、管理创新、战略创新。

③科学经营。

“科学经营”指的是，凡是适应市场的经营都是科学的经营。经营是企业获得利润的基础和手段，而经营和管理是相辅相成的有机整体，经营必须适应市场，管理必须适应经营。经营中出现的问题，要区分问题的性质，属管理不当造成的，从管理找原因，属经营不当造成的，则应从改变经营方式上下功夫，如果将两种问题混为一谈，问题不但解决不了，还会扩大，直至不可收拾。科学地运用经营与管理方法是企业健康发展的基本条件。

④注重业绩。

注重业绩是核心价值观的归属与最终目的，其核心是利润。企业的一切活动都是为了提升企业的价值，追求经营效果，对经营责任人的考核和评价主要看经营成果，对员工的考核和评价主要看工作成果。

这四者之间是相互联系，相互依托的，从品质到业绩缺一不可，是企业保持长盛不衰，持续经营的价值观念。

8.4.2 "新国线"企业文化建设模式

新国线运输集团企业文化的建设模式就是用本章论述的"灌输型"企业文化建设模型。首先由企业家提出新国线集团企业文化内涵（如上所述），利用全集团会议，反复在中、高级经理人中进行宣传、演讲，灌输新国线企业文化，并进行深入讨论；利用新国线集团的出版物——中南通讯、新国线文化驿站进行宣传、灌输，让全员深入学习，深入人心；利用新国线网站进行宣传、灌输。中级经理人在本职岗位上对下属员工反复宣传、灌输新国线文化；将新国线文化写入新国线运输集团法规——《新国线典章》。

8.4.3 "新国线"企业文化的推进

心理学告诉我们，人对某种事物的认可，一般具有三种表现形态，即服从、认同和内化。企业文化建设从低级到高级，依次也是服从、认

同到内化三个阶段。服从是基于外部信息的影响和刺激,使一些人的观念和行为被动地趋同于某种观念和行为,这些人不知道这种观念和行为的原因,只认为自己应该这样做。他们的趋同观念和行为,自觉不自觉的是一种强制。认同是指人对事物的态度不像服从那样,只是单纯地、强制地服从和模仿,它有了自愿的成分,但是,人的认同对象还没有完全真正的了解和接受,把它变成自己的东西,在认识和行为上往往会出现反复。内化是人们对某种事物从认识到行为有了非常的自觉性。企业文化只有经过从服从、认同到内化这三个阶段,才能使员工的价值观和行为与企业的价值观和行为一致起来,从不自觉变成自愿。

要塑造良好的企业文化,就需要使那些处于服从、认同状态的职工向内化方向发展,使他们不仅能正确地认识良好文化意识的真谛,并能自觉地按照这些观念和行为准则去从事生产经营活动,从而把企业先进的个体价值观和行为内化为企业群体的价值观和行为。

在企业文化从服从、认同到内化过程中,最主要的是"文化灌输",主张企业文化"自发形成论"是行不通的。优秀的企业文化是不会自发产生的,必须要塑造、锻造和培育。文化灌输是塑造优良企业文化最有效的手段之一。

文化是需要积淀的,也要经历时间的检验。同样企业文化的建设也绝非一日之功。

新国线运输集团全体员工以开创事业的大局为重,转变观念,增强危机感、责任感、使命感,按照科学发展观的要求,围绕建设"和谐企业、效益企业"的目标任务,搞好各项工作。

第9章 人力资源、企业家和职业经理人

人力资源是企业的第一资源,企业家和职业经理人是人力资源的“黄金资源”,“千军易得,一将难求”,这表明了本文对于企业家和职业经理人在企业发展过程中特别贡献的重视。本章介绍人力资源概念,并给出人力资源新的四个性质,着重分析企业家的概念、作用以及能力需求,给出企业家定义、五种职能、三项能力要求和八条基本经验;给出职业经理人定义和新国线运输集团职业经理人的五项素质和能力要求。

9.1 人力资源

9.1.1 人力资源及其相关概念

9.1.1.1 人力资源的定义

(1)有关人的资源三角形。

涉及到人,有人口资源、人力资源和人才资源三个概念。人口资源是一个国家、一个地区的人口总量,是数量概念;人才资源是指一个国家或地区中具有较多科学知识、较强劳动技能,在价值创造过程中起关键作用的那些人。人才资源是人力资源中的优质资源。在数量上,人口资源、人力资源和人才资源呈现三角形关系,最底层的是人口资源,

中间是人力资源，最上层的是人才资源。

（2）人力资源的定义。

人力资源这一概念最早见于约翰·R·康芒斯（John R. Commons）的著作《产业政府》（萧鸣政，2002）。关于人力资源的定义很多，大致从两个方面来定义，一是从能力的角度来解释（萧鸣政，2002；张德，2001；朱舟，2001；陆国泰，2000）；另一个是从人的角度来解释（陆国泰，2000；陈远敦，2001）。

人力资源由人才资源和劳动力资源组成，是指企业内企业家、职业经理人以及员工所拥有或利用的知识、能力、技能水平、健康状况、知识资源等的总和。这个总和含义具有特殊性，即人力资源是一种"物质性的有形资源"与"非物质性的无形资源"的统一体，在任何一种复杂劳动中，劳动力的支出不仅表现为体力的支出，而且还表现为脑力或智力的支出。因为人作为一种物质存在必然是一种物质性的有形资源，所有精神范畴的资源也都依存于人的物质身体。但人作为一种具有高级思维能力和知识应用的社会存在必然还是一种非物质的无形资源，知识资源就是其集中的表现，所以人是体力和脑力的载体。

所谓知识资源，是指企业所拥有的隐性知识与显性知识两种智力资源。所谓显性知识，是指可以文件化、标准化和系统化的知识，因而显性知识的特点是可与人分离而不需要与创作者接触，能够自知识库中直接复制、广泛适用、重复使用、快速扩散和独立学习，从而可以直接产生知识转移的学习效果。这类知识包括企业的版权、商标、专利技术、电脑软件、商业机密以及各种设计专有权等软产品。这类资源一旦被授予专利权就转变为一种受到法律保护的无形资产，企业就可以在一定期限内对受到法律保护的知识资源拥有垄断权，并可以将这种垄

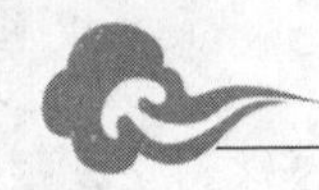

断权转化为竞争优势。所谓隐性知识,是指无法用文字描述的“经验性”的知识、不太容易文件化与标准化的“特殊性”知识、须经人际互动才能产生共识的“组织性”知识。

企业内部的隐性知识是一种比重较大、内涵丰富的知识资源,产生形成的成本较高、重复使用的机会较低,通常适用于附加价值高的作业活动上。由于隐性知识在全部知识资源总量中所占比重较高,但又不直接表现为企业的经济效益,因而企业如果能够大力挖掘此类隐性知识的潜在能量,不仅可以使这些“经验性”、“特殊性”、“组织性”的知识对企业经营管理产生积极的影响,而且可以使之作用于显性知识并提高显性知识的经济效益。

人力资源是由于本人或者某些组织对人力的投资而形成并积聚的知识价值和体力价值增值的人力形态的资源。人力资源具有“三位一体”的特点,即知识形态和健康形态与人合为一体,其中知识内涵是人力资源的核心部分。我们定义的人力资源是一种包括知识型的人才资源和体力型的劳动力资源的广义人力资源。人力资本、技术知识是经济发展的核心。许多西方学者认为,发达国家的资本75%以上不是实物资本,而是人力资本。人力资本是联系知识资本其他几个部分的中心和纽带,是知识资本中最有活力的一个因素。没有成功的人力资本,不管企业的技术多先进,其他几个部分也不可能创造出理想的价值(史世鹏,2004)。

(3)新国线运输集团的人力资源分类。

一个企业的董事长(包括董事)是老板,是企业家,不属于本企业的人力资源范畴。也许从社会角度讲,属于人力资源。根据新国线运输集团的企业战略角度,本文将人力资源分为以下4类:

①高级职业经理人:集团的总裁、副总裁、总经理、副总经理。

②中级职业经理人:事业部总经理、副总经理;职能部门总经理、副总经理;下属公司总经理、副总经理。

③技术人员:从事技术工作的中、高技术人员。

④一般员工:除了上述人员以外的其他员工。

9.1.1.2 人力资源是第一资源

著名的管理学家彼得·德鲁克(Peter Deruker)曾指出,"企业只有一项真正的资源:人"。汤姆·彼得斯(Tom Peters)也曾说过,"企业或事业部门唯一真正的资源是人。"小托马斯·沃特森(Thomas J. Watson)对人力资源的重要性给出了十分形象的描述:"你可以搬走我的机器,烧毁我的厂房,但只要留下我的员工,我就可以有再生的机会。"这些经典的名言充分说明了人力资源是第一资源的道理,因为有了人力资源并加以有效的使用,能够充分地激活其他资源,有效的提升资源价值,实现企业的价值最大化。

9.1.2 人力资源的性质和作用

9.1.2.1 人力资源的性质

关于人力资源的性质,很多学者作了不少研究,有"四性质说",有"五性质说",有"六性质说",有"七性质说",也有"十六性质说"。

(1)"四性质说":陆国泰认为,人力资源具有四个特点:①人力资源的能动性;②人力资源的再生性;③人力资源的增值性;④人力资源的时效性;付亚和、徐芳等人(1999)对人力资源的性质也做出了界定:①人力资源是活的资源;②人力资源是创造利润的主要来源;③人力资源是一种战略性的资源;④人力资源是可以无限开发的资源。

(2)"五性质说":董克用(2004)认为要想准确地理解人力资源的性质,就必须从它的本质入手。人力资源的本质就是人所具有的脑力和体力,它所有的性质都是围绕这个本质而形成的。将人力资源的性质概括为5个性质:①能动性。在价值创造过程中,人力资源总是处于主动的地位,是劳动过程中最积极、最活跃的因素。自然资源服从于人力资源。②时效性。人力资源是以人为载体,生命周期和人力资源的这种倒"U"形关系就决定了人力资源的时效性。③增值性。人的知识、经验和技能不会因为使用而消失,相反会因为不断地使用而更有价值,在一定的范围内,人力资源是不断增值的。④社会性。人所具有的体力和脑力明显地受到时代和社会因素的影响,从而具有社会属性。⑤可变性。人会因为自身心理状态的不同而影响到劳动的效果。

(3)"六性质说":张德认为,人力资源具有六大特点:①人力资源的生物性;②人力资源的能动性;③人力资源的动态性;④人力资源的智力性;⑤人力资源的再生性;⑥人力资源的社会性。

(4)"七性质说":黄英息(1997)认为人力资源具有七个性质:①人力资源属于人类自身所特有,具有不可剥夺性;②存在于人体之中,是一种活的资源,具有生物性;③其形成受时代条件的制约,具有时代性;④在开发过程中具有能动性;⑤具有时效性;⑥具有可再生性;⑦具有智力性与知识性。

(5)"十六性质说":萧鸣政则把人力资源的性质总结为16个方面:①社会性;②内涵性;③无形性;④作用的不确定性;⑤群体与个体并存性;⑥系统协调性;⑦生活性;⑧可控性;⑨时效性;⑩能动性;⑪变化性与不稳定性;⑫再生性;⑬开发的持续性;⑭个体的独立性;⑮内耗性;⑯主导性。

除了上述的一些性质外,要特别关注人力资源的群体性质。本文认为,还应该具有以下5个性质。企业家和高级职业经理人应根据这5个性质,运用好、使用好、配置好人力资源。这5个性质是:

①双重性:人力资源的双重性表现在两个方面,一是,具体的人是实实在在看得见,摸得着的有形资源,但人所具有的能力等是无形资源,所以人力资源具有有形资源和无形资源的双重性;二是,具体的人,在一个企业中,除了董事长,其他员工——人力资源既具有使用别人的使用性,又具有被别人使用的被使用性。

②层次性:从人力资源群体的角度来分析,一个公司内,各种职务从高到低具有层次性,不同层次的人需要与之相适应的能力和体力。从高级经理人到中级经理人,到一般经理,再到普通员工,脑力劳动的程度要求从高到低,而体力劳动的程度要求却从低到高。

③可转移性:除了大老板,其他的所有人力资源会随着社会环境、经济环境、工作环境的变化,都有可能在企业内各岗位上流动;离开企业;企业外的人力资源会进入这个企业。

④第一性:企业的竞争说到底是人才的竞争,品牌的竞争是人才的竞争,因此人力资源是企业所有资源的第一资源。

⑤价值原则性:在人力资源配置使用问题上,谁能够使公司的资本增值,谁能够实现公司价值最大化,就委派聘任谁。友情、关系只能排在第二位。

人力资源具有内部效应和外部效应。人力资源的内部效应,即人力资源具有自我丰富、自我积累的特征。人力资源在其使用过程中尽管也存在有形损耗(如劳动者的衰老)和无形损耗(如知识技能的老化),但由于人力资本具有能动性,因而在使用过程中,伴随知识的增长和更新、经验积累、能力开发和个性完善的一系列自我补偿、自我丰富、自我强化和自我发展的独特过程,人的内在的资本含量会随之增加。人力资源的外部效应,即外溢效应,是指人力资本会导致其他物质资本生产率的提高。这是因为,随着人力资本的累积,人本身的知识存量、健康存量不断增加。其结果是,一方面使得劳动者的生产技能得以提高,另一方面又增强了劳动者在生产过程中的组织、协调、适应和创新能力,最终反映在物质资本生产率的提高上。

人力资源具有收益递增的特征。即随着在人力资源上的投入的增多,获得的效益也随着增加(在经过一段特定的适应期后)。经济学认为:在技术系数不变的条件下,生产中的某一因素投入到一定程度后,会出现收益递减的趋势。但在人力资本内外效应的双重作用下,生产过程中的技术系数将发生变化,社会的生产可能性边界将会以越来越快的速度向外扩展。因而,人力资本会带来投资的持续高回报,是一种高增值性资本。

9.1.2.2 人力资源的作用

大量的研究证明,人力资本是经济持续增长的关键资源。美国劳工部对1948~1989年共42年的美国经济增长源进行了计算,结果表明,教育和知识进步对经济增长的贡献率为42%,而物质资本的贡献率只占37%。如果将投入生产的劳动力数量的贡献也算进去,那么人力资源对经济增长的贡献高达63%。西方学者巴罗在一项跨国研究中,运用初、中等入学率作为人力资本的指标,对98个国家和地区1960~1985年25年的入学率与人均GNP增长率之间的关系作了多项回归分析。结果表明,在GNP确定条件下,平均一个国家或地区的经济增长率与其起始的初、中等入学率高度正相关,相关系数为0.73。

由此认为,不同国家经济增长率的差异并不是主要由物质资源的差异引起的,而是因为各自拥有的人力资本数量和质量不同。

现代人力资本理论认为,企业、国家的经济实力取决于它们拥有的物质资本存量的数量和质量以及人力资本存量的数量和质量。在知识经济时代,企业、国家的竞争力则主要取决于它们所拥有的人力资本存量的质量,即劳动者的素质。劳动者的素质越高,内含的人力资本存量越大,则较少的劳动力数量就可以形成较多的有效劳动供给总量。英国经济学家哈比森曾说过:"人力资源是国民财富的最终基础。资本和资源是生产要素,人是积累资本,开发自然资源,建立生活、经济和政治组织并推动生活向前发展的主动力量"。

人力资源对于企业竞争力具有全面渗透和决定作用(史世鹏,2004),人力资源是"经济发展的核心",是其他资源发挥作用的基础,人力资本本身所具有的特征体现了人力资源对企业竞争力的全面渗透和决定作用。

人是人力资源的载体,人的目的性、主观能动性和社会意识使人力资源成为不同于其他各类资源的能动性资源,从而使其在所从事的经济活动中总是处于主导地位,成为一种最革命、最活跃的生产要素。一方面,人可通过自己的知识创造工具,使自己的器官得到延伸和扩大,从而增强自身的能力;另一方面,随着高科技的发展、人的头脑不断延伸及知识的急速发展,人认识世界、改造世界的能力也将增强。

由此可以得出结论:人力资源是企业的第一资源。

9.1.3　人力资源配置的成本控制

自然形态的人,欲锤炼成具有相当的知识水平、技能和良好社会适

应能力的人力资源的人，是需要一定投资的，换言之，自然形态的人变成企业人力资源是有成本的，人力资源的不断优化配置也需要成本，这包括机会成本。人员调整是有机会成本的，频繁的人员调整会给公司造成很大的损失。公司有两类经理人，一类经理人确确实实因为工作需要而调动岗位。这类经理人调动发生的机会成本，公司应当支付并且愿意支付。另一类经理人是由于不胜任工作，企业对他岗位进行调整，由此产生的机会成本，企业以前已经支付了，所以企业不再予以支付。

9.2　企业家

9.2.1　企业家的概念及作用

9.2.1.1　企业家的定义

关于企业家的论述历史悠久，内容丰富，但是，大多数的学者处于不同的时代，从不同角度对企业家进行研究，因此得出不同的结论。

在强调人民史观的同时也要强调英雄史观，应该提倡英雄史观。一个企业家会是使企业昌盛，也能使一个企业衰败。西方国家，一个人的作用不明显，但在中国影响却很大。无论在战略制订、执行力、推动力、效率效益的提高，都离不开集人、财、物于一身的职业经理人。在国有企业中，有关于董事会、监事会、党委、工会和经理等 5 个条例，前 4 个是集体领导，只有一个是个人决策的经理人，唯独经理条例是经理负责制。民主商议，经理决策，但在国有企业还行不通，通常是党政联席会议。企业每一天都在维护和调整集体和个人利益关系，所以责任重大。

企业家(Entrepreneur)一词,在法文中最早出现于 16 世纪,指当时领导军事远征的人,这种人需要承担风险,含有冒险家的意思。随着商品经济的发展,工商企业的经营者和组织者在经济活动中占据日益重要的地位,由于他们在购进生产要素和卖出商品的这一时期,会出现“资本固化”现象,同时,市场又具有不确定性,所以他们要承担由此带来的风险(吴泗宗,2001)。18 世纪中叶的法国作家贝利多尔认为,企业家是按不固定的价格购买劳动力和物资,而按合同价格出售产品的人。在古典经济学发展之初,康替龙(Cantilon,1775)将“企业家”首先由引入经济学理论,他将那些按照固定价格购买而按不同价格出售商品的人称为企业家,从而将企业家与经济领域中的不确定性联系在一起,并赋予了企业家“投机商”的角色。19 世纪初期,法国古典经济学家萨伊(Say,1800)认为企业家就是将劳动资本和土地等要素结合起来进行生产的人,企业家按市场价格购买各种生产所需要素并获得企业的剩余,担当了“协调指挥者”的角色。英国经济学家穆勒(John Stauart Mill,1848)推广了企业家这一概念,后来企业家一词作为企业的创始人为大家所共识。那个时代的经济学家尚未完全区分经营者与企业家二者的涵义。

新古典经济学鼻祖——英国经济学家马歇尔(Marshall,1843)指出,企业家是企业生产经营的指挥者和风险承担者,是生产要素买方和产品卖方之间的中间人,强调了企业家必须实际经营企业并拥有企业财产所有权,从而赋予了企业家“所有者”、“指挥者”、“中间人”、“风险承担者”等多重角色(吴航、史耀疆,2002)。哈耶克、柯斯纳、西蒙等人提出企业家是决策者的论断,他们强调企业家在获取和使用信息方面的作用,认为企业家是“经济时机的发现者”。同一时期的美国经济学家奈特认为,企业家是在高度不确定的环境中进行决策并承担决策后果的人,因此,企业家必须充分利用已有的知识,重视控制系统、信息系统、计划技术和领导科学,善于把组织过程及其意义的全部研究集中到经营决策之中。

关于企业家内涵的界定,众说纷纭。“基本素质观”认为:具备某些素质(特征)的那一种人或群体,就可称为企业家。“创业过程观”认为:在企业中担当主要领导岗位的人或群体就是企业家。“结果导向观”认为:企业家是从事经营活动并做出优异成绩,受到社会认可的人或群体。

国内学者对企业家的内涵和作用研究也很多。辽宁大学冯玉忠认为,具有法人地位、有独立经营自主权、能带来经济效益的企业领导人,就算企业家。马洪在《中国知名企业大辞典》的序言中提出,企业家就是善于经营管理企业的行家,他们面对市场竞争,敢于承担风险,不断开拓创新,以坚韧不拔的勇气和毅力,历尽坎坷,求得企业的兴旺发达。周叔莲认为,具有创新精神,善于经营管理企业使之兴旺发达的人叫企业家,或者说,用创新精神来经营管理企业使之兴旺发达的人叫企业家。韩岫岚认为,企业家应当是具有创新意识,能承担经营风险,并能采取创新措施和利用风险为社会创造财富的经营管理专家。刘茂松认为,企业家是以企业资产增值为经营目标,通过产权市场竞争的过程将自己的知识财产(即人力资本)与企业的物质财产结合在一起,从而在经营中占有企业的整体资产,独立、创造性地组织和指挥企业,根据市场需要进行生产、流通、服务等商品经济活动,并承担经营风险的专门经营者群体。

张维迎在《企业理论与中国企业改革》中将企业家定义为承担经

营风险，从事经营管理并取得经营收入的人格代表。认为企业家是一个责权利的统一体，承担经营风险是一种责任，从事经营管理是权利，取得经营收入是一种利益，偏废任一项都不是完整意义的企业家。丁栋虹认为企业家是异质人力资本的拥有者，能够实现边际报酬递增。北大纵横管理咨询公司知识管理中心总监陈江认为，企业一把手在团队建设中身兼家长、老师、教练、向导多重身份。要像家长一样包容；像老师一样能够解惑，把握方向；像教练一样在必要时身体力行，帮助执行。一把手在企业不同的发展阶段需要扮演不同的角色。

余伟萍(2005)认为，企业家是指具有能力运作和管理企业，推动企业持续发展的企业一把手或高层管理团队，他们以经营企业为自己的职业，通过利用自身人力资本，对企业生产性活动和交易性活动的综合协调，以及不断的判断性决策和创新活动，最大限度地降低交易成本和生产成本，实现企业的持续发展与自身利益最大化的有效结合。可以说，企业家就是作为企业法人代表的企业经营者。

从以上的观点看，企业家主要有4种类型：

(1)投资人以经营者身份作为法人代表直接执行经营职能，即民营独资企业中，投资者与经营者合一的情况。

(2)投资人代表以经营者身份作为法人代表，直接执行经营职能，这主要表现为合伙制或股份企业中投资人代表与经营者代表合一的情况。

(3)投资人委托独立代理人以经营者身份作为法人代表执行经营职能，这主要表现为独资企业投资人与经营者分离的情况。

(4)投资人及其代表委托独立代理人以经营者身份作为法人代表执行经营职能，这主要表现为股份制企业中投资人及其代表与经营者分离的情况。

因此,企业家的范围包括厂长(经理)、董事会成员、副厂长(副经理),以及在企业中担任高级职务、出任经营决策管理层、掌握企业经营权的“经理阶层”(余伟萍,2005)。

根据前人的研究结果,我们给出企业家的定义:企业家是进行决策并承担决策风险的企业的所有者。对于企业来说,企业家可能是一个人,也可能是一群人。企业家可以自己经营企业,所有者与经营者可以合而为一。但经营者,比如总经理就不一定是企业家,他只是一个高级“打工仔”。承担决策风险的人不一定是企业家,比如总经理,他做决策,并承担决策后果,但他不一定是企业的所有者。企业家不一定需要具备某些素质(特征),失败的企业家就是这样。从事经营活动并做出优异成绩,受到社会认可的人或群体也不一定是企业家,比如总经理。企业家不一定是企业的开创者,企业的继承者也可能是企业家。这些都是有很多实例来说明的。本文缩小企业家的概念范围,目的在于区分企业的所有者和经营者,这与中国企业,尤其是大型企业朝股份制方向发展的趋势是吻合的。当然企业所有者同时他又可以是经营者,他称为企业家;而单纯是经营者就不能称为企业家,称为职业经理人更为妥当。

9.2.1.2 企业家的职能

在以下引用的国内外的众多文献中,“企业家”的概念包含两种人,一是企业的所有者,俗称“老板”;二是高级职业经理人,比如企业的总裁、总经理等。

对于企业家的作用与职能,20 世纪中期,美国经济学家熊彼特(Schumpeter,1934)强调了企业家的创新本质,指出与日常工作和单纯

管理不同的“创新”是企业家的真正职能和必须具备的素质，认为企业家是对生产要素进行重新组合，通过破坏旧的均衡体系推进经济增长的人。

美国经济学家利本斯坦(Leibenstein)运用其“X效率理论”研究企业家问题，认为企业家的职能是利用非市场化的投入来克服组织中的X低效率。同一时期的美国经济学家舒尔茨(Schultz)认为，企业家具有人力资本的异质性，能对经济条件的变化做出超常规反应，发现潜在的获利机会，重新配置资源，是经济现代化和经济从非均衡到均衡恢复过程中的关键角色。

20世纪80年代兴起的新自由主义经济学对企业家的研究侧重于企业家的作用。美国经济学家柯斯纳(Krzner)赋予企业家“经纪人”角色，认为企业家是将各生产要素结合在企业中的牵线人，能够感觉机会、捕捉机会并创造利润。美国经济学家卡森(Casson,1981)认为，企业家是擅长对稀缺资源的协调利用做出判断性决策的人，在问题识别和信息收集方面具有比较优势，并能通过较好的决策实现较好的绩效。卡森强调资本对企业家的重要性。美国当代管理大师德鲁克在给企业家下定义时也说，企业家就是赋予资源生产财富能力的人。

20世纪后期，新制度经济学鼻祖、美国经济学家科斯(Coase)指出，企业家是企业的权威，是生产的指挥者。美国经济学家德姆赛茨(Demsetz)认为，企业是一个团队，企业家是通过企业内部契约产生的这个团队生产运行的最佳指挥者。美国经济学家诺斯(North)在研究制度创新问题时赋予了企业家能预见到制度创新的潜在利益的决策者角色，认为企业家是制度创新的主体。美国经济学家威廉姆森(Williamson)认为，现代公司是许多具有节约交易费用目的和效应的组织创新的结果,企业家就是组织创新的组织者。日本经济学家池本正纯(1984)认为:“所谓企业家,就是统筹、调整市场交易中已经发挥作用的领域和尚未充分发挥作用的领域之间的关系。企业家也就是通常所说的市场调节人。”

陈政立(2002)认为,企业决策者的主要职责就是“决策行动”即“出主意”、“用干部”,其内涵又可具体分解为“根本工作”(规划目标、确定规范和选用人才)与“经常工作”(实施决策、联系群众和学习知识)两种,根本工作是经常工作的前提,经常工作是根本工作的基础。

企业家(不是职业经理人)的职能主要有以下5个,其他职能由高级职业经理人去承担。这5个职能分别是:

(1)制定企业发展战略;

(2)善于发掘、培养、使用人才;

(3)进行组织流程再造;

(4)帮助高级职业经理人获取各种资源;

(5)提出、灌输企业文化。

9.2.2 企业家能力

9.2.2.1 关于企业家能力的中、外研究

企业家的素质,决定了企业的生死存亡。企业家的能力,决定着企业的发展方向和企业当前的状况和未来的持续发展。著名经济学家约瑟夫·熊彼特认为企业持续创新发展的主要动力是企业家,企业家认识到创新的潜力,并准备冒险进行开发和创新,这种冒险的行动只能由企业家承担,企业家的行为不仅推动企业的组织管理创新和市场创新等活动,企业家能力对企业的持续发展和核心竞争力的形成也将产生

至关重要的影响。

熊彼特认为,"企业家的职能就是识别企业的生产性因素,并整合它们。"麦瑟斯(Mihses)也认为,"企业家行为就是成功指导资源流以满足用户的需求"。企业家能力是一种识别、发展、完善企业现有资产束或者新的资产构成的整合的能力(王静鹏、樊耘,2002)。王静鹏认为这个定义主要包括两个关键因素:①"企业家"并不是指具体的个人,而是对一种功能的描述;无论是企业的决策层,还是战略管理者,当他们在识别和完成新的资产整合时,他们的行为就反映了一种企业家能力。②企业家能力强调了资源下列的特点:资源并不是无中生有的,所有资源都来自于现有的经济或者技术领域中的资产和能力的整合。企业家能力所表现出来的直接结果就是一种从未存在的稀缺性资源,通常就是现有资产、技能和能力的整合。造成资源的稀缺性的原因就是特定资产束在特定时间和地点的一种异质性的整合。企业家能力可以分解成五个组成部分:创造力,信用能力,冒险精神,辨别机会价值的能力以及有助于整合资源束的企业专家知识结构。

日本本田汽车公司的创建人本田宗一郎、美国微软公司总裁比尔·盖茨以及海尔集团的张瑞敏就是这样的范例。

企业家的能力应该是多维的。早在18世纪初,国外学者对企业家能力有了研究。康替龙(Cantilon,1775)从冒险精神方面指出企业家应该具备投机能力;萨伊(1804)从协调组织关系角度重点强调企业家的组织协调能力;马歇尔(1843)从组织角度研究企业家能力,指出企业家能力应该是"利用资本的经营能力";奈特(1921)认为企业家首要功能是在不确定性风险情况下"做决策";熊彼特(1934)认为要着重考察了企业家的创新能力;柯兹纳(1937)和科斯(1938)认为企业家应该具

有市场需求预测能力、组织管理和协调能力;舒尔茨(1973)将企业家能力归类,提出企业家能力核心是处理不均衡的能力;卡森(1981)认为企业家能力的核心是在不确定性条件下的判断性决策能力;米勒(Miller)认为企业家必须具备3种基本能力,它们分别是经营管理能力:领导能力、组织能力、决策能力及环境适应能力;创新能力;识别和抵御风险的能力。

中国学者杨广春(2001)提出企业家能力综合体概念,这种综合体包括了决策能力、组织能力、应变能力和创新能力4种能力。尚鸣(2003)将企业家的能力归结为10大类:感染力和激励力、控制情绪的能力、富有幽默感、聆听的能力、公共演讲的能力、非凡的运筹能力、周密计划的能力、建立关系网和联盟的能力、教练的能力和沟通的能力。赵景华、李英认为企业可持续发展所需要的企业家能力主要包括核心能力、创新能力、学习能力和应变能力;余伟萍(2005)认为,企业家能力是指以经营企业为职业的企业一把手或高层管理团队,通过利用自身人力资本,对企业生产性活动和交易性活动进行综合协调,作出判断性决策和创新活动,以最大限度地降低交易成本和生产成本,实现企业持续发展与自身利益最大化的有效结合的能力。

李志等人(2003)汇总了企业家能力,它们分别是:①创新能力是企业家与一般经营管理者的最大区别。创新是企业家身份的标志,是企业家的基本特征。②决策管理能力主要包括计划、分析、策划、决策、战略管理能力,其强弱和决策水平的高低是评价企业家能力强弱的一个主要标志。企业家的决策有两个特点:一是"人",二是"新",即企业家的决策既关系到企业和企业家本人未来的命运,同时又大都是非程序化的决策,这就决定了企业家必须具备高超的决策能力。③组织指

挥能力包括组织、控制、指挥领导、投资经营、营销等能力，它对企业家的要求是能够建立满足生产经营需要的组织结构。④沟通协调能力：企业家要善于交往，与政府机关、事业团体、中介组织、竞争对手、社会公众及消费者，都要有广泛的联系和公关能力。沟通协调能力，主要包括协调、谈判、竞争合作、人际交往、信息沟通能力。真正做到上下沟通，内外协调，沟通协调能力可以说是当代企业家之间竞争的焦点。⑤人事管理能力是用人、激励、评价、关心爱护下级能力。一个优秀的企业家应具有宽容精神和公德意识：一是对有失误的人或反对过自己的人，要宽容；二是对比自己能力强的人不嫉妒，让贤者、能者充分施展才智。⑥专业技术能力：企业家的能力和素养同他的知识水平成正比关系，知识面越宽，思路越宽，眼光越远，思维能力越强。⑦基本能力是指记忆、适应、表达、预见、学习、自控、心理承受、想像、洞察、判断、自信、问题解决、实干等个人能力，并强调企业家应具有较高的智力水平，能够很好地捕捉外部信息、进行科学加工与处理。

从以上的介绍可以看到，企业家理论的相关文献数量大、内容丰富，不同学者从不同角度进行论述，显得没有规律，有点让人“不知所措”。

9.2.2.2　本文对企业家能力的理解

对企业家能力的要求方方面面、包罗万象，看来，企业家成了一个没有一点“疵瑕”的“圣人”、“完人”，这是一个非常理想化的人物。其实不然。因为，不管企业的现实、不管企业家本人的实际、不管环境的变化，这种对于企业家的描述只能是空洞的。本文将对于中国大型道路运输企业的“企业家”，根据实际，给出“记得住”的几条最重要的能力。根据企业家的3个职能，这些能力分别是战略能力、领导能力和企业文化塑造能力等。

(1)战略能力。

战略能力指的是企业家进行正确的战略决策的能力,这种能力的前提是,企业家必须具有敏锐的市场洞察力、极强的把握市场机遇的能力、良好的政府关系能力。战略能力是企业家所有能力中最重要的、第一位的能力。

(2)领导力。

领导力是指企业家实施企业战略的能力。要实现一个完美的企业战略,没有强有力的组织保证、人才保证、资金保证是不可能的。领导力的强弱决定了这些保证的实现,也决定了企业战略的实现。

(3)企业文化塑造能力。

对于中国企业,尤其是新型的大企业,成立时间不长的,塑造企业文化尤为重要,这已经在第8章论述了。“企业文化”表面上是企业的文化,但真实地反映了企业家的价值观和精神面貌,没有企业家正确的价值观,就没有企业良好的企业文化。因此为了企业的“做大”、“做强”、“做优”、“做长”,企业家必须塑造企业文化。“塑造”包含两个方面内容:①“提出”企业文化的内容;②向自己的员工“灌输”企业文化。这个塑造过程是长期的,不可能一蹴而就。企业家塑造企业文化能力的强弱同样也决定了企业的长久与暂短。

9.2.3 企业家能力与企业优势

持续地获得稀缺性资源是企业保持可持续竞争优势的基础(王静鹏,樊耘,2002)。而稀缺性资源又是从何而来的呢?企业如何获得这些资源?

(1)资源生成模式中的基本元素。

资源生成指的是资产变成资源。资源生成模式基于两个前提:首先,异质性资产和能力成为资源的基本条件,即稀缺性,不可完全被模仿性,不可替代性和增值性(“四性”)。其次,资源可能是独立的,但更多是复杂资产的整合形式,即具有网络关系的资源束。

资源“四性”的有机整合会使资源产生经济租。这四个特性对经济租的作用是各不相同的。增值性和稀缺性有利于为企业创造价值;而不可替代性和不可模仿性却有利于企业保留价值。一项资产要变成为资源,就必须及时创造经济租,尽量长久地保持经济租。因此,资源生成模式至少必须包含两个阶段:①在任何时间阶段(特别是企业创业阶段),通过生成具有增值作用和稀缺性的资源,为企业创造经济租。②通过设置替代和模仿障碍(隔离机制),而尽量长久保持经济租的部分。

(2)资源与经济租的生成。

在本书中将企业家能力与普通资源的定义区分开来,因为企业家能力和行为并不完全具有异质性资源的四个特点。例如,专业知识结构的基础就是经验性的知识,而知识无论如何都不是完全隐性和沉默的,具有一定程度的显性和可描述性。可描述性知识由于可以被别人应用或者扩散,所以可能会被模仿。因此,企业家能力并不严格符合资源的不可模仿性的条件。

个人或者组织获得企业家能力的多少,依赖于获得企业家专业知识结构中扩散出来的一般经验和基本框架。企业家能力在资源生成模式中先于其他模块,具有起因的地位。企业家能力本身并不产生资源,但它却传递了新的资产整合中最基本的两个因素:价值和稀缺性。一

个企业拥有特定的技能、资产和能力,但这些因素本身并不能给企业带来经济利润,企业家能力将这些因素整合在一起,才能形成原来从未存在的稀缺性资源。这些资源可以是有形的,也可以是无形的,如品牌,还可以是某种能力,如高的研发水平。新的资产整合通过提供企业差异化能力,改善成本定位,以及有利于企业的其他一些有益的战略而增加价值。关键是,价值是根据目前资产产生的服务和产品的可替代性而决定的。资产整合所产生的价值只要超过其发展或者获得的成本,就可以产生经济租。

新的资产构成也具有一些稀缺性。因为企业家行为发生在一定的时间和地点内,它产生的结果对于企业来说,是具有稀缺性和异质性的。这种异质性的程度大小,是由两方面的条件作用的:企业家所形成新的资产构成本身的异质性水平,以及竞争者中存在的企业家行为的综合水平。虽然从原则上讲,每个新的资产整合都应该是稀缺的,但是实际上,由于竞争者创新和模仿行为的大量存在,这种稀缺性会被减弱。所以在有很多竞争者的市场上,任何一个方案的稀缺性都必然比没有竞争的环境中这个方案的稀缺性要小。

总之,企业家能力通过新的资产整合,并及时取得经济租,即完成了资源生成模式的第一部分。例如,企业家能力通过在企业各部门之间有效配置资源,将研发部门的工作人员利用文化、制度、激励等方式有效组织起来,完成产品更新换代或新产品的开发工作。

(3)资源与经济租的保持。

经济租创造出来以后,必须有合适的机制来保持。保持经济租的机制可以分为市场和组织两个方面。这两种机制作为模仿障碍的作用是不同的。市场机制假设所研究的资源在原则上是可交易的,并且通

过市场机制失灵来保持企业资源的潜在赚取经济租的能力。相反地，组织方面主要根据资源的路径依赖性，其假设资源具有内在的不可交易性。

企业竞争优势的增长只是对企业家提出了要求，但并不一定导致企业家能力的提高。随着企业规模的不断扩大，对企业家能力提出了更高的要求。如果企业家的能力提高能够跟上企业规模的扩张，那么企业才能良性发展。如果企业家的能力滞后于企业的规模，无法整合规模日益扩大的人力、物力、财力资产以建立新的竞争优势，企业势必最终在市场竞争中败下阵来。不同的竞争环境对企业家能力提出了不同的要求，企业家能力是动态的，不断提高的。如果一个企业由一个优秀的企业家领导，那么这个企业就会获得经济租，从而获得利润，维持生存并不断地发展。如果一个企业的领导人不具备企业家才能，那么这个企业充其量获得行业的平均利润，在现代激烈的竞争情况下，将很难生存和发展。

9.2.4 新国线运输集团企业家

新国线运输集团企业家的基本经验是：

(1)要创建和发展新国线事业，要十分重视、了解掌握市场信息，对道路运输发展形势，包括国家交通运输结构调整政策要十分敏锐，对机遇的把握必须十分及时、坚定和牢固。

(2)创建和发展新国线事业，必须有“敢为天下先”、敢第一个吃螃蟹的巨大勇气；有敢于披荆斩棘、直面事业艰巨和人生艰难的坚韧；有敢于承担误解和委屈、甚至有为了事业而“背黑锅”的牺牲精神。

(3)创建和发展新国线事业，必须十分重视战略发展和战略研究，而且根据形势发展和经营需要随时调整和发展战略。在坚定不移地把握以质量和效益为中心的同时,通过连线和布点,继续提高新国线运输网络的覆盖率和对市场的占有率。

(4)创建和发展新国线事业,必须坚定不移和坚持不懈地进行战略创新和品牌创新。并建立起一种清晰的理念,这就是:没有战略创新和品牌创新的业绩是缺乏胸怀和品位的业绩。

(5)创建和发展新国线事业,必须努力获得包括集团领导以及全体员工的理解和支持,获得各级领导和多方面的理解和支持;必须有认同新国线事业,甘愿为新国线事业长期奋斗乃至奋斗终生,甘愿为其做出奉献的新国线团队。

(6)新国线事业的发展必须走内涵扩大再生产的道路。而内涵发展必须是质量效益型的。这种质量效益型的内涵发展与继续提高网络覆盖率和市场占有率是相辅相成的。

(7)新国线发展的重要经营形式是公车公营。车辆产权主体是企业,但投资主体可以多元的。公车公营的核心是产权主体的界定,投资主体行为的界定,社会责任的界定,也是对社会和品牌承担责任的界定。

(8)要发展新国线事业,必须有新国线团队中方方面面合作与协调,有高层次高水平的精神境界和个人素质。企业的每个人都要从大局出发,求大同存小异,这是新国线整体战斗力的核心和保障。

9.3 职业经理人

“经理”的涵义是什么?具体讲,“经”就是总结过的经验,是通过

验证、证明而行之有效的知觉、体会、感悟、认识，再归纳、整理成为反映事物规律性的、有指导性东西。“理”就是为了特定的目标，采取一定的手段和措施所进行的梳理、理顺、管理。因此“经理”就是企业里为实现企业的目标的、掌握一定规律的、通过一定的措施和手段进行管理的人才。

美国著名经济学家、诺贝尔奖金的获得者舒尔茨说过：“人力资源对现代经济增长至关重要，因为现代世界的进步依赖于技术进步和知识的力量，依赖于人的知识水平，依赖于高度的专业化的人才。”

彼得·德鲁克（Peter Deruker）指出，“经理人员是企业的基本资源，是最稀有的”，“经理在每一个企业中都是一个生气勃勃的、赋予企业以生命的因素，没有经理的领导，生产就只是资源，决不会变成生产”。决策者是从战略高度经营和决定一个系统、一项事业及其方向、规划、目标和任务等大政方针的领导者，应当随着企业规模的扩大而逐渐提高战略思考的时间和精力。把经营和管理分开是很有道理的，经营解决的是战略和方向的问题，管理解决的是效率问题，如何取得管理效率与经营方向的乘积（效能）的最大化，就是决策者的任务所在。

9.3.1 职业经理人的定义和职责

以担任经理职务为职业的人称为职业经理人。他的职责是，根据董事会的决议或者上级经理的指示制定企业（部门）业务战略、完成企业（部门）利润等目标。职业经理人既不是老板，也不是项目经理，更不是行业中的领军人物。

职业经理人也像一个“变色龙”，在不同的时间不同的人员面前，担任不同的角色。虽然职业经理人不是真正的老板，但在员工看来，他是老板，他在前台冲锋陷阵，全面负责企业的运作，包括人事、财务、经营等职能，承担法人资产的保值、增值的责任，左右着公司和每一个员工的发展前景，引领企业向新的目标前进。高级职业经理人在公司里，处于“一人之下，万人之上”的地位，有时，他的建议可能会左右老板的决策。

在老板面前，他是打工者。职业经理人说到底，终归是个打工者，因为他并不拥有企业的所有权，与普通员工一样，都是老板聘请来的员工，区别在于职务高级。职业经理人只能在老板授权的范围内施展自己的才华。如果与老板的意见不一致，又难以说服老板，要么“妥协”，要么“辞职”。

高级职业经理人又是老板工作上的“搭档”。高级职业经理人拥有丰富的管理经验，具有敏锐的市场洞察力和创新力。即使是一个不景气的企业，只要有了一个好的高级职业经理人，往往能起死回生。这时，高级职业经理人成了专业的资深企业咨询顾问，是老板事业上的重要搭档。

9.3.2 职业经理人的素质

职业经理人必备素质要因行业而异，因企业而异，没有千篇一律的模式，只要是适合自己企业发展，起到实际作用的职业经理素质模式就是好模式。新国线运输集团根据自身的经营与管理实践，总结出如下的职业经理素质模式。

(1)职业经理人要成为忠于信仰、不辱使命的模范。

新国线运输集团虽然改制成国有参股的混合所有制股份公司，但公司仍然信仰共产主义。共产主义的各项准则仍适用于新国线运输公

司创造事业、为人类做贡献。企业的使命是力图用最小的投入为人类创造无限美好的生活。要为社会提供尽可能多的有用产品，并让尽可能多的人进行消费。要为社会最大限度地创造财富，并使这种财富不断增加。要尽可能地为人才实现自我价值提供条件，尽可能多地为社会提供就业机会。

(2)职业经理人要成为学习宣传和身体力行企业核心价值观的模范。

要牢固树立"坚持诚信、渴望创新、科学经营、注重业绩"的企业核心价值观。核心价值观的四个方面相互联系，相互依托，从品质到业绩缺一不可，是一个系统的价值观，是新国线保持长盛不衰，持续发展的价值观念。

(3)职业经理人要成为遵守准则的模范。

"忠诚、敬业、自律、学习"是职业经理人的行为准则。

①忠诚——认同"新国线"的事业，并为之终生奋斗。"新国线"对中国道路运输事业有示范作用、试验作用，要抱着创业的心态，为之终生奋斗，争取成功。

②敬业——在工作中公私分明。"大公无私"和"公而忘私"的境界更高。"公私分明"指的是，不能因为私心、私利、个人恩怨、个人喜好、个人心态而影响工作、事业，要以公司核心价值观为行动准则和衡量标准，把公司事情做好，实现公司价值最大化。

③自律——不要动公司的钱。"不要动公司的钱"是指不要乱花公司的钱，不要非法、非分侵占公司的钱。公司存在的问题和许多纠缠不清的人际关系都体现在争"花公司钱"的权利上。花公司的钱必须为公司创造价值。公司的管理准则已经一次性、永久地把为公司维护

利益、创造利益的权利给了每个员工。职业经理人要经营好自己的家庭,如果连自己的家庭都经营不好,就决不具备职业经理人的心理素质和必要的责任感。

④学习——要保持企业的领先性、创新性、综合能力并保持不断进步,就要不断学习。首先,要学习企业的核心价值观,不要停留在表面、口号上,要应用于工作、生活的全部思想和活动中,要学习企业核心价值观,使核心价值观深入人心并忠诚地实践企业核心价值观。其次,要学习业务知识,了解生产流程、财务报表、资源配置,通过流程再造,在管理、业务上达到第一品牌的要求;要了解人性、尊重人格,调动大家积极性。第三,要学习社会知识、政治经济学,了解社会结构、社会规律,提高政治素质,开阔视野。

总之,"忠诚、敬业、自律、学习"是每一个职业经理人和每一个有志于成为职业经理人必须遵循的准则。

(4)职业经理人要成为团结和协作的模范。

经营和财务是公司的两条腿,两者要协调发展,不能偏废哪一个。职业经理人队伍和财务人员队伍要以企业的核心价值观作为判断是非的标准,并要以此为依据,去找样板和榜样学习。合作沟通和协调是高级经理人必备的基本素质。职业经理人和财务人员要以大局为重,要有良好的心态、品德和宽广的胸怀,以核心价值观为标准,做到公私分明。只要有一个沟通的态度和沟通的胸怀,敢于剖析自己、分析自己,企业就能够朝着战略目标迈进。

(5)职业经理人要"宽容为大,锲而不舍"。

职业经理人每天都要面对变化莫测的情况,都要品尝复杂多样的滋味。"有容乃大,无欲则刚"。一个成熟的职业经理人都必须自我消

化，自我抹平，要记人之功，容人之过，用人之长，避人之短，虚怀若谷，包容豁达，以事业为重，不计较个人得失和恩怨。只要一身正气，认准了目标，就要大胆地去做，锲而不舍，无怨无悔，知难而进，奋斗到底。

汇总以上的内容可以将新国线集团对于职业经理人的素质要求可以归纳以下 11 条：

①忠诚敬业；②合作精神；③决策能力；④组织能力；⑤创新能力；⑥应变能力；⑦勇于开拓；⑧敢于负责；⑨尊重他人；⑩以身作则；⑪良好的心理素质。

9.3.3　职业经理人的能力

高级职业经理人的能力是研究的重点。高级职业经理人处于董事长和中级职业经理人之间，他既有对于企业的决策权，需要自己的战略能力和领导力，又担当执行董事会决议、企业发展战略和实现企业总的战略目标的重任，需要有执行力。

(1)战略能力。

高级职业经理人要制订的战略是企业总战略体系中的位于第二、第三层次的战略，即分战略和子战略。企业第二层次的分战略由企业家与高级职业经理人共同制订，第三层次子战略主要由高级职业经理人制订，因此高级职业经理人必须具备良好的战略能力。

(2)领导力。

领导力是指为组织设定宏伟目标，并激励他人出色地完成该目标的能力，是将组织目标转为行动、将远景变为现实、将风险变成回报的实践过程，是创造能将机遇变成成功的组织氛围的能力(张琼，2004)。领导力的核心是影响力。

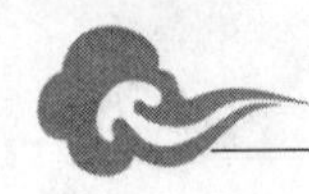

20世纪末，哈佛商学院的詹姆斯·赫斯克特（James L. Heskett）、厄尔·萨塞（W. Earl Sasser）以及雷奇汉（Frederick Reichheld）在《服务利润链》一书中综合了战略服务理论、顾客忠诚度以及员工忠诚度与企业利润的关系时指出，员工忠诚度是公司发展、受益、最终盈利的关键因素之一（刘莉莉，2004）。提高员工的忠诚度确实能帮助企业创造更多价值。企业领导力是员工保持忠诚度最重要的因素之一。

（3）执行力。

①“执行力”的含义。

在目前，“执行力”是企业管理领域比较流行的一个概念。但好像还没有见到管理大师对“执行力”做出一个比较权威的定义，大部分人对“执行力”有一个比较通俗地理解。“执行力”是“执行并完成任务的能力”，或者是“执行并实现企业既定战略目标的能力”。

战略正确并不能保证一个企业取得成功，而成功的企业一定是具备了正确的战略和卓越的战略执行力。执行力较弱的公司是成功可能性较小的公司。提升企业的战略执行力越来越受到中国企业界的重视。企业行动的结果往往与目标之间存在差距，战略规划是好的，主要原因是战略没有得到执行，致使上级的战略意图不能得到很好地贯彻落实，于是提出了“执行力”的概念。

②“执行力”的分类。

a. 个人执行力。

个人执行力表现为“执行并完成任务”的能力。企业中不同职位、不同岗位的人要完成不同的任务需要具备不同的具体能力。企业员工执行力构成要素包括战略理解力、时间规划力、程序设定力、岗位行动力、过程控制力与结果评估力，是一种合成力。越是处于高层职位的人

所需要的技能越全面，因此处于企业高层的职员所具备的执行技能要比处于中层的职员执行技能和普通员工的执行技能要求要高、更重要。企业执行力不强的责任完全归于下属是错误的，因为把任务简单地抛给员工，达到有效地执行的目的是困难的。如果上级明确了任务的完成要求包括达到的目的和时间要求等，并在下属执行的过程中阶段性地进行监管，如果下属最终不能完成任务，这说明下属的执行力比较弱。

b. 企业执行力。

企业执行力也是执行并实现企业既定战略目标的能力，是一种整体能力。如果企业的每一个成员单独的执行力都很强，这不一定使整个企业执行力很强，即企业执行力不等于企业每个成员个人执行力简单的算术和。原因是企业行为的整体性还反映各种资源配置的合理程度、信息传递的准确与速度、各个工种的协调分工好坏等条件。企业执行力主要由两个内容有机的组成：个人执行力和企业管理力。个人执行力由个人能力（业务技能）、能动性所决定；企业管理力由管理流程和业务流程决定。流程合理会使各种资源配置合理、信息传递准确、速度快、各个工种协调有序。

总结以上的研究，可以重申以下的结论：

人力资源是企业的第一资源，企业家和高级职业经理人是第一资源中的“黄金资源”。

9.3.4 新国线运输集团的职业经理人

在新国线运输集团里，有一支正在走向成熟的职业经理人队伍，他们逐渐地将新国线的事业作为自己的一种崇高职业，这与“新国线”的企业家倡导、灌输“新国线职业经理人”的理念是分不开的。

“新国线职业经理人”的理念有以下几个观点：

(1)职业经理人管理企业的最高境界就是取消自己，就是管理者与被管理者融于一身，让被管理者能够管理自己，而管理者淡出。

(2)企业管理的理论无所谓先进，只有实用。现在西方实行的弹性工作制，是人性管理，而我们的国情只能用满负荷工作制，只能够严格考核，现在的企业恰恰需要经理人表现自己，还没有到让经理人淡出的境界，要朝着这个方面去努力。怎么表现？比如，一是演讲的语言表达能力，正规场合没有很好的语言表达能力只会贻误商机；二是组织能力；三是公关能力；四是思维能力；五是决策能力；最后是创新能力，如果职业经理人没有创新能力，他也就称不上是一个好的经理人。一个企业没有创新就没有生命力，特别在知识经济的环境下。

(3)经理人必须在团队中树立自己的威信。威信不是任命的，不是别人可以给的，是自己树立起来的，威信也不单是职务，而是在职务上所表现出来的人格的魅力。经理人对公事处理不当会引起属下的不满和恐慌。

(4)四个“要”和四个“不要”。

①要以诚待人，不要文过饰非。要建造一个和谐的工作氛围，宽松的工作环境。“害人之心不在胸，何必用心去防人”。要用人之长，有容人之量，要用其长，克其短，要中和、不偏不倚，要追求一颗平常心。

②要集思广益，群策群力，不要孤陋寡闻，独断专行。“险峰无限好，高处不胜寒”，一个人的能力和单位的作用是有限的，正职与副职、上级与下级、左手与右手、各部门之间、内外关系，要处理好关系，发挥好作用，经理人要会用两个脑：“内脑和外脑”，“内脑”就是企业内部各

部门之间的协作,“外脑”是专家。

(5)关于企业董事长和总经理二元治理结构运作。

这是指集团下属公司董事长和总经理二元治理结构运作模式。要实现公司价值最大化,就必须以顾客为中心,以价值为导向,建立面向市场的流程组织结构、人员结构和岗位结构,重新构建公司的薪酬制度、利益机制和运行机制。同时配备董事长和总经理,是因为一个人的智慧、知识、技能、经验都是有限的,自律也是有限的。通过充实和加强企业的领导力量,有利于使企业的运作更加透明、公开,减少或避免出现决策上的失误,增强企业快速反应能力、盈利能力和抗风险能力,从而提高公司整体运行效率和市场竞争力。

企业董事长和总经理二元治理结构在运行过程中可能会出现了一些问题,这不是体制、制度的问题,而是人的问题。在国有体制下,同样有“公司法”、“五个工作条例”,很多国有企业的董事长、总经理却不能搞好团结,其原因主要是目标、胸怀和追求不一致的。对于一个企业而言,董事长和总经理的各项职责不可能划分得很细、很具体、很清楚,必然会出现工作衔接和交叉之处,无法准确界定,他们只有出于公心,以公司利益最大化为原则,以“两利相较取其大,两害相较取其轻”的态度去处理事情,就一定能够化解矛盾,达成共识。企业的董事长和总经理,都要围绕公司价值最大化的原则,去衡量、检讨自己的行为,建立与企业荣辱与共的合作友谊。在处理企业董事长和总经理之间关系时,双方为人处事的观念和习惯都很重要。

第10章 品牌资源

在英国酒业界排名第一的帝亚吉欧（Diageo）酒业公司的CEO保罗·华尔士曾经说过一句非常深刻、非常形象、让人深思的关于品牌的感言:"没有品牌,酒只是变味的水"。这是说明了不同品味产品的品牌的重要作用。在中国交通运输业,品牌意识显得特别薄弱。唯独民航有强烈的品牌概念,比如中国国际航空、东方航空和南方航空,不同的民航品牌,有着不同的产品及其特点。中国铁路几乎没有品牌,旅客乘坐的客车都是中国铁道部的,水运几乎也不讲品牌。尽管各地都陆续出现了道路运输企业的品牌,但整个道路运输行业的品牌意识还是很薄弱。最简单的例子就是:在大城市的道路客运车站售票处的时刻表上,只有发到站、发车时间、票价、车型信息,就是没有客运企业的名称和品牌的信息。再者,道路运输的乘客的品牌意思也不强,已经习惯于无品牌的状况。

实践证明,在企业创造价值的过程中,品牌的贡献是非常大的,因此毫无疑问品牌是企业资源,而且是重要资源,对于道路运输业同样如此。品牌是由众多要素构成的系统,企业其他资源对于品牌的正相关影响关系,品牌资源融合了其他资源,因此,将品牌资源安排在本书最后一个资源来论述。

本章首先介绍品牌基本概念,构建道路运输品牌系统的三层结构,并介绍新国线运输集团的品牌建设实践。

10.1 品牌的基本概念

关于品牌的论著是极其丰富的。有的围绕着品牌的影响论述(秋水,2004),有的是从品牌的经营来论述的(晓钟,1999),有的是从打造品牌的角度进行论述的(韩光军,2001)。但不管如何,关于品牌的基本思想是一致的。在对于品牌的论著中,主要涉及品牌竞争、品牌经营、品牌资本运作、品牌谋略、品牌定位、品牌发展战略、品牌延伸等概念。

在与品牌相关的概念中,有"产品"、"名牌"、"第一品牌"等内容。"产品"是"生产出来的物品"。不管是工业产品还是农产品,也不管是有形产品还是无形产品,比如运输产品。有"产品"不一定有品牌。大部分农产品没有品牌。有的小运输企业有客运产品,但它没有品牌。"品牌"达到一定的条件,就是"名牌"。"名牌"比"品牌"要高几个档次。"第一品牌"是"名牌"中的第一。企业要想创造名牌,就必须研究自己的目标社会公众的文化价值观、审美观以及特定的要求,只有这样,才能让顾客喜欢这样的品牌。

10.1.1 品牌、名牌、第一品牌

10.1.1.1 品牌

(1)品牌定义。

对于品牌至今还没有统一的定义。有的学者认为,品牌是商标(Trademark),尤其是指它的注册商标(Registered Trademark)。美国著名营销管理学家菲利普·科特勒说:"品牌是一个名字、术语、符号和

设计,或者是以上四种的组合,用以识别一个或一群出售者的产品或劳务,并以此区别其他竞争者”。大卫·奥格威说:“品牌是一个错综复杂的象征。它是品牌属性、名称、包装、价格、历史、声誉、广告等方式无形总和”。英国的保罗·狄金森说:“品牌似乎比政治家们更有影响力,品牌是一种承诺”。秋水先生说:“品牌的真正内涵是品质(P)、效用(X)和文化(W)在市场竞争过程中的不断提升与升华。品质产生的是吸引力(X);效用产生的是征服力(Z);文化产生的是崇拜力(C)。这XZC的聚合与升华,才能形成其他品牌所无可比拟的品牌魅力”。韩光军先生说:“品牌是消费者认牌购买的标志,是消费者记忆商品的工具。品牌是指能体现产品个性,将不同产品区分开来的特定名称、标志物、标志色、标志字以及标志性包装等的综合体”。品牌有以下几个构成要素:品牌名称;品牌标志物;品牌标志字;品牌标志色;标志性包装;品牌文化;品牌内涵;品牌价值。前五个是基本要素,后三个是高档要素。

从以上的一些观点可以看到,品牌是能与其他企业区分的企业形象、企业文化、产品质量、顾客认同等要素的综合性概念。品牌是承诺,也体现其个性化。形成独特风格和良好形象的品牌有利于企业稳定长期的销售,形成和保持强大的企业优势。品牌又是企业一种综合性的能高速增值的无形资源。在经济全球化和知识经济时代,品牌作为企业无形资产的一个重要组成部分,成为企业增值潜力巨大、增长速度较快的核心价值资源(陈政立,2002)。国内外许多知名企业的品牌、专利、商标等属于知识产权范畴内的无形资源的价值,已经远远超过有形资源的价值,正是在它们的帮助和保障下,企业的有形资源才得以取得效益、迅速壮大。在知识经济时代,创造、经营和管理顾客高度认同、信任与忠诚的强势品牌,是企业资源增值的关键。只有创造增值性的强势品牌,才能产生生产、顾客、资金、利润都纷纷聚拢的"洼地效应",带来庞大的周边收入,因而它是企业资源增值的重要内涵。品牌包含两种类型,一是产品(服务)的品牌,二是企业的品牌。有的是产品品牌与企业品牌是一个品牌名称,比如饮料"百事可乐";有的是企业品牌与产品品牌名称不一样,化妆品企业就是这样。

(2)品牌概念的三个层次。

"品牌"概念包含三个层次:①低层次概念:就一般意义而言,品牌指的是商标,尤其是指它的注册商标,品牌是一种识别。不同"商标"能将不同企业的产品和服务区分开来,也能将同一企业不同风格、不同功能的产品和服务区隔开来。②中等层次概念:品牌是一种理念,一种文化,一种价值。企业的经营过程就是让消费者、投资者、合作者和公众认同品牌的过程;品牌也是一种承诺,一种信誉;品牌是一种生活方式,尤其是对日常用品、房地产品以及运输产品来讲,品牌就是生活。③高层次概念:品牌是一种资产,是一种无形资产。当企业的某一产品失去生命力时,品牌可以作为新产品的开发平台。品牌还是战略资源,它对于企业长远的全局性的谋划和策略起到战略作用。

有了商标,产品就有了牌子。当说到牌子的时候,人们所关注的是它所代表的商品以及该品牌商品的质量、性能、满足效用的程度,人们还会认定该品牌的市场定位、文化内涵以及对它的认知程度等。总之,品牌所表征的还有它的市场含义。

(3)品牌的特征。

品牌具有以下四个特征:

①识别性:不同品牌无论从形象还是内质是不一样的,有其独特性和可识别性;

②针对性:品牌的价格、包装、形式等针对一定的消费市场;

③主导性:对企业内部来讲,企业内的所有活动都要以打造和维护品牌为中心进行工作;

④认同性:品牌既代表产品的质量、服务以及文化附加值,又表示企业经营理念和价值观。因此,顾客对品牌的认同就等于对产品的认同和对企业的认同。

(4)品牌发展的三个阶段。

①第一阶段,品牌只具有"区别其他产品"的功能;

②第二阶段,品牌对企业的产品与服务起保护作用,品牌成为企业高价值的资源;

③第三阶段,品牌与产品独立,为企业带来更大的价值。

(5)品牌分层竞争。

按品牌在市场上的地位,可以分为以下四类:领导型品牌、挑战型品牌、追随型品牌和补缺型品牌。领导型品牌是引领某种市场的知名或著名品牌,市场份额最大。在道路客运市场中,跨越十几个省市的长途高速客运企业只有"新国线公司"一家,因此,新国线运输集团将"新国线"定位于领导型品牌。"挑战型品牌"是指位于第二、第三名次的品牌,它们有可能向第一品牌挑战;"追随型品牌"是指那些尾随领导型品牌的位于挑战型品牌以后的品牌,它力图保持一定的市场份额,较少刺激市场。补缺型品牌就是基本上没有什么知名度的,专为局部服务的品牌,这类品牌大多由小企业经营,大品牌企业忽略或不关心这样的小品牌。

10.1.1.2　名牌

名牌就是著名的、有影响的品牌，是品牌中的佼佼者。“名牌是具有较高知名度和商业信誉的牌号，是名牌产品、名牌商标和名牌企业的总和”（肖廷方，2001）。产品—品牌—名牌三者具有这样的关系：品牌的“品”就是产品的“品”，两者有三个关系。一是每个品牌都一定会有一个产品，没有“品”也就没有“牌”，但有的产品就不一定有品牌；二是从产品到品牌，是一个脱去“产”而建立“牌”的过程；三是任何品牌都有成为名牌的可能，但不是所有的品牌都可以成为名牌。名牌就是著名的品牌，而品牌是否著名则是由品牌的物理性能和文化价值属性的高低好坏以及市场认可度所决定的。产品—品牌—名牌三者的关系是一个深入递进、逐渐走向高级的过程。

产品可以给顾客的一种知觉，而不仅仅是一种感觉。品牌相对于产品而言具有更高层次知觉。品牌不仅可以用来辨认，更可以给产品附加文化和精神内涵，使产品具有人性化。而名牌则是品牌的概念优化，表现为一种特定的具有某种精神、某种风格、某种氛围品牌形象。品牌形象绝不是品牌要素简单相加的总和，而是社会公众对品牌个性的整体认识和全面印象。对于制造业来讲，高质量的产品和优质的服务是塑造名牌形象的首要条件。而对于本身就是服务业的道路客运企业来讲，由于运输产品不同于其他可视的产品，具有特殊性，它只有“服务”。因此，对于道路客运企业，“品牌就是服务”也就再也确切不过的了。

在构成产品竞争力的诸多因素中，品牌既是一个决定性的直接因素，又是一个综合因素。品牌既与某一种产品相关联，又与产品的生产企业相关联，因此品牌又是产品质量和企业信誉的保证书。

当代的国际市场，产品的竞争越来越表现为品牌的竞争，品牌既是某种产品区别于其他同类产品的重要标志，又是区别不同等级企业的重要标志。

在品牌的概念下，运输产品与其他产品没有什么两样，运输产品的竞争同样表现为品牌的竞争。它不仅可以表现为同一运输方式内部不同运输企业的竞争，尤其是高速公路客运企业之间的竞争；也可以表现为不同运输方式之间的竞争，特别是高速公路客运企业与铁路客运企业的竞争。目前中国道路客运市场中，道路客运产品的生产者——运输企业以及道路客运产品的消费者对于品牌的意识都很薄弱，而且现实中，大部分道路客运产品又没有品牌。

在“新国线运输公司”成立之初，已意识到了品牌的重要性，并着手品牌的创建和维护工作。

10.1.1.3　第一品牌

第一品牌是指“领导品牌”团队中的“领头羊”，是具有领导地位和“霸主”地位的品牌。比如“国际航空”、“东方航空”和“南方航空”就是中国民航的“领导品牌”，目前还看不出谁是第一品牌。在道路运输行业，有覆盖“泛珠三角”、“长三角”、京津唐环渤海湾广大地区的“新国线”，有上海的“新世纪”和“巴士”，有江苏的“快鹿”，浙江的“浙江快客”，河北的“河北快客”等品牌，“新国线”要努力打造成中国道路运输第一品牌。市场经济条件下，企业走品牌发展战略之路是增强产品竞争力的必然选择。品牌战略也叫名牌战略，就是通过创立市场品牌，提高产品和企业的知名度，靠品牌来开拓市场，增大市场份额，提高产品的市场占有率和企业价值。

10.2 品牌资源的作用

品牌可以使顾客区分不同的产品,给顾客带来价值,也给企业带来价值。除此以外,对于中国道路运输业而言,品牌资源还有以下 3 个作用:

(1)唤醒、培养、启发和增强中国道路运输业和乘客的品牌意识。

当前,中国少量的大型道路运输企业已经认识到品牌对于企业本身的重要性,并正在积极地实践品牌创建和维护。但道路运输场站企业以及相应的管理部门的品牌意识比较薄弱,大多数乘客的品牌意识也相当薄弱,这是中国道路运输业在品牌问题上遇到的 3 个必须面对的"薄弱"实际。已经证明,顾客的品牌意识对于促进企业间的品牌竞争和行业的健康发展起到了基础性和关键性作用,所以,唤醒、培养、启发和增强道路运输业和乘客的品牌意识,不仅是行业主管部门的责任,同样也是大型道路运输企业的责任。先行一步给乘客带来价值的道路运输品牌,尤其是大品牌,可以通过自身品牌所代表的产品质量、优质服务和价值让乘客有意无意地去比较有关运输企业的运输质量,认同高品质品牌给他们带来的额外价值,从而唤醒、培养、启发和增强乘客群体的品牌意识,加速道路运输企业品牌的优胜劣汰。

(2)品牌满足顾客需求,适应市场,但也引导消费,引导市场。

一个成功的品牌一定是满足顾客需求,适应市场的品牌。这反映了成功品牌"被动性"的一面。如果不能满足顾客需求,不能适应市场变化,那么这个品牌就会被淘汰。一个领导型品牌不但满足顾客需求,适应市场,更重要的是它能引导消费,引导市场。法国巴黎众多的世界服装品牌引领国际时装潮流,引导顾客消费,引导服装市场就是最好的佐证。道路运输市场虽然与服装市场不一样,但品牌的引导作用是一样的。

(3)增强企业的合作优势。

强势品牌能提高企业的竞争优势,这是无可争议的了。但常常被忽略的是:好的品牌同样能增强企业的合作优势。这种合作优势是指一个企业在与其他企业合作过程中所表现出来的优势,也就是这个企业被别的企业选中为其合作伙伴的"吸引人"的长处,是给别的企业带来价值的主要因素。这样,强势品牌提高了企业的竞争优势,也增强了企业的合作优势。竞争优势与合作优势的合理组合形成了企业优势。

10.3　品牌是一个系统

创立并维护一个品牌,尤其是"名牌",影响的因素很多,比如外观包装、产品质量、内涵文化、宣传广告、法律环境等。因此,品牌是一个系统,品牌系统是由大大小小相互联系相互影响的各种"元素"所组成。

道路运输企业品牌系统主要由"内向因子"和"外向因子"两个子系统组成。品牌系统的"外向因子"子系统由品牌设计、策划、广告宣传、市场营销、运输服务质量、应用的高新技术(卫星定位系统 GPS)、车辆档次等主要面向企业外部的(因子或活动)孙系统组成。人力资源(包括职业经理人以及其他员工)、企业文化、能力资源以及营运线路网络(反映企业规模和影响的资源)都对品牌竞争力产生极大的影响,因此品牌系统的"内向因子"子系统由人力资源、企业文化、能力资源以及营运线路网络(反映企业规模和影响的资源)等主要是面向企业内的(因子或活动)孙系统组成。图10.1表示道路运输企业品牌系统的三层结构。图中,实线圆表示品牌系统,实线圆以外表示系统的环境。该系统有两个层次,虚线内是系统核心的外向因子,直接面向乘客,虚线外的因子是面向企业内向因子,这些因子不直接面向乘客,但对品牌建设和维护起到关键性的作用。同时,品牌系统还受它所在的外部环境的影响。影响道路运输企业品牌系统的环境因素主要有"中国加入WTO以及相应政策法规(包括道路运输市场开放性)"、"乘客需求"、"其他道路运输企业的竞争"和"铁路与民航等其他运输方式的竞争"等4个环境因子。将品牌作为一个系统来研究,目的在于提高品牌竞争力,进而提升企业优势。

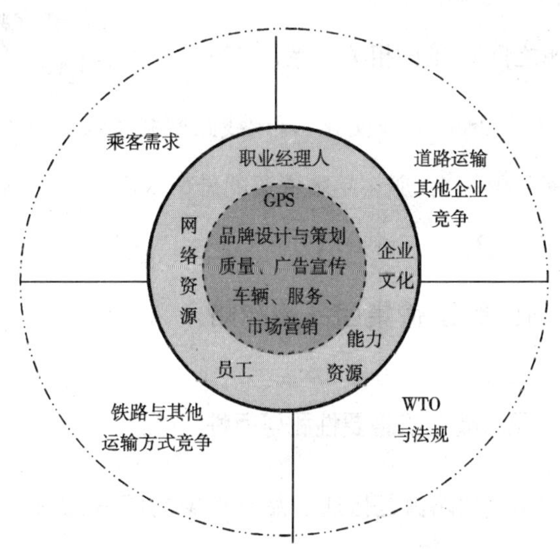

图10.1 "新国线"品牌系统的构成及其外在环境

10.4 道路运输企业的品牌资源与其他资源的关系

正如前面几章论述的,道路运输企业的资源由有形资源和无形资源组成,包括设备资源(车辆、场站、GPS)、人力资源、企业文化、营运线路网络资源、能力资源、社会资源以及品牌资源等。品牌资源与其他资源的关系如图 10.2 所示。由图可以看出,人力资源、企业文化、营运线路网络资源、能力资源等其他资源都会对品牌资源产生影响。其他资源与品牌资源之间存在正相关关系,即,如果人力资源、企业文化、营运线路网络资源、能力资源、社会资源等其他资源价值高,那么品牌资源的价值就高,相反则亦然。

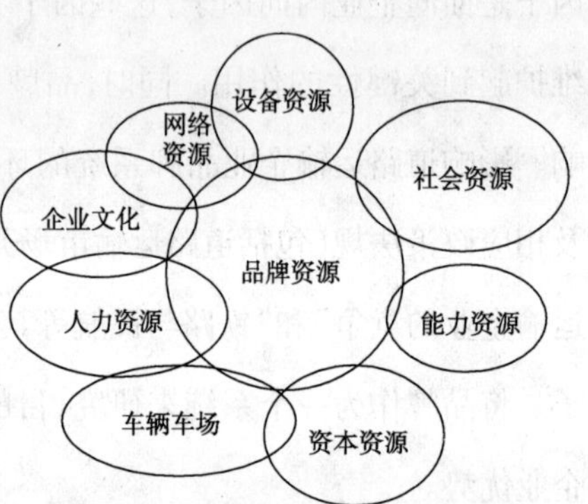

图 10.2 道路运输企业品牌资源与其他资源关系图

10.5 新国线运输集团品牌战略

10.5.1 品牌战略的重要性和可行性

所谓品牌战略就是指通过品牌形象的塑造,提高企业及其产品竞争力的战略。企业通过创立和利用强大的品牌资产,提高产品和企业的知名度,靠品牌来开拓市场,增大市场份额,提高产品的市场占有率。从而获得生存和发展的战略。名牌战略是企业在质量竞争和品牌竞争中获得优势的一种重要方式。

“新国线”要打造成中国道路运输第一品牌，必须实施第一品牌战略。所谓第一品牌战略是指，旨在“新国线”在道路运输市场中取得领导型品牌并达到第一的地位的重大的长远的全局性的谋略，它是企业发展战略的一个子战略，它又由若干孙战略（商标、投资等）组成。

10.5.1.1 品牌战略的重要性

品牌战略的重要性可以用以下几句话来描述：

(1)品牌是企业进军市场的战旗。

自古商场如战场，商家的攻城掠地，品牌就是旗帜。创建的新国线品牌同样也是进军全国道路运输市场的旗帜。“中南股份”要走出深圳，走向东南沿海，走向全国，必须做品牌，因此选择“新国线”作为品牌。新国线公司宣布，走出地域，做全国性道路运输网络，打造中国道路运输第一品牌。这是一个由事业做载体的品牌。本来在一个地方，道路运输竞争已经是白热化了，凭什么人家会支持新国线公司，让“新国线”进入它的地盘，靠的是做事业的“新国线”品牌。

(2)品牌是企业的形象代表。

无论是在国内还是在国外，品牌一旦树立起来，它代表着一定市场定位的企业形象。绝大多数的消费者认识企业是先从认识品牌开始的。现在，与新国线集团合作的“灰狗”加拿大汽车运输公司，以及国内的道路运输大企业以及铁路运输企业企业已经从新国线品牌认识到“新国线运输集团有限公司”是一个全国性、网络化具有一级经营资质的道路运输企业。现在道路运输企业的管理模式依然有3种：公车公营，公车私营和私车私营。后两种模式的规模小、实力差、服务坏、形象劣、利润低；而公车公营的规模化、集约化经营就会有利于道路运输结构的调整，有利于扩大规模、增强实力、改善服务、改变形象、提高利润。

新国线公司实行的是规模化、集约化的“公车公营”制，是国家交通运输部提倡的方向，因此具有示范作用、标杆作用、领先作用。

(3)品牌是企业经济实力的象征。

新国线品牌已经让人们知道新国线运输集团是一个具有相当经济实力的企业。

品牌是企业总体战略的核心。一个企业的总体战略往往涉及很多方面，在企业的整体战略系统中，所有的战略目标、战略重点、战略步骤等，都要围绕一个战略核心来进行。有的企业以产品为核心，有的以技术为核心，有的以质量为核心，有的以资金为核心，而所有这些应该说都没有真正抓住问题的本质。所有这些在企业的发展战略中，都是为提高企业的竞争力服务的手段。而要从根本上提高企业的竞争力，就必须努力提高企业品牌的知名度、含金量和竞争力。因此，“品牌竞争力”才是企业总体战略运作的核心。尤其对于刚刚起步而目标远大的新国线运输集团，品牌如同企业的生命。新国线运输集团只有通过品牌战略，才能提高公司的知名度和影响力，达到打造中国道路运输第一品牌的目的。

10.5.1.2　品牌战略的可行性

品牌竞争并不是对所有产品都适用的，它有一定的市场前提，它必须是在竞争充分的大宗贸易市场上才能充分发挥作用。对于一般可贸易性较差的产品，不存在品牌的竞争，如电力、自来水、有线电视网等几乎不存在品牌的差异。而对于个别寡头垄断的全球市场，品牌的竞争力也在弱化，如民用飞机制造业等。至于道路运输服务行业，虽然其产品有自身的特殊性，但是不同道路运输公司提供的服务产品的差异可以通过乘客的反映体现出来。因此，实施品牌战略，对于运输行业是可

行的。当前,中国道路市场已具备了竞争的条件,实施品牌战略对于道路运输企业是可行的。

10.5.2 “新国线”品牌战略的跨越式发展

在市场经济条件下,实施品牌战略是提高企业战略体系中的一个极其重要的子战略。新国线运输公司成立时间不长,“新国线”在国内是一个崭新的品牌,因此确定并实施“新国线”品牌战略是企业发展的要求,是历史的必然。对于品牌意识不强的道路运输业和道路运输的乘客、用户,实施“新国线”品牌战略更具有前瞻性。

一般而言,一个新生的品牌要成为一个知名品牌,要经过城市性品牌—区域性品牌—全国性品牌—国际性品牌这样一个渐进的过程。比如,四川的希望集团,从1988~1992年一直经营四川省的市场,这相当于处在“城市性品牌”的最低层次的市场,慢慢向中国西南三省区域性市场拓展,在站稳了区域性市场以后,马上进军全国市场,现在已经是中国饲料行业的领导品牌。

“新国线”品牌的诞生正处于天时地利人和的最好的时机,正在实施“跨越式的品牌战略”,并已经取得了突出的成果。新国线的“跨越式的品牌战略”指的是:“新国线”的母公司“深圳中南”,本来是“城市性品牌”,现在“新国线”正瞄准“全国性品牌”,在稳扎稳打地推进着,而且正在奋斗,打造“中国道路运输第一品牌”。从“城市性品牌”直接进入“中国道路运输的第一品牌”,跨越了“区域性品牌”这个阶段。

新国线品牌具有以下特色:

①“新国线”的网络运输战略本身就是品牌,特色之一就是“新国线”是做事业的;

②结点运输；

③科技进步:在道路运输的生产和管理中应用高科技手段和方法，如 GPS 系统等；

④星级服务:高端的车辆选型，统一的服饰和标识，星级服务的导乘员；

⑤有特色的企业文化。

10.5.3 品牌经营

10.5.3.1 经营与管理

(1)管理学界对经营、管理两个概念的不同看法。

①经营、管理等同论。在西方的管理理论中，企业经营与企业管理同为一个概念，没有什么区别，英语单词都为 Management，它既可译为经营，又可译为管理。

②大经营论。认为经营是大概念，管理是小概念，经营包含管理，代表人物是法国工程师法约尔。他认为管理仅是经营六项职能活动(技术、商业、财务、会计、安全及管理活动)之一。《现代汉语词典》是这样解释经营词条的:经营是指筹划与管理。

③小经营论。认为经营是小概念，管理为大概念，管理包含经营，管理的范围很广，不仅企业有，机关、学校等各行业均有，有人类的共同劳动就有管理，它随着共同劳动的产生而生、消亡而亡；而经营则是商品经济的产物，随着商品经济的产生而生、消亡而亡。

④不同论。认为两者密不可分，相辅相成，合起来称为经营管理。经营侧重于战略方面，主要是确定企业的经营方针、方向、目标、战略等全局性、根本性的问题，解决干什么的问题；而管理则侧重于战术方面，

主要是执行性的活动，是企业方针、目标、战略的具体化，解决怎样干、怎样干好的问题。两者缺一不可，只有共同做好了，才可使企业腾飞。

但是在我国，经营作为概念被真正提出来的是在1979年以后，在经济体制的改革、扩大企业自主权、实行对外开放等形势下才出现的。当企业从生产型转为生产经营型，企业管理重点也从生产管理转向了经营管理。

（2）对经营认识的不断深化（朱永法，2004）。

对经营认识可分为以下三个阶段：

①把经营理解为销售。在1979年以前及以后一段时间，体制改革后，企业与市场联系增加，企业完成生产任务后，主要工作是如何抓好销售。

②把经营管理作为产品决策和产品销售。1980～1981年初，国民经济调整时期，不少产品销售成了问题，于是就感到必须实行从以产定销转到以销定产，于是就有了这两项内容。

③把经营理解为生产过程和流通过程整个再生产过程的管理。从20世纪80年代中期以来，多数企业把生产与决策、订货、销售、企业内部管理等看作一个有机结合体，解决有关企业生存和发展的战略性、全局性、根本性和命脉性的问题，因而管理的重心在经营，而经营的重心在决策。

（3）对于企业经营、管理的新理解。

经营与管理在企业的范畴内是两个相互联系又突出差异的狭义的定义。

①经营是商品生产者以市场为依托，以商品生产和商品交换为手段，为了实现企业的目标，使企业的生产技术、经济活动与企业的外部

环境达成动态均衡的一系列有组织的活动。这些活动主要面向市场和顾客,即“对外”。

②管理是针对企业人、财、物、信息等资源的计划、组织、控制、协调等一系列活动。这些活动主要面对企业内部的所有机构、部门和人员,即“对内”。

10.5.3.2　品牌经营

(1)企业经营。

①定义:广义地讲,企业经营是包括企业生产活动在内的企业供、产、销活动的总体;狭义地讲,企业经营只包括企业生产所需资源的供应和产品的销售活动(刘冀生,1998)。

②经营目的。企业经营的目的是为了追求企业价值最大化,其核心是利润最大化,兼顾所有者利益最大化、经营者利益最大化和社会效益最大化。

追求所有者利益最大化的是私营业者或个体户,其企业价值观和经营目标不符合永续经营的规则;追求经营者利益最大化的是国有企业的经营者或是所有者缺位,目前我们的企业所有者已经到位,经营者利益最大化就无法实现;追求社会效益最大化的是福利机构、国有资本,因此我们的企业也不可能单纯地追求社会效益最大化。

利润最大化是资本运营追求的目标,其本质是成本最低化,实现的根本途径是收入最大化,但没有收入最大化,光有成本最低化,其边际量不会增大。利润最大化涉及利润和资本两大概念。资本是能够带来剩余价值的价值,这是马克思主义的基本定义。凡是不能带来剩余价值的资产就不是资本,就要予以处理;凡是带来剩余价值回报率低于银行利息的就要设法扭转,扭转无望的要考虑是否是战略需要或是未来

发展需要，如果既不是战略需要，又增长无望，就要及时处理、变现。资本存在的形式是资金和资产，组织考核的方法和管理的方法是财务。增长的责任在于经营，经营责任人要对资本保值和增值的实现承担终极责任。

（2）品牌经营涵义。

品牌经营是企业经营的一个组成部分。不管是广义企业经营涵义还是狭义企业经营含义，企业经营的是产品。随着市场竞争的加剧，单纯的产品经营已不能使企业价值快速增值，因此企业从产品向顾客转移，向市场转移，向品牌转移（Paul Temporal，2000），重点突出品牌经营。品牌经营是指要以品牌价值作为经营目标，将品牌作为企业的核心价值资源对外经营。企业要整合能提升品牌资源价值的相关的其他资源，从而使企业价值快速增值。市场竞争越激烈，品牌效应就越大。高质量产品、优良的服务水平等对企业是重要的，但它们是品牌资源系统的组成部分。企业只有抓住"品牌经营"这个"纲"，才会"纲举目张"。这样，企业才抓住了的重点，抓住了关键，抓住了主要矛盾。品牌资源与企业价值的关系最密切、最直接，也因为品牌资源所蕴涵的企业价值远远超过制造商品或提供服务的资源的价值。品牌经营已经成为全球企业认可的十分大胆的一种经营方式，并上升为一种战略——品牌战略。产品、广告、促销、价格等必须服从"品牌经营"的需要，成为战术。

产品市场的不完全性使少数企业获得产品差别价格操纵商标等垄断优势，要素市场的不完全性为少数企业带来了诸如专利管理技巧获得资本的特殊便利等垄断优势。此外具有垄断优势的企业还可以通过一体化经营方式获取规模经济效益（海默，1976）。企业的垄断优势至少可以从以下四种不完全竞争市场中产生。一是产品市场不完全,它是由于商品差异、商标特殊的营销技巧或价格联盟造成的;二是要素市场不完全,它包括受专利制度保护的技术特殊的管理技能;三是由于企业拥有的内部或外部规模经济所造成的市场不完全;四是政府的干预和政策也可能导致市场不完全(金德尔伯格)。中国的道路运输市场具有市场不完全性特征。像新国线集团这样的少数企业完全可以利用市场不完全性所产生的企业特定优势进行品牌经营,对相关企业进行控制,以获得足够的回报,使自己具有初级垄断优势。

市场的不完全性主要来自于四个方面:由产品差异、营销能力的不同所导致的市场不完全性;由专利保护、专有技术和管理水平等因素的差异所导致的市场不完全性;由企业规模经济所导致的市场不完全性;由政府对于符合运输结构调整的企业政策干预所造成的市场不完全性。像新国线集团这样的少数大型企业不必也不能利用所有的市场不完全性,只要利用产品差异、营销能力的不同所导致的市场不完全性、管理水平等因素的差异所导致的市场不完全性、由企业规模经济所导致的市场不完全性和由政府干预所造成的市场不完全性就足矣。

(3)品牌经营的特点。

①长期性:一个新创立的品牌只能经过长期艰苦的经营,才能成为市场认可的好品牌,才能成为领导型品牌。在知识经济时代,高科技行业可以不借鉴旧经济时代品牌百年树人的长远战略,但道路运输企业要创建领导型品牌必须经过长期艰苦的经营,凭借智慧和胆略,确立“百年树品牌”的思想。

②独特性:这是指品牌经营过程与其他企业相比要有自己明确的特色。这种独特性既反映在品牌创意、品牌设计和广告宣传等方面,又

反映在品牌所含有的独特文化价值、自身价值和审美效能等方面,从而使品牌具有强大的竞争力。

③名利性:这是指在品牌经营中,会遇到"名"与"利"的关系。品牌资源即宝贵又脆弱,宝贵的是能给企业创造价值,脆弱的是容易遭受到企业内部某些环节自身的破坏。企业各个部门要始终如一地保护品牌的认同度、信任度和忠诚度,不能使品牌受到破坏、滥用和侵犯。广告宣传是品牌经营的一个方面,更重要的是市场的认可度——声誉和价值。在品牌经营中,遇到"名"与"利"有矛盾时,"名"永远是主导性的、第一位的。

10.5.3.3 新国线品牌经营

(1)塑造品牌。

在品牌的设计与策划方面,品牌的标志是五颗星和两头大象巧妙地组合构成"XGX"字样的图形。五颗星意味着新国线快车提供的是五星级服务,而两头大象代表着实力雄厚的公司形象,新国线快车的安全可靠。

在广告宣传上,新国线运输公司在成立之初,为了让更多的乘客知道和了解新国线快车,在公司所设立的驿站设置大型横幅广告,在平面和立体媒体做广告,同时在营运车上的方便袋、靠背套上印制了"新国线"的字样做宣传,向乘客赠送印有新国线快车广告的小礼物。

在市场营销方面,新国线运输公司给乘客发放优惠卡。服务方面,新国线快车上的女服务员和驾驶员都是经过严格挑选并参加过培训的,服务热情周到。新国线公司选择质量上乘、车型新颖豪华坐车和卧车作为营运客车,并提供饮水和一顿免费餐,以营造新国线公司中上层档次的服务形象。为方便无成人陪伴的儿童,趁寒、暑假在京沪之间

“走亲戚”,新国线运输公司推出了“邮寄”学龄儿童服务新内容。

技术上,所有新国线快车都采用调度监控管理系统GSM和卫星定位系统GPS和基于互联网的高速公路客运物流管理系统。通过该系统将京沪高速公路沿线各成员企业联系在一起,可以全天候为乘客提供及时的乘车信息,使企业能够优化客流物流供应链,进而有效控制运输和配载成本,实现结点运输经济效益的最大化。

人才方面,新国线运输公司挑选、培养大学毕业生,经过锻炼,担任重要岗位工作。重视职业经理人的选拔。让他们深入基层,凭着高度的责任心和事业心投入工作。

通过资产重组、投资加盟、增资扩股等实现资本扩张,打造“新国线”品牌。公司在通过商标、广告、市场营销、质量、技术、人才等战略要点的实施,不懈努力地提升“新国线”品牌的内在价值。

(2)“新国线”品牌经营。

新国线运输集团将“新国线”品牌作为最重要的一种资源来经营。在“新国线”品牌创立之初,“新国线”品牌就是京沪高速公路客运产品,随着“新国线”品牌经营的深入,“新国线”品牌不仅仅是高品质道路客运高速产品的代名词,而且还表示了中国唯一的、第一个能覆盖全国的道路运营网络,还表示了交通运输部及其领导对的新国线集团坚强政策支持,还表示了新国线运输集团成为中国道路客运第一品牌的坚定决心和实践,还表示了新国线集团对于国内同行和国外同行的强大吸引力,还表示了“坚持诚信、渴望创新、科学经营、注重业绩”的新国线运输集团核心价值观。“新国线”品牌经营的内容很多,本文仅将涉及国际性的品牌经营内容表述如下。

①主办2002′中国道路运输发展论坛。

经交通部批准,2002 年 10 月 21 ~22 日,新国线集团公司与包括中国道路运输协会在内的其他五个单位联合主办了“2002′中国道路运输发展论坛”。中国著名经济学家、交通部及省市交通主管部门领导、中外企业界人士、运输界专家学者以及新闻媒体近500 人参加了这次中国道路运输发展论坛。30 多家媒体参加了采访并对论坛的盛况进行了报道,其中香港媒体2 家,大陆平面媒体15 家,中央及地方的通讯社、电视台5 家。

作为发起和承办单位的新国线集团公司成功地举办了中国道路运输界迄今为止规模最大、层次较高、范围较广的高层论坛,其意义深远。这不仅对中国道路运输的结构调整、集约化经营和科技进步起到了极大的推动作用,而且实实在在地扩大了“新国线”品牌在全行业乃至全社会的知名度和影响力,对于今后“新国线”的跨越式发展起到了极大的促进作用。举办“2002′中国道路运输发展论坛”是“新国线”实现自己发展战略目标中关键的具有里程碑意义的成功的一步“棋”。

②与世界道路运输巨头——北美“灰狗”加拿大汽车运输公司结盟。

2002 年 10 月 21 日,世界著名道路运输企业——北美“灰狗”加拿大汽车运输公司与新国线运输集团公司正式签署了在道路运输集约化规模化经营等一系列项目合作协议,这是我国道路运输企业首次与“灰狗”公司携手合作。双方将在管理技术、小件快运、国内国际旅游运输等方面进行合作。

③参与“第 53 届世界小姐大赛总决赛”和“2003’新丝路中国模特大赛”。

新国线运输集团参与这两个大赛,成为这两项大赛的指定唯一用车单位。在第53届世界小姐总决赛,共有106个国家和地区的106位选手,有来自11个国家和地区的11位评委,有90多家媒体200多位记者前来采访。这次大赛向168个国家和地区同步直播,共吸引20亿观众。这106位世界佳丽在近一个月的时间内在香港、西安、上海、北京、海口、三亚进行外景拍摄和巡游,并参加一些公益慈善活动,"新国线"成为大赛的指定用车。"新国线"接待用车在上述五个城市受到1000万人次的围观,超过10000警力为新国线车辆"保驾护航"。有关领导、嘉宾和106位世界佳丽乘坐"新国线"快车。这些必然扩大新国线品牌的影响力,增加新国线品牌的内涵——道路运输的舒适、安全、一流服务与美丽同在,打造美好生活。新国线运输集团通过这两个重大活动,向世界展示"新国线"的理念与追求,展示新国线企业和品牌形象。

④"新国线"跨出国门,参与中越边境国际道路客运。

2005年4月26日下午1点,两辆披挂红花的新国线豪华大巴徐徐通过广西东兴边境大桥,驶向越南国界,这标志着新国线运输集团具有了"中国南宁—越南下龙"和"中国北海—越南下龙"两条线路国际道路运输线路经营权。这是新国线集团走向国际、实现"中国道路客运第一品牌"的战略目标的又一重要的关键的一步。中越国际道路运输线路的开通,为加快了构建东南亚交通新枢纽的步伐,促进了两国道路运输业发展,进而扩大了两国经济贸易往来,为中越"两廊一圈"经济一体化做出了积极的贡献。

通过品牌的创建和维护,"新国线"已形成了自己的品牌核心优势力。"品牌核心优势力"是指新国线品牌吸引道路运输业中其他企业投资、入股、加盟、特许、代理、协作的主要优势。现在不仅中国道路运

输业其他企业，而且世界道路运输巨头——北美“灰狗”加拿大公司被新国线品牌的核心优势所吸引，今后可能有行业外的大企业所吸引。

在中国道路运输业结构性调整进入关键时期，在实现道路运输业新的跨越式发展进而加强国际道路运输合作，实现道路运输业全面对外开放，树立我国道路运输行业的国际形象的过程中，唤醒、培养、启发和增强道路运输业和乘客的品牌意识，树立若干个中国道路运输自己的强势名牌就显得尤为重要。品牌是给企业带来价值的资源，中国道路运输企业的强势品牌也是为中华民族带来荣耀的资源。品牌是一个系统，确立企业的强势品牌要从其他资源入手，其他资源价值与品牌资源的价值存在正相关关系。

第11章 道路运输企业资源系统协调和资源优化配置

企业资源系统是否协调,资源是否优化配置将直接影响企业的成本支出、企业运作效率、企业管理水平,并影响企业战略目标的实现。因此,企业有了众多资源,如果不能优化配置,资源系统不协调,那么总体效益就不能充分发挥,甚至会浪费宝贵的资源。本章首先介绍协调理论的研究成果,给出道路运输企业资源协调的概念,在道路运输界第一次运用协调度模型,对新国线运输集团的资源系统的协调度进行了计算。本章还介绍了资源优化配置的概念,并对"兆通股份"的资源优化配置的实践进行了介绍。

11.1 协调理论

系统协调是指,为了实现系统总体的目标,各子系统或各元素之间相互协作、相互配合、相互促进而形成的一种良性循环态势,体现系统由无序向有序的演进过程。作为一种管理职能,协调是围绕组织发展目标对组织整体中各种活动的相互联系加以调节,使这些活动有机地结合在一起,减少矛盾,相互配合,促进组织目标的实现。

关于系统协调已经了有较多的研究成果,有的着重复合系统协调,有的研究经济与环境的协调,有的研究经济与人才的协调, 有的研究

经济与科技的协调(孟庆松,1998),有的研究经济与交通的协调,不少是研究协调模型的。根据协同理论,借助于多目标决策技术的功效函数,建立了协调度模型,来评价协调发展状况。

对于可持续发展系统理论,袁旭梅等(1998)和李艳等(2003)提出了复合系统的协调理论及模型。吴跃明等(1996)将环境与经济作为一个系统来研究,系统具有 k 个目标,其协调度 C 的计算公式与王维国(2000)提到的功效系数法是一致的。用 n 个序参量的功效构成其协调度 C 的积法公式和加权和法公式,这与其在文章前部分的 k 个目标的功效构成公式是不一致的。刘兵等(2002)将包括经济发展、人才发展、经济+人才关联在内的三个子系统构成了人才与经济系统。在求协调系数时用到了第 k 年第 i 子系统第 j 指标的增长率概念。刘兵将环境与经济作为一个系统来研究,在这个系统中存在环境与经济两个子系统,协调度模型只适合两个子系统的大系统。如果超过两个,这个模型就不适用了。

孟庆松等(1999)对复合系统整体协调度模型进行了研究,其子系统的有序度相当于功效数,复合系统的协调度方法也相当于功效数法。对于交通与经济协调问题,程祖德(1996)和汪传旭(1999)对交通系统与经济系统发展的协同性进行了研究。程祖德等用协同论定性地分析了处于独立的交通和经济两个系统的相互关系,但没有从定量上研究。汪传旭确定了交通与经济协调发展指标体系,并运用大系统理论与方法,建立了反映交通运输与经济协调发展程度的协调发展指数与相应的定量分析模型。此模型突破常规的“加权加法评分法”,根据专家法确定子系统间指标的影响程度,采用了“改进加权加法评分法”,计算协调发展指数。由于专家法的某些限制,交通与经济两个子系统的指标数不易太多,因此汪传旭的指标体系不能更全面反映两个子系统的运行效果。

王道平等(2002)运用计量经济学回归分析和模糊数学方法计算包括多个子系统的复合系统,建立了可以评价区域可持续发展状况的定量评价模型。李崇明等(2004)运用系统科学理论方法分析了复合系统,由于该文所分析的是资源环境子系统与社会经济子系统所组成的,子系统之间是此消彼长的关系,文中分析了系统呈周期性的演化轨迹,这点与经济—交通运输复合系统不同。外文文献中,有关交通运输方面的研究主要集中在交通可持续发展研究上。陶得(Todd,2003)构建了交通运输可持续发展指标体系,分别在经济、环境和社会三个方面相互协调的前提下,给出了综合评价指标体系。由于指标量化存在一定难度,没有建立定量评价模型。邱菀华(2002)从减少交通运输系统对环境影响着手,对交通运输可持续发展进行了研究,只作定性分析,没有量化模型。

11.2　道路运输企业资源系统协调的概念

(1)道路运输企业资源系统在图12.1全面地表示。

为方便研究,选这个系统的上面3级,如图11.1所示。最低层有8个资源构成,它们分别是属于有形资源的人力资源、线路网络资源和车辆车场资源;属于无形资源的资本资源、能力资源、品牌资源、企业文化资源和社会资源。在本章的研究中,不再细分这8个最低层资源指标。

(2)道路运输企业资源系统协调概念。

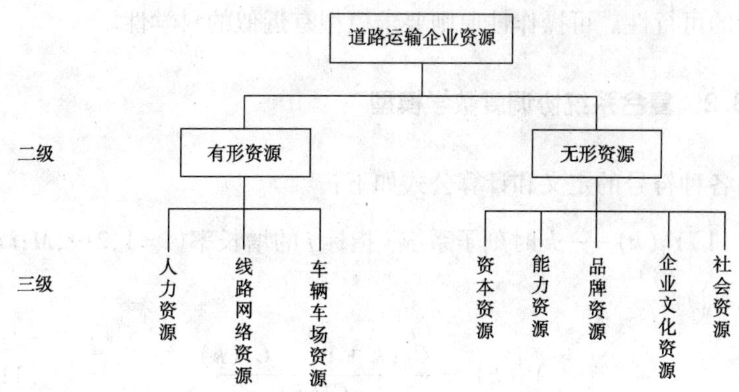

图11.1　道路运输企业资源系统层次结构

道路运输企业资源系统协调是指,为实现资源系统总目标,企业资源系统的两个子系统(有形资源子系统与无形资源子系统)之间相互匹配、相互配合的状态。企业资源系统协调程度将直接影响企业的成本支出、企业运作效率、企业管理水平等。

11.3　道路运输企业资源系统协调度模型

11.3.1　协调度模型设计的原则

(1)科学性原则。

科学性原则有两方面的含义:一是模型设计合理,符合资源系统运动的规律特点;二是模型的要素选择合理,这是协调度模型设计的关键。

(2)可操作性原则。

系统相互联系的特征及层次往往使系统无限可分。如对系统划分过细,协调度模型指标选取过多,模型结构过于复杂,则会失去使用价值。协调度模型规则要适当,粗而不失描绘对象的主要本质,细而不失运用的可行性。可操作性原则要求模型有近似的科学性。

11.3.2 复合系统协调度数学模型

各种符号的定义和计算公式如下：

(1) $Y_{ij}(k)$——k 时刻子系统 i 指标 j 的增长率（$i=1,2\cdots,M;j=1,2\cdots,N_M$）。

$$Y_{ij}(k)=\frac{C_{ij}(k+1)-C_{ij}(k)}{C_{ij}(k)} \tag{11.1}$$

式中：$C_{ij}(k)$——时刻 k 子系统 i 指标 j 的原始数据。

(2) $Z_{ij}(k)$——$Y_{ij}(k)$ 的无量纲化值（$i=1,2\cdots,M;j=1,2\cdots,N_M$）：

$$Z_{ij}(k)=\frac{Y_{ij}(k)-\min Y_{ij}}{\max Y_{ij}-\min Y_{ij}} \tag{11.2}$$

式中：$\max Y_{ij}$，$\min Y_{ij}$——子系统 i 指标 j 在所有时刻 k 的极大值和极小值。

(3) $P^{i_1,i_2}(k)$——由专家确定的、k 时刻子系统 i_2 的所有指标对子系统 i_1 所有指标影响程度矩阵，该矩阵元素值 $p^{mn}(k)$ 用 0.1～0.9 之间的数值表示（m 表示子系统，n 表示子系统 m 的指标）。数值越大，影响程度越大。一般情况下，指标影响为正面时，取 $p^{mn}(k)>0$；反之，$p^{mn}(k)<0$；若无影响时，$p^{mn}(k)=0$。

(4) $A_{ij}(k)$——其他子系统的指标对子系统 i 指标 j 的总影响量：

$$A_{ij}(k)=\sum_{m=1}^{M}\sum_{n=1}^{N_M}p^{mn}(k)Y_{mn}(k),(m\neq i,i=1,2,\cdots,M) \tag{11.3}$$

(5) $X_{ij}(k)$——协调系数，它是其他子系统的指标对子系统 i 指标 j 的综合影响：

$$X_{ij}(k)=\frac{A_{ij}(k)}{\sum_{m=1}^{M}\sum_{n=1}^{N_M}A_{mn}(k)},(i=1,2,\cdots,M;j=1,2,\cdots,N_M) \tag{11.4}$$

(6) $H(k)$——资源系统协调度：

$$H(k)=\sum_{i=1}^{M}\sum_{j=1}^{N_M}X_{ij}(k)Z_{ij}(k) \tag{11.5}$$

该模型的构建思路是以模糊综合评价为依据,其模型的要素包括反映协调程度的量(协调系数)和体现发展水平的量。资源系统中每个状态变量 $Y_{ij}(k)$ 的协调变量 $Z_{ij}(k)$ 取其他子系统的变量对子系统 i 变量的综合影响结果,可间接反映协调程度。而经过规范化处理的无量纲指标 $Z_{ij}(k)$ 本身反映了 $Y_{ij}(k)$ 的发展水平,直接取为发展量。

11.4　新国线运输集团资源系统协调性分析

11.4.1　资源数据

收集的资源数据,从 2001 ~2004 年共 4 年,主要是增长率数据。

11.4.1.1　定量数据的确定 (以 2003 ~2004 年为例)

(1) 人力资源。

①2003 年新国线运输集团的驾驶员约 2300 人,乘务员约 1600 人(不含新国线集团控股的中南运输集团)。2004 年集团的驾驶员约 2900 人,乘务员约 2000 人(不含新国线运输集团控股的中南运输集团)。2003 ~2004 年,集团下属公司的驾乘人员需求与实际数基本平衡,驾驶员均持有各类驾驶执照,上岗时接受相应的培训,统一着装,统一佩戴工牌上岗。

②职业经理人的人数、平均年龄、平均管理年限、学历(高中、专科、大学本科、硕士、博士)及相关人数(对各经理人的评价:创造力、执行力、对本企业的忠诚度、盈利能力、市场竞争力)。

新国线运输集团职业经理人界定范围为:集团本部职能部门经理及下属公司总经理以上的管理人员,具体情况如下:

职业经理人为47人(其中:集团本部职能经理级以上人数为18人;下属企业总经理人数为29人);职业经理人平均年龄为42岁;职业经理人平均管理年限为17年。

职业经理人学历分布情况为:具有博士学历的2人、具有硕士学历(含研究生)5人、具有本科生学历24人、具有专科学历11人、具有高中以下学历5人。

(2)资金资源。

每月的线路经营资金需求量与实际供给量如表11.1所示。

新国线集团线路经营资金需求量与供给量明细表 表11.1

年 度	供 需	月 份		
		1~6	7~12	合计
2003年	需求量	9450.93	9249.03	18699.96万元
	供给量	9733.91	9495.61	19225.52万元
2004年	需求量	14955.83	14856.50	29812.33万元
	供给量	15404.51	15299.19	30703.70万元

(3)车辆资源。

每月车辆需求量与实际供给量:

2003~2004年期间,集团下属公司现有在经营线路上的运力需求与实际供给平衡;从2005年以来的相关数据分析看,在对运力不足的线路进行相应调研分析、论证后,运力需求问题基本上能得到及时的解决。

集团下属公司直接经营班线每月对运力的需求在350~365辆之间,实际供给也在360辆以上,基本可以满足现在营运班线上乘客的乘车需求。

(4)线路资源(线路长度、线路经过的县市数)。

集团下属公司现有线路分布与行车走向:4 个直辖市、17 个省,具体线路略。

11.4.1.2　定性数据的确定

定性数据用满意程度水平来表达。

(1)与政府关系。

新国线运输集团与交通运输部和各地政府及行业主管部门都保持良好关系,并得到了各地政府及行业主管部门的大力支持。

2002 年 10 月,新国线运输集团经国家交通部批准,与中国道路运输协会等 5 家单位,成功举办了中国道路运输发展论坛。国家交通部领导、各省主管道路运输的副厅长以及国外著名运输企业领导参加了会议,对新国线运输集团予以高度评价。

2003 年 12 月,赞助了三亚世界小姐选美活动,新国线提供交通服务,得到了海南省、三亚市政府的充分肯定,为新国线在三亚运输市场的发展奠定了坚实的基础。

2004 年 10 月,新国线成功赞助了在黄山举行的第六届国际民间文化交流节。新国线运输集团董事长王永立也是中国道路运输协会副会长、中国道路运输协会旅游运输专业工作委员会主任,在全国道路客运行业具有较大影响。

(2)与车辆制造企业的关系。

由于新国线运输集团的规模较大,车辆需求也不断增加,为使集团的车辆采购价格最低,车辆性能最优、售后服务质量最好,新国线集团与中通客车公司建立了良好的战略合作伙伴关系。由于新国线运输集团使用中通客车公司生产的车辆,使得该公司的车辆销售不断扩大。

这种战略合作,双方受益,实现了双赢。

11.4.2 新国线运输集团资源协调度

11.4.2.1 定性指标的满意度评分等级标准

定性指标的满意度评分等级标准如表 11.2 所示。

定性指标的满意度评分等级标准　　表 11.2

评分等级	1	2	3	4	5
等级标准	很好	好	一般	差	很差
评分	4 ~ 5	3 ~ 4	2 ~ 3	1 ~ 2	0 ~ 1

11.4.2.2 各指标的数值增长率

根据 2001 ~ 2005 年的数据,按图 11.1 的企业资源层次结构,用 y_{11} 表示人力资源增长率、y_{12} 表示营运线路网长度增长率、y_{13} 表示车辆的增长率、y_{21} 表示资本需求量增长率、y_{22} 表示能力增长率、y_{23} 品牌资源增长率、y_{24} 表示企业文化资源增长率、y_{25} 表示社会资源增长率,定性指标通过 10 位专家满意度评价获取。如表 11.3 所示。

新国线集团资源增长率(%)　　表 11.3

年 \ 项目	y_{11}	y_{12}	y_{13}	y_{21}	y_{22}	y_{23}	y_{24}	y_{25}
2001 年	24.00	9.00	12.00	60.00	8.00	8.00	8.00	13.00
2002 年	26.00	8.00	14.00	58.00	9.00	7.00	9.00	11.00
2003 年	25.00	9.52	13.00	55.00	8.50	10.00	10.00	12.00
2004 年	25.64	10.00	14.00	59.69	10.00	8.00	11.00	11.00
$\text{Min}Y_{ij}$	24.00	8.00	12.00	55.00	8.00	7.00	8.00	11.00
$\max Y_{ij}$	26.00	10.00	25.00	60.00	11.00	10.00	11.00	13.00

11.4.2.3 发展量

将资源增长率数据进行无量纲化处理后得到其发展量数据,如表

11.4 所示。

新国线集团发展量数据　　表 11.4

项目/年	z_{11}	z_{12}	z_{13}	z_{21}	z_{22}	z_{23}	z_{24}	z_{25}
2001 年	0.000	0.500	0.000	1.000	0.000	0.333	0.000	1.000
2002 年	1.000	0.000	0.667	0.600	0.333	0.000	0.333	0.000
2003 年	0.500	0.760	0.333	0.000	0.167	1.000	0.667	0.500
2004 年	0.820	1.000	0.667	0.938	0.667	0.333	1.000	0.000

11.4.2.4　两个子系统之间每对变量的互相影响度

有 10 位专家确定的两个子系统之间每对变量的互相影响度矩阵分别为:

$$P_{12} = \begin{pmatrix} 0.3 & 0.2 & 0.1 & 0.2 & 0.1 \\ 0.5 & 0.1 & 0.5 & 0.1 & 0.3 \\ 0.4 & 0.3 & 0.6 & 0.3 & 0.4 \end{pmatrix}$$

$$P_{21} = \begin{pmatrix} 0.4 & 0.6 & 0.4 \\ 0.1 & 0.5 & 0.4 \\ 0.8 & 0.8 & 0.8 \\ 0.9 & 0.1 & 0.4 \\ 0.4 & 0.7 & 0.5 \end{pmatrix}$$

这里,P_{mn}表示子系统 n 中各个指标对子系统 m 中各个指标的影响程度($m=1,2$; $n=1,2$;但 $m \neq n$),如 $P_{1,2}$ 表示第 2 个子系统中各个指标对第一个子系统中各个指标的影响程度。忽略本系统内自身影响。

11.4.2.5　协调系数

应用公式(11.3)和(11.4)得协调系数,如表 11.5 所示。

经归一化处理后的协调系数　　表 11.5

年＼项目	x_{11}	x_{12}	x_{13}	x_{21}	x_{22}	x_{23}	x_{24}	x_{25}
2001 年	0.216	0.278	0.214	0.082	0.045	0.070	0.046	0.049
2002 年	0.210	0.276	0.207	0.0	0.051	0.075	0.051	0.053
2003 年	0.212	0.264	0.209	0.086	0.049	0.077	0.049	0.054
2004 年	0.215	0.264	0.209	0.086	0.049	0.075	0.049	0.054

11.4.2.6　协调度

(1)应用公式(11.5),计算得协调度值如表 11.6 所示。

协 调 度 值　　表 11.6

年　份	2001 年	2002 年	2003 年	2004 年
协调度	0.503	0.382	0.522	0.767

(2)复合系统协调状况分级标准。

分级标准如表 11.7 所示,标准共分 6 级,最高级是非常协调,最低级是非常不协调。

复合系统协调度状况分级标准　　表 11.7

协调程度	非常协调 a	协调 b	比较协调 c	不太协调 d	不协调 e	非常不协调 f
协调度	0.8 ~ 1.0	0.6 ~ 0.8	0.5 ~ 0.6	0.4 ~ 0.5	0.2 ~ 0.4	0 ~ 0.2

(3)新国线集团的资源系统协调度如表 11.8 所示。

新国线集团的资源系统各年度的协调等级　　表 11.8

年份	2001 年	2002 年	2003 年	2004 年
协调度	比较协调	不协调	比较协调	协调

11.4.2.7　协调度分析

通过对 2001 ~ 2004 年的相关数据采样分析以及等级评价结果表明:新国线集团资源系统的协调趋势总体呈向协调方向发展。2001 年比较协调,2002 年不协调,2003 年比较协调,2004 年为协调。这表明

公司在通过对能力资源、品牌资源和企业文化等关键资源的重视使企业资源协调出现了显著好转；也表明无形资源在企业发展中起着重大的作用。因此，企业在制定发展规划时，必须注意无形资源的增值，使其与有形资源有效结合起来，才能达到各资源的协调发展。

关于有形资源内各个资源的协调或者说匹配，可以根据劳动经济学原理经过测算得到。无形资源内的各个资源除了资金资源需要经过测算外，其他资源，如能力资源、品牌资源、企业文化资源、社会资源不存在"资源过剩"问题，越多越好。本文的资源协调分析主要针对有形资源和无形资源之间的总体协调趋势。

11.5　资源整合和优化配置

11.5.1　企业资源优化配置概念

11.5.1.1　企业资源优化配置含义

企业资源配置指在企业的范围内，企业的各级经理人为了企业的战略目的，对于所掌握的各种资源进行调配，使之能充分地发挥资源作用。企业资源各种各样，配置的资源一般而言指的是人力资源、资金资源、财务资源、物质资源和组织资源。不少无形资源，如社会资源、企业文化资源、能力资源、品牌资源等则越多越好，越强越好，所以不属于配置范畴。从某种意义上讲，企业的取胜，一取决于企业资源的数量，二取决于企业资源的最优配置。

11.5.1.2　资源优化配置原则

①有利于企业总体战略目标的实现；

②有利于降低企业总成本；

③有利于充分发挥各种资源的作用,做到“人尽其才,物尽其用”;

④有利于各种资源系统的协调;

⑤将资源投入到效益高的部门、业务,要集中使用资源,避免“撒胡椒面”式的资源配置方法。

11.5.2 资源优化配置模式

11.5.2.1 波士顿咨询公司(BCG)模式

波士顿咨询公司是一家管理咨询公司,首创和推广了成长——份额矩阵法。企业的一种业务用一张图表示,纵坐标表示企业的年销售增长率,大于10%的增长率被认为是高的。横坐标表示企业的相对市场份额。0.1的相对市场份额表示该公司销售额仅占市场总销售额的10%;相对市场份额分为高份额和低份额。

成长——份额矩阵法将图分为四格,每一格代表这项业务的4种状态:

(1)问题类业务。

问题类是市场成长率高而相对市场份额低的公司业务。问题类业务要求投入大量现金,因为公司必须添置厂房、设备和人员,以跟上迅速成长的市场需要。问题类业务必须小心确定,因为公司必须认真考虑是否要对它进行大量投资或者及时摆脱出来。

(2)明星类业务。

一个公司如果在问题类业务上经营成功,就变成明星。明星是高速成长市场中的领先者。这并不等于说,明星类能给公司带来大量现金。公司必须投入大量金钱来维持市场成长率和击退竞争者各种进攻。明星类业务常常是现金消耗者而非现金产生者;同时,它们也常常

盈利可观,并成为公司未来的金牛类。一个公司如果没有明星类业务,便意味着企业在某些方面出了问题。

(3)金牛类业务。

当市场的年成长率下降到 10% 以下,如果它继续保持较大的市场份额,明星类业务就会变成金牛类业务。金牛业务能为公司带来大量的现金收入。由于市场成长率低,公司不必大量投资,同时也因为该业务是市场领导者,它还享有规模经济和较高利润的优势。公司用它的金牛业务收入支撑公司的现金流转,包括支持明星类、问题类和狗类业务这些现金饥渴者。

(4)狗类业务。

狗类业务是指市场成长率低缓、市场份额也低的公司业务,其边际利润很低甚至为零。公司必须考虑这些狗类业务的存在是否有足够理由(如市场成长率会回升,或者可能会重新成为市场领先者),或者是出自某种情感上的缘故。狗类业务的继续经营,通常要占用经营者较多时间,这可能得不偿失,需要进一步收缩或者淘汰。

根据企业处于不同战略阶段,对业务的不同状态作出相应的处理。企业的某项业务如果处于初始发展阶段,目的是扩大业务的市场份额,这样可能就会比较少地考虑利润问题,甚至不惜放弃近期收入来达到这一目标。这特别适用于问题类业务;采取"维持"策略的目的是保持某项业务的市场份额。这一目标适用于强大的金牛类业务,因为它们要继续产生大量的现金流量;如果根据企业战略需要,目的在于增加某项业务的短期现金收入,而不考虑长期影响,并最终放弃该业务。常常减低研发费用、不更换新设备、减少广告预算等。其愿望是成本的减少快于销售额的下降,从而使公司的现金流量成为正的增加。成本的减少必须非常小心地进行并使人察觉不到,以便对公司的员工、顾客和分销商不造成明显的伤害;放弃某项业务也是需要的,目的在于出售或清算业务,以便把资源转移到更有利的领域,它适用于狗类和问题类业务。

11.5.2.2 通用电气公司(GE)模式

GE 模式与波士顿 BCG 模式一样都比较直观。GE 模式是用圆圈的大小表示市场规模,圆圈的阴影部分代表公司业务的绝对市场份额。GE 模式用"市场吸引力"和"业务优势"两个变量。公司如果进入富有吸引力的市场,并拥有在这些市场中获胜所需要的各种业务优势,它就可能成功。如若缺少其中一个条件,就很难得到显著的效果。一个实力雄厚的公司不可能在一个夕阳市场中大展宏图,同样,一个柔弱的公司也不可能在一个朝阳市场中大有作为。GE 模式的基本思路是波特"市场结构"型。波士顿 BCG 模式(成长——份额矩阵)可被看作通用电气公司首创的多因素业务经营组合矩阵的一个特例。

市场吸引力因市场规模、年市场成长率、历史盈利率等不同而不同,业务优势则随公司的市场份额、份额增长、产品质量等而变化。

11.5.3 "兆通投资"的资源优化配置实践

"兆通投资"的资源优化配置实践的内容很多,本文只介绍创新突出的项目。

11.5.3.1 资源的集权管理

"兆通投资"的资源配置分为 3 级:"兆通投资"是决策中心、财务中心和投资中心;集团公司是发展中心、经营中心和管理中心;下属经营企业是生产中心、成本中心和利润中心。资源的集权管理包括战略

决策管理、投资发展管理、资本运营管理和资金预算管理。以下的权利由“兆通投资”总部负责：

①决策权：决策权完全集中在“兆通投资”总部；

②财务权：以收支两条线为中心的财务控制制度，实行财务总监委派制（由“兆通投资”总部向集团公司与第三层的经营公司委派）；

③资本运作、投资、股权管理；

④品牌资源由总部统一经营、配置；

⑤战略规划；

⑥管理制度；

⑦高层管理人员任免。

资源集权式管理的优越性在于：资源优化配置，减少成本，控制支出，防止财务漏洞，集中“兆通投资”总部的所有分散资金，进行资本运作，增加资金效益，提高融资能力，有利于提高“兆通投资”总部的整体实力。

11.5.3.2　新国线运输集团资源一体化运作

资源一体化运作包括以下 6 个方面：

①资金资源一体化：将新国线集团管辖范围内的所有资金集中，统一运用；

②运营资源一体化：为保证京沪高速公路客运的安全高效运作，新国线集团下属的经营公司必须严格服从集团总部调度的统一指挥，包括运力（车辆）资源调度，人力资源配置，中转接驳，事故车辆救援、事故处理等；

③驾乘资源管理一体化：驾乘资源的招聘、考核、培训、安全教育、事故处理、其他日常管理等一体化，保证新国线集团的统一标准；

④市场营销资源一体化:各经营公司的市场营销必须由新国线集团统一协调,以保证新国线品牌的形象和行动的一致性;

⑤组织资源协调一体化:为完成某项专业业务,由新国线集团组织设立机构,由此形成集团内部纵向指挥和横向协调的组织模式;

⑥新国线企业形象标志资源一体化:所有经营公司统一企业形象标志,统一运输品牌,统一服务标准,统一工作考核,统一客车车身图案,统一员工着装,统一办公用品标识。

11.5.3.3 组织资源的流程再造

(1)组织资源流程再造的概念。

通俗地讲,流程再造就是对企业原有的业务流程进行重新塑造,或者说是企业集团的生产、经营、管理行为流程的重新构建和变革。流程再造包括对一些资源重新进行整合,对价值链进行改造。那么,什么叫业务流程?业务流程是为特定顾客或市场提供特定产品或服务而实施的一系列精心设计的活动程序。企业的价值又从何产生?首先是收入。没有收入,企业价值无从谈起,这是价值产生的“源头”,是价值链的第一个环节;其次是生产。企业必须组织生产,向顾客提供产品和服务,才能产生收入,这是价值链的第二个环节;第三个环节,对于运输企业而言,是技术保障。在企业组织生产过程中,需要管理、维护好车辆,才能保证车辆的正常营运;第四个环节,是市场拓展。公司现有的运输企业基本可以分为三类,一类是资源主导型的企业,如小汽车公司、绿的公司、巴士公司等;另一类是市场主导型的企业,如租赁公司、修理公司等;还有一类是综合型的企业,如服务巴士公司、新国线(深圳)客运公司等,它们既有专线资源,也有市场化程度很高的旅游包车业务。不管是哪一类企业,都面临着市场拓展的问题。就是资源型企业,如果不

去获取资源、优化资源和维护资源，市场就会被别人占领，对企业的价值也会造成影响；第五个环节，是管理。从本质上说，管理是为其他四个环节服务的。管理本身不能直接创造价值，它只能通过其他四个环节来创造价值。以上价值链的五个环节，紧密相连，密不可分，缺一不可。

(2)组织资源流程再造的原由。

原先中南股份的组织结构是“一个核心，两大集团，三个层次”。中南股份作为母公司，是核心。母公司下设置两个集团公司：新国线运输集团有限公司和深圳市中南运输集团有限公司。中南运输集团成立之初，由于企业原有基础管理比较薄弱、专业人才匮乏、经验不足等诸多因素，公司采用“一个中心、两大集团、三个层次”的运行体制，使集团在短时间内步入正轨，防止出现管理的失控。这种体制是比较符合当初实际运作需要的。但是，随着集团规模的迅速扩大，这种运行体制暴露出一些弊端，主要表现在：信息沟通速度慢，信息不对称；组织机构重复设置，运作成本高；系统反应迟缓，应变能力弱等。因此，必须对这种运行体制进行改革。只有这样，才能提高企业市场竞争力、应变能力和抗风险能力，公司才能实现全面、协调、可持续发展。

(3)组织资源流程再造的过程。

必须运用流程再造的思想，才能实现运行体制的根本变革。流程再造的出发点和落脚点都在市场(顾客)，必须以顾客为中心，以价值为导向，建立面向流程的组织结构、人员结构和岗位结构，重新构建公司薪酬制度、利益机制和运行机制。在这种情况下，单纯靠传统的办法已经无法解决所存在的问题。根据企业超越理论，“总部”强力介入两大集团，并在中南运输集团引进了“企业董事长和总经理二元治理结

构”,目的是为了通过加强经营企业的领导力量,使企业的运作更加透明、公开,快速、准确地适应市场需要,增强企业快速反应能力、盈利能力和抗风险能力,从而提高公司整体运行效率和市场竞争力。这是在改革过程中实现超越和突破的客观需要。

目前,新国线运输公司流程再造的目标是建立“一个系统、三个侧面”的流程化的运行模式,这与以前的“一个中心、两大集团、三个层次”有着本质的区别。“一个中心、两大集团、三个层次”的运行体制的最显著特点是:三个层次的职能划分比较清楚,从组织机构到人员设置均按照职能进行分工和安排,员工关注的焦点是职能。在这种体制下,兆通公司、集团公司、经营企业依次从上到下,是一种垂直型的组织架构。而“一个系统、三个侧面”则完全不同。它以业务流程为导向,根据流程来安排设立组织机构和人员,员工关注的焦点是顾客。在这种体制下,在兆通公司系统内部,总部、集团公司、经营企业三者是平行的,从不同的侧面保证业务流程的正常运作。根据业务流程的划分,经营企业的业务流程属公司的核心流程,集团公司和总部业务流程属支持流程。支持流程围绕核心流程开展并提供密切的配合和恰当的服务。在兆通公司系统之外,是顾客、市场。经营企业不再是唯上级意志是从,而是唯市场是从,一切从市场需要出发。因此,这是一种横向的扁平化的组织架构。这种体制的最大特点和优点是一个开放的系统,通过整合各方面的资源,能够更好地满足顾客(市场)的需要,从而促使系统与外部实现零距离接触。

在这个新的流程化的运行体制中,需进一步明确总部、集团公司和经营企业三者的职能定位。总部作为“两本”中心,即资金资本中心、人力资本中心,它为业务流程的正常运作提供资金支持和人力支持。

资金资本中心的功能主要体现为资金的融入融出、调配监控、保值增值等;人力资本中心的功能主要体现为人力资源的优化组合、有效利用、调动激活等。集团作为发展中心,它主要是通过对运输资源的获取、优化和维护来保证和推进业务流程的正常运作,其功能主要体现为对运输资源的获取、优化和维护;企业作为经营中心,它是业务流程活动的主体,是业务流程的主要发起者和操作者,其功能主要体现为:围绕企业战略目标和年度任务,科学、合理地组织各生产要素进行经营,尽可能满足市场(顾客)的需要,努力实现企业价值的最大化。

新国线运输公司在 2004 年前进行组织机构调整就是按照流程再造的思想重新设计的。在"一个系统、三个侧面"体制中,离市场、客户、利润、效益最近的,能够直接创造收入的,是经营企业,其次是集团,再次是总部,总部离市场最远。围绕业务流程和企业价值产生的过程,总部和集团都为经营企业服务。因此,总部、集团本部都要树立"管理就是服务"的理念。如果总部和集团的管理不能促进经营企业管理水平的提升,那就是无效的管理。适应这一体制改革的需要,集团公司进一步精简机构,简化、优化业务流程,提高了工作效率,撤销了部室设置,推出了"职能经理制"。相信这一管理模式能够在不远的将来发挥应有的功效。总部和集团本部员工都要及时转变观念,增强服务意识,主动为经营企业做好服务。

公司目前进行的薪酬制度改革也是以流程再造思想为指导的。原来"官本位"的薪酬制度,"干多干少一个样、干好干差一个样",没有起到激励作用,致使员工工作的积极性受到了挫伤,工作效率低下,工作质量不高。这种"官本位"的薪酬体系必须打破。谁能为公司创造价值,谁对公司价值的增值做出了贡献,谁的业绩突出,谁就应该得到较

高的工资。按照这一基本思路,企业各岗位基本工资的高与低,取决于该岗位在企业价值链中的位置。价值高的岗位,基本工资就高,反之则低;最接近经营收入、最影响成本的岗位基本工资就高,偏离较远的岗位,基本工资就低。奖金多少则完全由业绩决定。奖金与企业经营净现金流指标挂钩,上不封顶、下不保底,鼓励创收,多创多提,多提多得,必须用流程再造的思想建立起比较科学的薪酬体系,彻底打破"官本位"。

第  章

道路运输企业资源系统满意性评价和资源要素结构分析

本章首先介绍资源系统满意性评价的基本概念,给出评价的目的和过程,分析评价指标的选取原则和方法。根据这些原则,给出了新国线运输集团的资源系统满意性评价指标体系,并应用隶属度和满意度模型对新国线集团的资源系统进行科学评价。本章第二部分根据结构模型解析法(ISM 法)的理论,对新国线运输集团的资源结构进行分析。

12.1 资源系统满意性评价

12.1.1 资源系统满意性评价概述

有不少关于企业资源评价的研究,邵一明(2003)主要从企业资源的利用程度方面进行研究。首先提出指标评价选择原则,给出了企业物质资源、财务资源、创新资源利用程度的评价指标,也就是对可以在财务指标上计量的指标进行评价。

资源综合评价是运用系统工程学原理,本着定性与定量相结合的原则,根据企业资源的具体特点,通过征求专家意见,建立一套评价指标体系和相应的评价方法,从而对资源系统进行评价。企业资源系统由于受许多复杂因素的影响,有些因素是可以定量的,而有些因素只能

是定性的。

企业资源系统评价是一个全新的内容,几乎没有可供参考和借鉴的资料。因此,主要在建立企业资源评价指标体系、评价企业资源进行探索与研究。

(1)评价目的

对企业资源系统进行综合评价,有以下几个目的:

①确定企业资源系统各种资源在增强企业优势过程中的价值;

②主要为企业家和高级职业经理人提供政策影响和资源可靠性方面的信息;

③为企业咨询参谋人员确定研究范围。

企业资源系统评价本身是分析问题的一种手段,它为企业资源系统设计、优化与决策提供科学的判定依据,它又可帮助决策者理解复杂的系统,企业资源系统评价起着承上启下的作用。评价的过程是分析问题的过程,又是向决策者提供信息的过程。评价为咨询参谋人员与企业家之间搭起了一座桥梁。评价的重点应放在企业家所面临的问题上,向高级职业经理人提供比较各种资源方案的实施条件、不同方案的得失、可能的影响、不确定性以及对于战略及其目标的影响等。

(2)评价过程

评价过程包含4个步骤:明确评价前提、确定评价指标体系、评价指标的定量化、综合评价,如图12.1所示。

12.1.2 评价指标的选取

12.1.2.1 选取原则

系统评价是按照一定的规则和方法,通过一些已归类的指标,对多

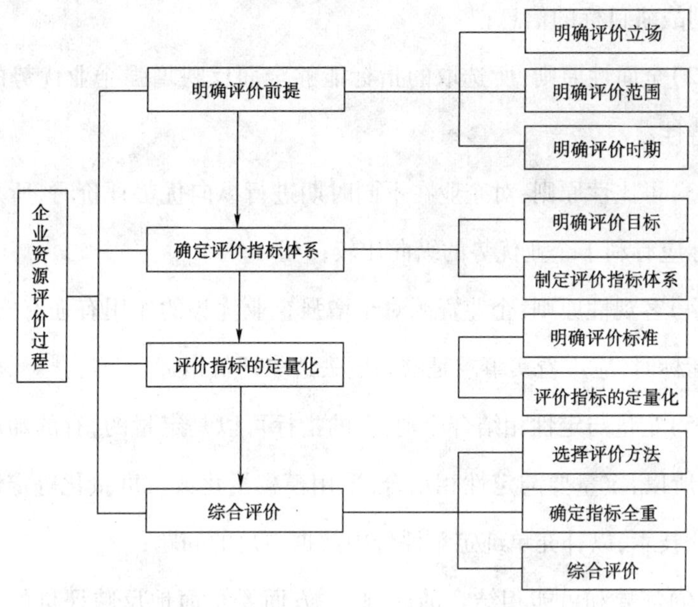

图 12.1　企业资源评价过程

个评判对象从多个方面或全面的综合状况作出优劣评定,或者对一个评价对象在不同时期的全面状况作出优劣评定。前者称为横向评价,后者称为纵向评价。我们所设计的评价是纵向评价。所选取的指标不同会对评价结果产生很大影响,指标选取有很多的影响因素且有很大的主观性,不同的评价人员对同一问题选取不同的指标,可能会得出不同的结论。

由于评价对象的复杂性,导致了系统评价指标的多样性,同时各指标之间还互相制约、互相影响,因此建立一套层次清晰、关系合理的评价指标体系,是保证系统评价正确的前提。评价指标应体现系统性、客观性、全面性和科学性的特点,并且能最大限度地客观反映各种因素的影响程度。选取评价指标主要考虑以下原则:

(1)一致性原则:所选取的指标必须为企业战略服务,且能反映所要达到战略目标的信息；

(2)全面性原则:所选取的指标能够全面反映增强企业优势的各方面特性；

(3)可比性原则:对企业在不同时期进行纵向优势评价时,所采用的指标应有利于企业优势的纵向比较；

(4)客观性原则:企业资源对于增强企业优势的作用有强有弱,在选取指标时,应本着实事求是的态度去选取评价指标；

(5)定量与定性相结合原则:有的指标可以是定量的,有的却难以定量,所以,定量要与定性相结合,采用模糊量化或尺度量化等定性分析量化技术,以补充单纯定量评价中数据不足的问题；

(6)需要和可能相结合的原则:一方面要全面地反映评价的主体和目标,另一方面评价指标的指标值应容易获得,具有可度量性,可以通过定量方法,或者可以用定性分级比较的方法获得；

(7)结合性原则:评价企业资源利用的程度,不仅要分析评价指标在不同的角度反映了问题的不同方面,还要分析指标间的关联性,能综合地反映出企业利用资源的某一方面；

(8)代表性原则:指标要具有代表性,既要能全面地、客观地反映系统性能,又要重点突出,避免次要的冲淡主要的指标；

(9)简明性原则:建立的评价指标体系应当条理清晰、层次分明,评价标准应该简明扼要。

12.1.2.2 选取方法

(1)目标层次分类展开法。

目标层次分类展开法在指标选取时是使用频率较高的方法之一。按此方法选取的指标与系统目标直接相关,它具有较明显的层次性,并

且可随着目标增多而扩充，随目标的减少而删减。

在评价指标体系建立的过程中，较为抽象、模糊的目标可按逻辑分类方法向下展开为若干个次目标层，再把各个次目标分别向下展开为分目标或准则层；以此类推，直到可定量或能够进行定性分析时的指标层为止。顶层一般为抽象的目标，第二层为次目标层，中间为若干准则层，最后一层为指标层。

(2)CSR法(因果法)。

CSR法是状态—压力—回应(condition-stress-response)法的缩写，通常用于环境、社会类指标体系评价。根据社会、环境与规划建设项目之间的因果关系、影响程度来选取评价指标，这能解决社会、环境的4个最基本的问题，即"社会环境方面会发生什么变化?"、"为什么会发生变化?"、"这种变化为什么重要?"、"我们要做什么?"等4个基本内容。先确定主体、状态和影响社会环境条件，作为回应，可直接修改方案来调整社会环境状态。

(3)复合法或组合法。

单个评价指标能反映问题的某个方面，但会显得不足，反映问题不够全面，但若把一类评价指标并列出来评价，它们之间又难免存在相关性，使评价结果存在片面性。所谓复合法，就是把同一类的若干个单个评价指标按一定的数学规则组合在一起，使原指标各自的优点得以加强，同时也有助于克服各自的部分缺点。

目标层次分类展开法选取的企业资源评价指标直接与目标相关，具有层次性。最高层为总评分，它由指标体系的第二层有形资源和无形资源的评分值复合而成。第二层的两类评分值不便于计算，因此还需要继续进行分层，直到所有的资源都可以量化为止。对于最下层的每个目标设定一个可度量的属性，它反映了特定的资源的满意程度。

12.1.3 道路运输企业资源系统满意性评价指标体系

根据前几章的内容，道路运输企业资源体系如图12.2所示。图中，b,c,d,e分别代表资源指标系统的第二、第三、第四和第五级指标符号。企业资源按有形资源和无形资源分类，列为资源系统的第二级，分别由b_1和b_2表示。人力资源、运营线路网络资源和车辆车场资源属于有形资源，分别用c_1，c_2和c_3表示；资本资源、能力资源、品牌资源、企业文化资源和社会资源属于无形资源，分别用c_4，c_5，c_6，c_7，c_8表示。第四和第五级指标符号如图12.2所示。

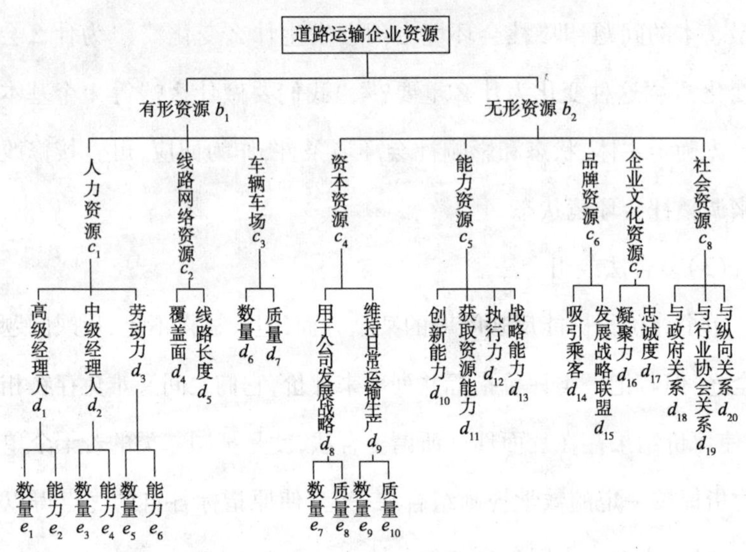

图12.2 道路运输企业资源系统结构图

12.1.4 新国线运输集团资源系统满意性评价

12.1.4.1 资源评价模型

（1）指标权重的确定。

指标权重由专家法确定。本文给 10 位专家发调查表，经加权平均求得各个指标权重。在某一个指标下的几个下层指标的权重和为 1，如 c_5(能力资源)下有 $d_{10},d_{11},d_{12},d_{13}$4 个下层指标，那么这 4 个下层指标的权重和等于 1，即 $w_{d10}+w_{d11}+w_{d12}+w_{d13}=1$，其他同理。

(2)指标的规范化。

①定量指标的处理：

指标中，许多指标都有具体的数据可供查询，对于这样的指标，可直接代入公式(12.1)和(12.2)进行处理。

对于指标值越大越好的指标，则标准化值为：

$$b_{ij}=\frac{u_{ij}-\min\{u_{ij}\}}{\max\{u_{ij}\}-\min\{u_{ij}\}}\times 5 \qquad (12.1)$$

对于指标值越小越好的指标，则标准化值为：

$$b_{ij}=\frac{\max\{u_{ij}\}-u_{ij}}{\max\{u_{ij}\}-\min\{u_{ij}\}}\times 5 \qquad (12.2)$$

式中：$\max\{u_{ij}\}$，$\min\{u_{ij}\}$——同类系统指标值 u_{ij} 的最大值和最小值。

②定性指标的处理：

对于定性指标，则通过对有关专家进行调查，取得专家对某一具体指标的总体评价。

(3)隶属度。

指标的隶属度是指这一指标属于某种评价的概率。一般来说，一个指标有 5 种评价：很满意、满意、一般、不满意和很不满意。隶属度为 $L=\{e_1,e_2,e_3,e_4,e_5\}$，且 $e_1+e_2+e_3+e_4+e_5=1$。对于定性指标，由 10 位专家打分；对于定量指标，计算其标准化值，根据计算结果列出隶属度。

(4)满意度规定。

根据实际情况,把满意度分成5个等级,等级与语言表达的关系如表12.1所示。

满意度等级与语言表达对应表　　表12.1

满意度等级	1	2	3	4	5
语言表达	很满意	满意	一般	不满意	很不满意

专家们根据表12.1各指标满意度等级的含义给出等级,如对于指标e_2(高级经理人的能力)很满意,就选择1,对于指标d_{13}(战略能力)满意,就选择2,等等。各指标的满意度也由10位专家给出。

12.1.4.2　新国线运输集团资源综合评价具体算法

(1)第五级综合评价:

$$e_{\mathrm{i}}=(1,2,3,4,5)\begin{bmatrix} e_{11} & e_{12} & \cdots & e_{15} \\ e_{21} & e_{22} & \cdots & e_{25} \\ & & \vdots & \\ e_{\mathrm{i}1} & e_{\mathrm{i}2} & \cdots & e_{\mathrm{i}5} \end{bmatrix}^{\mathrm{T}},i=1,2,3,\cdots,10$$

(2)第四级综合评价:

$$d_{\mathrm{i}}=(1,2,3,4,5)\begin{bmatrix} d_{41} & d_{42} & \cdots & d_{45} \\ d_{51} & d_{52} & \cdots & d_{55} \\ & & \vdots & \\ d_{\mathrm{i}1} & d_{\mathrm{i}2} & \cdots & d_{\mathrm{i}5} \end{bmatrix}^{\mathrm{T}},\ i=4,5,6,7,10,\ \cdots,20$$

$$\begin{aligned} d_1 &= e_1 w_{\mathrm{e}1} + e_2 w_{\mathrm{e}2} \\ d_2 &= e_3 w_{\mathrm{e}3} + e_4 w_{\mathrm{e}4} \\ d_3 &= e_5 w_{\mathrm{e}5} + e_6 w_{\mathrm{e}6} \qquad i=1,2,3,8,9 \\ d_8 &= e_7 w_{\mathrm{e}7} + e_8 w_{\mathrm{e}8} \end{aligned}$$

$$d_9 = e_9 w_{e9} + e_{10} w_{e10}$$

(3)第三级综合评价：

$$c_1 = d_1 w_{d1} + d_2 w_{d2} + d_3 w_{d3}$$

$$c_2 = d_4 w_{d4} + d_5 w_{d5}$$

$$c_3 = d_6 w_{d6} + d_7 w_{d7}$$

$$c_4 = d_8 w_{d8} + d_9 w_{d9}$$

$$c_5 = d_{10} w_{d10} + d_{11} w_{d11} + d_{12} w_{d12} + d_{13} w_{d13}$$

$$c_6 = d_{14} w_{d14} + d_{15} w_{d15}$$

$$c_7 = d_{16} w_{d16} + d_{17} w_{d17}$$

$$c_8 = d_{18} w_{d18} + d_{19} w_{d19} + d_{20} w_{d20}$$

(4)第二级综合评价：

$$b_1 = c_1 w_{c1} + c_2 w_{c2} + c_3 w_{c3}$$

$$b_2 = c_4 w_{c4} + c_5 w_{c5} + c_6 w_{c6} + c_7 w_{c7} + c_8 w_{c8}$$

(5)总评分：

$$A = b_1 w_{b1} + b_2 w_{b2}$$

12.1.4.3　新国线运输集团资源综合评价

(1)确定权重。

①第五级指标权重：

$$w_{e1} + w_{e2} = 1,\ w_{e1} = 0.26,\ w_{e2} = 0.74$$

$$w_{e3} + w_{e4} = 1,\ w_{e3} = 0.40,\ w_{e4} = 0.60$$

$$w_{e5} + w_{e6} = 1,\ w_{e5} = 0.57,\ w_{e6} = 0.43$$

$$w_{e7} + w_{e8} = 1,\ w_{e7} = 0.52,\ w_{e8} = 0.48$$

$$w_{e9} + w_{e10} = 1,\ w_{e9} = 0.41,\ w_{e10} = 0.59$$

②第四级指标权重：

$w_{d1}+w_{d2}+w_{d3}=1$, $w_{d1}=0.42$, $w_{d2}=0.33$, $w_{d3}=0.25$

$w_{d4}+w_{d5}=1$, $w_{d4}=0.63$, $w_{d5}=0.37$

$w_{d6}+w_{d7}=1$, $w_{d6}=0.39$, $w_{d7}=0.61$

$w_{d8}+w_{d9}=1$, $w_{d8}=0.52$, $w_{d9}=0.48$

$w_{d10}+w_{d11}+w_{d12}+w_{d13}=1$, $w_{d10}=0.2$, $w_{d11}=0.35$, $w_{d12}=0.27$, $w_{d13}=0.18$

$w_{d14}+w_{d15}=1$, $w_{d14}=0.37$, $w_{d15}=0.63$

$w_{d16}+w_{d17}=1$, $w_{d16}=0.52$, $w_{d17}=0.48$

$w_{d18}+w_{d19}+w_{d20}=1$, $w_{d18}=0.47$, $w_{d19}=0.31$, $w_{d20}=0.22$

③第三级指标权重：

$w_{c1}+w_{c2}+w_{c3}=1$, $w_{c1}=0.36$, $w_{c2}=0.37$, $w_{c3}=0.27$

$w_{c4}+w_{c5}+w_{c6}+w_{c7}+w_{c8}=1$, $w_{c4}=0.17$, $w_{c5}=0.23$, $w_{c6}=0.22$

$w_{c7}=0.17$, $w_{c8}=0.21$

④第二级指标权重：

$$w_{b1}+w_{b2}=1,\ w_{b1}=0.49,\ w_{b2}=0.51$$

(2)指标评判矩阵和计算。

①第五级评价：

$$e_i=(1,2,3,4,5)\begin{bmatrix} e_{11} & e_{12} & \cdots & e_{15} \\ e_{21} & e_{22} & \cdots & e_{25} \\ & & \vdots & \\ e_{i1} & e_{i2} & \cdots & e_{i5} \end{bmatrix}^{T}$$

$$=(1,2,3,4,5)\begin{bmatrix} 0.4 & 0 & 0.1 & 0 & 0.3 & 0 & 0.1 & 0.1 & 0.1 & 0 \\ 0.6 & 0.9 & 0.4 & 0.5 & 0.5 & 0.4 & 0.7 & 0.5 & 0.7 & 0.4 \\ 0 & 0.1 & 0.5 & 0.4 & 0.2 & 0.6 & 0.1 & 0.2 & 0.2 & 0.3 \\ 0 & 0 & 0 & 0.1 & 0 & 0 & 0.1 & 0.1 & 0 & 0.3 \\ 0 & 0 & 0 & 0 & 0 & 0 & 0 & 0.1 & 0 & 0 \end{bmatrix}$$

$=(1.6, 2.1, 2.4, 2.6, 1.9, 2.6, 2.2, 2.6, 2.1, 2.9),\ i=1,2,3,\cdots,10$

②第四级评价：

$$d_i=(1,2,3,4,5)\begin{bmatrix} d_{41} & d_{42} & \cdots & d_{45} \\ d_{51} & d_{52} & \cdots & d_{55} \\ & & \vdots & \\ d_{i1} & d_{i2} & \cdots & d_{i5} \end{bmatrix}^{T}=(1,2,3,4,5)$$

$$\begin{bmatrix} 0 & 0 & 0 & 0 & 0.3 & 0.2 & 0 & 0.4 & 0.3 & 0.2 & 0.2 & 0.3 & 0 & 0.5 & 0 \\ 0.6 & 0.3 & 0.2 & 0.3 & 0.6 & 0.4 & 0.3 & 0.4 & 0.3 & 0.8 & 0.2 & 0.1 & 1 & 0.3 & 0.8 \\ 0.2 & 0.6 & 0.3 & 0.2 & 0.1 & 0.3 & 0.5 & 0.2 & 0.4 & 0 & 0.6 & 0.5 & 0 & 0.2 & 0.2 \\ 0.2 & 0.1 & 0.2 & 0.3 & 0 & 0.1 & 0.2 & 0 & 0 & 0 & 0 & 0.1 & 0 & 0 & 0 \\ 0 & 0 & 0.3 & 0.2 & 0 & 0 & 0 & 0 & 0 & 0 & 0 & 0 & 0 & 0 & 0 \end{bmatrix}$$

$=(2.6, 2.8, 3.6, 3.4, 1.8, 2.3, 2.9, 1.8, 2.1, 1.8, 2.4, 2.4,$
$2.0, 1.7, 2.2),\ i=4,5,6,7,10,\cdots,20$

$d_1=e_1w_{e1}+e_2w_{e2}=1.6\times0.26+2.1\times0.74\approx2.0$

$d_2=e_3w_{e3}+e_4w_{e4}=2.4\times0.40+2.6\times0.60\approx2.5$

$d_3=e_5w_{e5}+e_6w_{e6}=1.9\times0.57+2.6\times0.43\approx2.2\quad i=1,2,3,8,9$

$d_8=e_7w_{e7}+e_8w_{e8}=2.2\times0.52+2.6\times0.48\approx2.4$

$d_9=e_9w_{e9}+e_{10}we_{10}=2.1\times0.41+2.9\times0.59\approx2.6$

③第三级评价：

$c_1=d_1w_{d1}+d_2w_{d2}+d_3w_{d3}=2.0\approx0.42+2.5\times0.33+2.2\times0.25\approx2.2$

$c_2=d_4w_{d4}+d_5w_{d5}=2.6\times0.63+2.8\times0.37\approx2.7$

$c_3=d_6w_{d6}+d_7w_{d7}=3.6\times0.39+3.4\times0.61\approx3.5$

$c_4=d_8w_{d8}+d_9w_{d9}=2.4\times0.52+2.6\times0.48\approx2.5$

$c_5=d_{10}w_{d10}+d_{11}w_{d11}+d_{12}w_{d12}+d_{13}w_{d13}$

$= 1.8 \times 0.2 + 2.3 \times 0.35 + 2.9 \times 0.27 + 1.8 \times 0.18 \approx 2.3$

$c_6 = d_{14} w_{d14} + d_{15} w_{d15} = 2.1 \times 0.37 + 1.8 \times 0.63 \approx 1.9$

$c_7 = d_{16} w_{d16} + d_{17} w_{d17} = 2.4 \times 0.52 + 2.4 \times 0.48 \approx 2.4$

$c_8 = d_{18} w_{d18} + d_{19} w_{d19} + d_{20} w_{d20} = 2.0 \times 0.47 + 1.7 \times 0.31 + 2.2 \times 0.22$

≈ 2.0

④第二级评价：

$b_1 = c_1 w_{c1} + c_2 w_{c2} + c_3 w_{c3} = 2.2 \times 0.36 + 2.7 \times 0.37 + 3.5 \times 0.27 \approx 2.7$

$b_2 = c_4 w_{c4} + c_5 w_{c5} + c_6 w_{c6} + c_7 w_{c7} + c_8 w_{c8}$

$= 2.5 \times 0.17 + 2.3 \times 0.23 + 1.9 \times 0.22 + 2.4 \times 0.17 + 2.0 \times 0.21$

≈ 2.2

⑤总评价：

$$A = b_1 w_{b1} + b_2 w_{b2} = 2.7 \times 0.49 + 2.2 \times 0.51 \approx 2.4$$

由计算结果可知，新国线集团的资源系统经过评价，最终的满意度等级为2.4，其结果介于“满意”与“一般”之间，稍微靠近“满意”，还没有达到满意程度，因而有值得进一步改进资源获取、资源整合、资源利用的余地。从二级指标的满意度等级最后评定结果中发现，有形资源的满意级别为2.7，在“满意”与“一般”之间，更接近“一般”，而无形资源的满意级别为2.2，更接近“满意”。无形资源的状况要好于有形资源。新国线集团的无形资源是值得肯定的，而且有着较好的基础。在三级指标中，人力资源、运营线路网络资源和车辆车场资源的满意级别分别是2.2，2.7，3.5，这说明，人力资源在“满意”和“一般”之间，比较接近满意；线路网络资源也在“满意”和“一般”之间，但接近“一般”；而车辆车场资源介于“一般”和“不满意”之间。三者中最差的是车辆车场资源。资本资源、能力资源、品牌资源、企业文化资源和社会资源

的满意级别分别是 2.5,2.3,1.9,2.4 和 2.0。5 种资源中,品牌资源的满意级别介于“很满意”和“满意”之间。社会资源的满意等级是“满意”。最差的是资本资源,介于“满意”与“一般”之间。在四级指标中,高级经理人、中级经理人和劳动力三种人力资源的满意级别分别是 2.0,2.5,2.2。说明高级经理人资源属于“满意”;劳动力资源介于“满意”和“一般”之间,接近“满意”;三者比较差的是中级经理人,介于“满意”和“一般”中间。

12.2　资源要素结构分析

12.2.1　结构模型法(ISM 法)

对于复杂的社会经济系统,难以用定量的解析模型表示时,常用定性模型来描述,结构模型是一种定性描述模型。在结构模型中有代表性的是结构模型解析法,即 ISM 法(Interpretive Structural Modeling)。这一种方法是美国 Bottelle 研究所开发的。其特点是将复杂的问题分解成一系列辅助问题,通过人和计算机的交互作用,把人的认识和直觉输入计算机,计算机按一定模式输出结果反馈给人去作比较、判断、分析和决策,反复进行,可使各个辅助问题间的结构关系逐步明确,并形成整体问题。新国线集团是一个大型道路运输企业,企业资源繁多、关系复杂,本书试图用结构模型法分析资源间的相互关系。

12.2.2　邻接矩阵

在有向图中,节点之间的关系可用节点矩阵表示。在节点 v_i 与 v_j 之间,如有边或弧线连成通路,则 0-1 变量 a_{ij} 值为 1;若没有路径相连,则

变量 a_{ij} 值为0。在有向图中,有向边 e_l 的发点 v_k,则 $b_{kl}=1$;否则为零,表示边 e_l 与发点 v_k 不相连;反向,则 $b_{kl}=-1$,表示节点 v_k 是 e_l 终点。节点间的关系矩阵 A 称为节点矩阵,也称为邻接矩阵。节点与边的关系矩阵 B 称为连接矩阵。邻接矩阵的元素是二值的,A 的自乘规则服从布尔代数法则。矩阵 A 中的元素为1,表示对应邻接两点间的边数为1,又称长度为1。矩阵 A 的自乘矩阵为矩阵 A^2。如果矩阵 A^2 中的元素为1,则表示对应邻接两点间的长度为2,即从点 i 到点 j 要经过两条有向边。同理,矩阵 A^3 是矩阵 A^2 再乘矩阵 A 的结果,以此类推。矩阵 A^3 中的素元为1,则对应于图中节点间长度为3。矩阵 A 的对角元素为0,一般表示有向图节点本身无闭回路。若矩阵 A 中的第 i 行元素全为零,表示第 j 个节点为有向图的终止节点,简称为收点。同理,矩阵 A 的第 j 列元素全为零,表示第 j 个节点为有向图的起始点,简称为发点。

12.2.3 可达矩阵

对邻接矩阵 A 进行运算,可得到更多关于有向图所表示的信息。矩阵 A 加上单位矩阵 I,可得一个新矩阵。$(I+A)$阵的运算有以下特点:

$$(I+A)^n=I+A+A^2+\cdots+A^n$$

它表示除反映自身连通的单位矩阵外,还有长度为1至长度为 n 的连通关系矩阵。并且,当 n 足够大时,有以下关系:

$$(I+A)^{n-1}=(I+A)^n=(I+A)^{n+1}$$

也就是说,$(I+A)$的 $n-1$ 次方已完全反映了有向图的连通情况,再增加连通长度,并不增加新的连通点。令

$$R=(I+A)^{n-1}$$

矩阵 R 称为矩阵 A 的可达矩阵。它表明各节点间长度不大于 $n-$

1 的通路的可达情况。对节点数为 m 的网络图,其最长通路不会超过 $m-1$,且 $n-1 \leqslant m-1$。

如果网络图是无向图,则矩阵 A 为对称矩阵,同样也可由 $R=(I+A)^{n-1}$得到可达矩阵。可达矩阵 R 有以下性质:

(1)如果矩阵 R 的所有元素为 1,则表示从图中任一节点出发,都可以达到图中任一其他节点。这意味着该有向图为强连接图。

(2)如果矩阵 R 不是所有元素为 1,表示该图不是强连接图。

12.2.4 图的层次化

将可达矩阵按发点和收点的顺序排列,可得有层次的图,该图的结构十分明确。一个非强连接的关系图,用可达矩阵的简化过程找出该复杂图的层次结构。先将矩阵 R 的收点和发点对应的行和列去掉,得到一个对应的缩小的矩阵。其中会重新出现新的发点或收点,可再去掉对应的行和列,得出对应的新矩阵,以此类推,直到矩阵中每个元素均为 1,即强连接图,无需再进一步压缩。在对邻接矩阵压缩的过程中,要记录下发点和收点的节点号,发点在上,收点在下,在图上顺序排列,经过整理得到节点的层次化排列图。

12.2.5 骨架矩阵

骨架矩阵是在保持各节点间可达性关系的前提下,将网络简化,以减少不必要的边。

道路运输企业资源系统要素结构关系分析如下:

在企业资源系统中选取比较重要的 15 个元素,分析它们之间的层次关系。图 12.3 是反映相互关系的 15 个节点有向图。

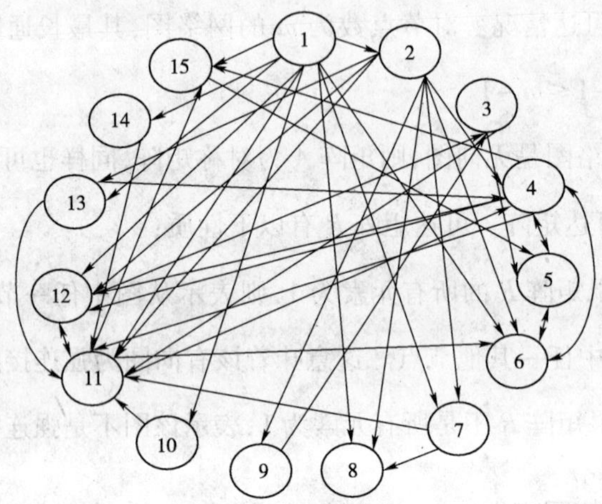

图 12.3　节点关系有向图

图中每个节点的“资源”名称标注如下：①高级经理人(d_1)；②中级经理人(d_2)；③劳动力(d_3)；④线路网络资源(c_2)；⑤车辆车场资源(c_3)；⑥资本资源(c_4)；⑦创新能力(d_{10})；⑧获取资源能力(d_{11})；⑨执行力(d_{12})；⑩战略能力(d_{13})；⑪品牌资源(c_6)；⑫企业文化资源(c_7)；⑬与政府关系(d_{18})；⑭与行业协会关系(d_{19})；⑮与汽车制造商关系(d_{20})。图中有两种“箭”，一种是单向箭，另一种是双向箭。单向箭的箭尾圆圈号码所代表的资源是“控制者”“管理者”、“领导者”，箭头圆圈号码所代表的资源是“被控制者”、“被管理者”、“被领导者”，两者的单向性极强，地位不能相等，更不能颠倒，比如“1→2”箭，表示高级经理人领导中级经理人，又比如“1→8”箭，表示高级经理人的获取资源能力；双向箭表示两个箭头圆圈号码所代表的两个资源关系密切，比如双向箭“4← →5”表示线路网络资源与车辆车场资源关系密切，不存在谁领导谁的问题。又比如，节点6(资本资源)分别与节点4(线路网络资源)、节点5(车辆车场资源)的关系：线路网络资源、车辆车场资源需要资金的投入，反过来，它们又会充实资本资源。

邻接矩阵 A 是根据节点关系有向图(图 12.3)作出的,然后就会产生多阶矩阵 $A^n(n=1,2,\cdots)$ 和矩阵 A 的可达矩阵 R,它们的具体计算如下所示。这三个矩阵都是 15×15 的。

$$\boldsymbol{A}=\begin{bmatrix}
0&1&0&0&0&1&1&1&0&1&1&1&1&1&1\\
0&0&1&1&0&1&1&1&1&0&1&1&1&0&0\\
0&0&0&0&1&0&0&0&0&0&1&1&0&0&0\\
0&0&0&0&1&1&0&0&0&0&1&1&0&0&0\\
0&0&0&1&0&1&0&0&0&0&0&0&0&0&0\\
0&0&0&1&1&0&0&0&0&0&0&0&0&0&0\\
0&0&0&0&0&0&0&1&0&0&1&0&0&0&0\\
0&0&0&0&0&0&0&0&0&0&0&0&0&0&0\\
0&0&1&0&0&0&0&0&0&0&0&0&0&0&0\\
0&0&0&0&0&0&0&0&0&0&1&0&0&0&0\\
0&0&0&1&0&1&0&0&0&0&0&1&0&0&1\\
0&0&0&0&0&0&0&0&0&0&1&0&0&0&0\\
0&0&0&1&0&0&0&0&0&0&1&0&0&0&0\\
0&0&0&0&0&0&0&0&0&0&1&0&0&0&0\\
0&0&0&0&1&0&0&0&0&0&0&0&0&0&0
\end{bmatrix}$$

$$A^2=\begin{bmatrix}
0&0&1&1&1&1&1&1&1&0&1&1&1&0&1\\
0&0&1&1&1&1&0&1&0&0&1&1&0&0&1\\
0&0&0&1&0&1&0&0&0&0&1&1&0&0&1\\
0&0&0&1&1&1&0&0&0&0&1&1&0&0&1\\
0&0&0&1&1&1&0&0&0&0&1&1&0&0&0\\
0&0&0&1&1&1&0&0&0&0&1&1&0&0&0\\
0&0&0&1&0&1&0&0&0&0&0&1&0&0&1\\
0&0&0&0&0&0&0&0&0&0&0&0&0&0&0\\
0&0&0&0&1&0&0&0&0&0&1&1&0&0&0\\
0&0&0&1&0&1&0&0&0&0&0&1&0&0&1\\
0&0&0&1&1&1&0&0&0&0&1&1&0&0&0\\
0&0&0&1&0&1&0&0&0&0&0&1&0&0&1\\
0&0&0&1&1&1&0&0&0&0&1&1&0&0&1\\
0&0&0&1&0&1&0&0&0&0&0&1&0&0&1\\
0&0&0&1&0&1&0&0&0&0&0&0&0&0&0
\end{bmatrix}$$

$$
A^3=\begin{bmatrix}
0&0&1&1&1&1&0&1&0&0&1&1&0&0&1\\
0&0&0&1&1&1&0&0&0&0&1&1&0&0&1\\
0&0&0&1&1&1&0&0&0&0&1&1&0&0&1\\
0&0&0&1&1&1&0&0&0&0&1&1&0&0&1\\
0&0&0&1&1&1&0&0&0&0&1&1&0&0&1\\
0&0&0&1&1&1&0&0&0&0&1&1&0&0&1\\
0&0&0&1&1&1&0&0&0&0&1&1&0&0&0\\
0&0&0&0&0&0&0&0&0&0&0&0&0&0&0\\
0&0&0&1&0&1&0&0&0&0&1&1&0&0&1\\
0&0&0&1&1&1&0&0&0&0&1&1&0&0&0\\
0&0&0&1&1&1&0&0&0&0&1&1&0&0&1\\
0&0&0&1&1&1&0&0&0&0&1&1&0&0&0\\
0&0&0&1&1&1&0&0&0&0&1&1&0&0&1\\
0&0&0&1&1&1&0&0&0&0&1&1&0&0&0\\
0&0&0&1&1&1&0&0&0&0&1&1&0&0&0
\end{bmatrix}
$$

$$
A^4=\begin{bmatrix}
0&0&0&1&1&1&0&0&0&0&1&1&0&0&1\\
0&0&0&1&1&1&0&0&0&0&1&1&0&0&1\\
0&0&0&1&1&1&0&0&0&0&1&1&0&0&1\\
0&0&0&1&1&1&0&0&0&0&1&1&0&0&1\\
0&0&0&1&1&1&0&0&0&0&1&1&0&0&1\\
0&0&0&1&1&1&0&0&0&0&1&1&0&0&1\\
0&0&0&1&1&1&0&0&0&0&1&1&0&0&1\\
0&0&0&0&0&0&0&0&0&0&0&0&0&0&0\\
0&0&0&1&1&1&0&0&0&0&1&1&0&0&1\\
0&0&0&1&1&1&0&0&0&0&1&1&0&0&1\\
0&0&0&1&1&1&0&0&0&0&1&1&0&0&1\\
0&0&0&1&1&1&0&0&0&0&1&1&0&0&1\\
0&0&0&1&1&1&0&0&0&0&1&1&0&0&1\\
0&0&0&1&1&1&0&0&0&0&1&1&0&0&1\\
0&0&0&1&1&1&0&0&0&0&1&1&0&0&1
\end{bmatrix}
$$

$$
A^5 = \begin{bmatrix}
0 & 0 & 0 & 1 & 1 & 1 & 0 & 0 & 0 & 0 & 1 & 1 & 0 & 0 & 1 \\
0 & 0 & 0 & 1 & 1 & 1 & 0 & 0 & 0 & 0 & 1 & 1 & 0 & 0 & 1 \\
0 & 0 & 0 & 1 & 1 & 1 & 0 & 0 & 0 & 0 & 1 & 1 & 0 & 0 & 1 \\
0 & 0 & 0 & 1 & 1 & 1 & 0 & 0 & 0 & 0 & 1 & 1 & 0 & 0 & 1 \\
0 & 0 & 0 & 1 & 1 & 1 & 0 & 0 & 0 & 0 & 1 & 1 & 0 & 0 & 1 \\
0 & 0 & 0 & 1 & 1 & 1 & 0 & 0 & 0 & 0 & 1 & 1 & 0 & 0 & 1 \\
0 & 0 & 0 & 1 & 1 & 1 & 0 & 0 & 0 & 0 & 1 & 1 & 0 & 0 & 1 \\
0 & 0 & 0 & 0 & 0 & 0 & 0 & 0 & 0 & 0 & 0 & 0 & 0 & 0 & 0 \\
0 & 0 & 0 & 1 & 1 & 1 & 0 & 0 & 0 & 0 & 1 & 1 & 0 & 0 & 1 \\
0 & 0 & 0 & 1 & 1 & 1 & 0 & 0 & 0 & 0 & 1 & 1 & 0 & 0 & 1 \\
0 & 0 & 0 & 1 & 1 & 1 & 0 & 0 & 0 & 0 & 1 & 1 & 0 & 0 & 1 \\
0 & 0 & 0 & 1 & 1 & 1 & 0 & 0 & 0 & 0 & 1 & 1 & 0 & 0 & 1 \\
0 & 0 & 0 & 1 & 1 & 1 & 0 & 0 & 0 & 0 & 1 & 1 & 0 & 0 & 1 \\
0 & 0 & 0 & 1 & 1 & 1 & 0 & 0 & 0 & 0 & 1 & 1 & 0 & 0 & 0 \\
0 & 0 & 0 & 1 & 1 & 1 & 0 & 0 & 0 & 0 & 1 & 1 & 0 & 0 & 0
\end{bmatrix}
$$

通过计算可知,从 A^4 开始,此后的 n 阶矩阵都将相同。经计算得可达矩阵为

$$
\boldsymbol{R} = \begin{bmatrix}
1 & 1 & 1 & 1 & 1 & 1 & 1 & 1 & 1 & 1 & 1 & 1 & 1 & 1 & 1 \\
0 & 1 & 1 & 1 & 1 & 1 & 1 & 1 & 1 & 0 & 1 & 1 & 1 & 0 & 1 \\
0 & 0 & 1 & 1 & 1 & 1 & 0 & 0 & 0 & 0 & 1 & 1 & 0 & 0 & 1 \\
0 & 0 & 0 & 1 & 1 & 1 & 0 & 0 & 0 & 0 & 1 & 1 & 0 & 0 & 1 \\
0 & 0 & 0 & 1 & 1 & 1 & 0 & 0 & 0 & 0 & 1 & 1 & 0 & 0 & 1 \\
0 & 0 & 0 & 1 & 1 & 1 & 0 & 0 & 0 & 0 & 1 & 1 & 0 & 0 & 1 \\
0 & 0 & 0 & 1 & 1 & 1 & 1 & 1 & 0 & 0 & 1 & 1 & 0 & 0 & 1 \\
0 & 0 & 0 & 0 & 0 & 0 & 0 & 1 & 0 & 0 & 0 & 0 & 0 & 0 & 0 \\
0 & 0 & 1 & 1 & 1 & 1 & 0 & 0 & 1 & 0 & 1 & 1 & 0 & 0 & 1 \\
0 & 0 & 0 & 1 & 1 & 1 & 0 & 0 & 0 & 1 & 1 & 1 & 0 & 0 & 1 \\
0 & 0 & 0 & 1 & 1 & 1 & 0 & 0 & 0 & 0 & 1 & 1 & 0 & 0 & 1 \\
0 & 0 & 0 & 1 & 1 & 1 & 0 & 0 & 0 & 0 & 1 & 1 & 0 & 0 & 1 \\
0 & 0 & 0 & 1 & 1 & 1 & 0 & 0 & 0 & 0 & 1 & 1 & 1 & 0 & 1 \\
0 & 0 & 0 & 1 & 1 & 1 & 0 & 0 & 0 & 0 & 1 & 1 & 0 & 1 & 1 \\
0 & 0 & 0 & 1 & 1 & 1 & 0 & 0 & 0 & 0 & 1 & 1 & 0 & 0 & 1
\end{bmatrix}
$$

对可达矩阵 ***R*** 进行结构分解,得节点的层次化排列图(图 12.4)。

	1	10	14	2	7	9	13	3	5	4	6	11	12	15	8
1	1	1	1	1	1		1		1		1	1	1	1	1
10		1										1			
14			1									1			
2				1	1	1	1	1		1	1	1	1		1
7					1							1			1
9						1		1							
13							1			1		1			
3								1	1			1	1		
5									1	1	1				
4									1	1	1	1	1		
6									1	1	1				
11											1	1	1	1	
12												1	1		
15									1					1	
8															1

图 12.4　节点的层次化排列图

从层次化后的矩阵中找出不在对角线上的边,然后删除,再检验是否影响可达性。经过多次验算,最终得到骨架网络矩阵,如图 12.5 所示。由骨架网络矩阵得到要素骨架层次关系图(图 12.6)。

	1	10	14	2	7	9	13	3	5	4	6	11	12	15	8
1	1	1	1	1											
10		1													
14			1												
2				1	1	1	1	1							
7					1										1
9						1		1							
13							1								
3								1	1						
5									1	1	1				
4									1	1	1	1	1		
6									1	1	1				
11											1	1	1	1	
12												1	1		
15									1					1	
8															1

图 12.5　骨架矩阵

根据图12.6,可以依次确定道路运输企业资源系统各个层次的要素子集:

$N_1 = \{1\}$,即第1层子集有1种资源:高级经理人;$N_2 = \{2,10,14\}$,即第2层子集有3种资源:中级经理人,战略能力,与行业协会关系;$N_3 = \{3,7,9,13\}$,即第3层子集有4种资源:劳动力,创新能力,执行力,与政府关系;$N_4 = \{4,5,6,11,12,15\}$,即第4层子集有6种资源:线路网络资源,车辆车场资源,资本资源,品牌资源,企业文化资源,与汽车制造商关系;$N_5 = \{8\}$,即第5层子集有1种资源:获取资源能力。

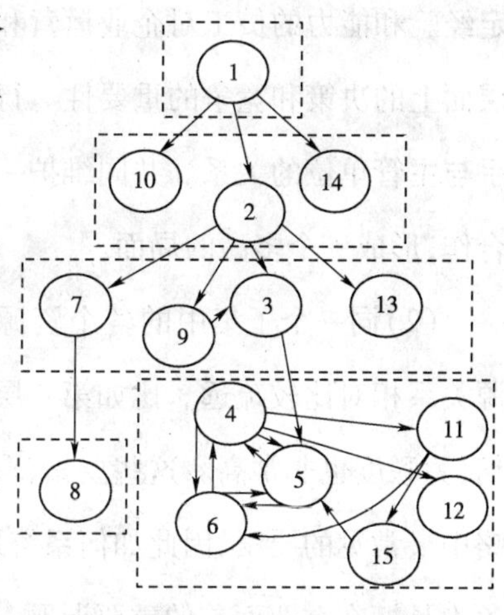

图12.6　要素骨架层次关系图

由要素子集$N_1 \sim N_5$表明,相对于N_1子集,依次关联度大的要素子集分别为N_2,N_3,N_4和N_5。借助于最终形成的要素骨架层次关系图,可以得出这样的结论:

(1)资源系统中的各种资源是以子集的形式积聚在一起的,这些子集对于企业的重要度是不一样的。

①第1层子集只有高级经理人一种资源,这种资源的作用非常明显的。人力资源是第一资源,而高级经理人是第一资源的第一。在现代企业中,企业高级领导人尤其是具有高超战略能力和商场智慧的董事长和总经理是企业成败的决定性资源。

②中级经理人(包括技术和业务骨干)、战略能力和与行业协会的关系在第2层子集。这充分说明人力资源,特别是在业务方面具有一

定经验和能力的员工对企业运营和发展的重要性。战略能力表明战略层面上的决策和竞争的重要性。行业协会的关系表明要理顺与竞争对手与主管单位的关系。共同维护一个有序的市场环境,开拓思路、加强合作,形成一个多赢的局面。

(2)同一个子集中的各个资源关系最密切,不在同一个子集的资源关系相对比较疏远。比如第4层子集中各个要素之间的关系非常密切,关联度也非常高。这些要素都是道路运输企业日常运营和发展战略中最常见的要素,因此如何系统地利用这些因素,不断加强企业的竞争力是摆在企业面前的重要课题。

要根据各层次的重要性和关联度,确定企业发展的模式和方法,保持优势、弥补不足,不断增强企业的竞争力,特别是核心竞争力,以期在激烈的市场竞争中立足、发展、壮大。

从道路运输企业资源结构分析,可以得出另一个极其重要的结论:新国线集团为了达到"中国道路运输第一品牌"的总目标,企业集团的总战略(第一层)应该是"资源的获取、利用、整合……",而不应该将处于第二层战略的"线路网络资源"和"品牌资源"突出到第一层总战略的位子。

第 13 章

企业的竞争、合作和竞合

资源的有限性不仅引出了选择,而且还引出了社会经济中两种重要的现象:竞争与合作。竞争就是争夺对有限资源的控制,合作就是与其他人共同利用有限的资源。

本章首先研究一些基本概念,包括不同战略、不同学派的竞争观,提出企业优势的概念。在介绍了竞争—合作—竞合演变过程的基础上,研究了资源与企业优势的关系。本章的侧重点放在被人忽视但在道路运输业又显得很重要的合作的概念、方式的研究。同时介绍了新国线运输集团"竞合"成功的实践。

13.1 竞争的基本概念

(1)经营战略与军事战略的竞争观。

"目标"、"使命"、"优势"、"劣势"等术语最早都是由战争研究而形成的。经营战略和军事战略的一个共同点是"获得竞争优势"。在过去数百年间,军事战略积累了丰富的经验,为今后的经营战略提供了有益的借鉴。经营组织和军事组织,都是试图运用自己的优势去攻击对方的劣势。经营或者军事上的成功是组织为适应不断变化着的外部环境,优化自身的资源,及时制订并实施富有成效的战略的结果,很少是一种偶然行动的结果。经营战略源于军事战略,与军事战略有很多

相同之处，但还是有区别的。经营战略制定、实施和评价的基本假设是“竞争”，而军事战略的基本假设是“对抗”，比“竞争”更“残酷”。

(2)战略管理学派的竞争观。

无论是波特的结构学派、普拉哈拉和汉默，以及以斯多克、伊万斯和舒尔曼为代表的能力学派，还是以柯林斯和蒙哥马利为代表的资源学派，其理论的唯一出发点和基础是“竞争优势”。黄凯也认为，企业战略的基本属性是竞争。

(3)对于竞争的认识。

市场经济经过长期的发展，企业家们逐渐地认识到，提升企业的“竞争优势”，采取竞争手段已不是企业的唯一选择了，有的行业，企业家们从实践中体会到，企业不能把全部目光都盯在可能侵害到自身发展的竞争上，而完全忘记对自身发展有促进作用的协作者，“合作优势”也是企业盈利的一种表现形式，甚至更愿意讲究“在竞争中合作(‘竞合’)”，其基本的出发点就是“双盈”。一家“通吃”已经不是最赢利的方式，“竞合”策略绝不是放弃竞争，更不是消灭竞争，只是让竞争更加理性化，更加具有智慧和更多的精彩。

李常洪认为：“合作是组织存在的前提。尽管组织存在内部竞争和外部竞争，但合作是竞争的基础。组织内部竞争是为了发挥人的积极性和主观能动性，去更好地合作；组织外部竞争只有立足合作，才能更好地竞争”，“合作与竞争都是组织发展的动力，但合作是其最根本的动力。”

13.2 竞争—合作—竞合的演变

随着市场经济的发展，企业看待竞争的态度和相应采取的竞争战

略也在变化。根据市场发展不同阶段的不同内在要求，对于竞争的认识、态度和手段，逐渐地从对抗的竞争到灵活性的竞争再到合作的竞争。这个变化过程反映了企业从极端到理智再到成熟的发展过程。竞争的态度不同，所采取的竞争策略亦有所区别，企业应根据不同的市场环境以及对自身和竞争者的考察，灵活选择不同的策略组合（王成，2002）。

"竞争"的正面作用是：在市场经济体制下，竞争可以增强企业适应市场的能力，促使企业保持经营活力，提高效率，最终顾客得益。但这并不意味着，任何竞争都是有意义的，如果一味为了竞争而竞争，就不是健康的竞争甚至是有害的竞争。竞争的演变表现为对抗性竞争、灵活性竞争和合作性竞争三个过程。

13.2.1　对抗性竞争

大多数企业领导人在心里是不喜好竞争甚至是厌恶竞争的，把竞争看作是一种威胁，只要有可能就尽量回避竞争。不少企业防止竞争者进入，就想方设法打败竞争者，争夺市场份额，最好独占市场。在市场发育初期，这种"你死我活"对抗性竞争情况更加突出。过度竞争使企业蒙受巨大损失，企业平均寿命大大下降，同时，商业银行也经历巨大的投资风险，直接影响到企业的扩大再生产。在市场经济初级阶段，竞争行为有以下特点：

（1）以"对抗"的心态投入竞争。抱有一种无端的恐惧，视竞争者为一种威胁。

（2）竞争的主要手段是低价竞争。

（3）大企业竞争的目的在于控制竞争，托拉斯便成为控制竞争的主要方式。

13.2.2 灵活性竞争

随着市场的发展和企业的成长,有些企业感觉到,“以消灭竞争者”来对待竞争,企业冒的风险很大。恶性低价竞争不但对企业自身有害,而且使整个行业价格停留在低水平上,也破坏了行业的市场形象。同时,政府针对恶性竞争加强了监管。明智的企业率先重新认识对抗性竞争。就在这种情况下,市场营销学关于“市场细分”理论概念的提出为企业变更竞争观念提供了一个理论的思考。企业可以根据消费者对产品不同的需求、不同的购买习惯与购买行为,通过市场细分,把整体市场分割成不同的顾客群,来分别加以满足。这就为企业提供了差别化竞争的可能,它使企业认识到,企业与其以对抗的态度看待竞争,期望消灭竞争对手,不如以灵活的容忍的态度来看待竞争,这不仅仅避免了因对抗性竞争给竞争双方所带来的损害,还可以使企业去寻求细分了的市场机会,同样可以确立并强化自己的竞争优势,从而使行业不断地向纵深健康地发展。

13.2.3 合作性竞争

企业在竞争实践中逐渐认识到:一定数量竞争者的存在对企业并非全无好处,它至少能给企业带来以下四种利益:①能有机会显示并加强自身的竞争优势;②能改善现有的产业结构;③在不同程度上有助于市场拓展;④竞争者还能以多种方式阻止其他进入者。除此以外,企业可以从竞争者那里获取资源和相关的战略利益,这使竞争对手在竞争中合作成为可能,新组成的合作形式为在更大范围的竞争提供了基础。

企业在市场竞争中,以灵活的态度对待竞争者,在与竞争者合理相处中获得于己有利的战略利益,这比敌意十足的对抗更为明智。竞争是绝对的,合作是相对的。由于竞争者之间的合作是择优性合作,即企业总是选择条件最适合的伙伴进行合作,而择优总是相互的,你在选择别人,也面临着被别人选择。多方面的择优就会使得所有的企业都面临着优胜劣汰的威胁,因此竞争者之间的合作也存在另一种意义上的竞争。近几年所出现的"战略联盟"形式就是很好的"竞合"形式。企业要根据市场环境的变化、竞争者的实际情况以及对自身资源的条件作出不同的策略组合选择。

13.3　资源与企业优势

(1)企业优势的概念。

绝大多数的战略管理文献只强调企业的竞争优势,但本书认为,应该正确地对待"竞争优势"问题,不能一概而论。在不少行业,应该全面地强调"企业优势",比如中国的道路运输业。企业优势不仅来源于企业的竞争优势,同时也来自于企业的合作优势。竞争优势和合作优势分别是指一个企业在与其他企业的竞争过程中和合作过程中所表现出来的各种强势、特长,以及是别的企业无法比拟的特别的方面。合作优势反映在别的企业与本企业进行合作的原因,即在合作中别的企业从这个企业能获得的"东西"。竞争优势加上合作优势或者竞合优势组成了企业优势。

(2)资源与企业优势关系。

本章定义的"资源"是广义资源。资源与企业优势两者的关系已

经由第6章的图6.3清楚地表达出来了:资源是企业优势的源泉。一种资源要成为企业的竞争优势或者合作优势必须满足两个特征:①独特性,只有独特性才能体现其稀缺性。如果一种资源无论是在行业里还是在社会中都普遍的存在着,并很容易地被企业获得,那么,这种资源只是企业进行生产的一种投入,它绝不是企业优势的一种来源。②不可模仿性,如果一种资源很容易被模仿,那么这种资源就会在行业内具有普遍性,它将不会给企业带来优势。具有这两种特征的资源称为“优势资源”。给企业带来优势的资源应该是为顾客创造价值,最终为企业创造价值的资源。

(3)资源与企业优势的可持续性关系。

资源与企业优势的可持续性关系指的是,什么样的资源能使企业优势持续时间长久。资源必须具备以下4个因素才能使企业优势持续时间长久:

①资源本身成为“优势资源”的持续时间长,那么企业优势持续时间也长。

②资源在不同企业之间转移困难、流动性差,那么企业优势持续时间长,反之亦然。

③资源不容易被别的企业复制,那么企业优势持续时间长,反之亦然。

④具有高新技术的人才资源因某种原因离开原来的企业时,他仅带走了所拥有的知识和专长,而且还可能带走该企业的商业秘密。这些人离开后既可能受聘于竞争对手,也可能自己办企业,无论出现哪种情况,都会削弱原来所在企业的竞争地位,甚至缩短企业优势的持续时间。

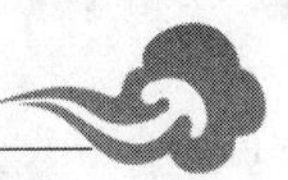

创造企业价值的能力不仅取决于当前企业竞争优势和合作优势的大小，而且还取决于其维持竞争优势的时间长短，而这一时间长短既与资源的持久性、可流动性有关，同时又与竞争对手模仿企业战略的能力有关。一般说来，资源的流动性越强，或者可复制性越好，竞争者的模仿能力也就越强，企业丧失优势就越快。原材料、零部件、普通机器、设备以及一般劳动力容易在企业之间转移、复制，但战略能力、组织流程、企业文化、品牌资源等流动性、复制性都很差。

13.4　在合作中发展

13.4.1　从竞争思维转向竞合思维

传统企业思维的一种表现，就是强调竞争思维，认为“市场如战场”、“同行是冤家”，总想把竞争者都斩尽杀绝。长期以来，企业的战略主要基于竞争而忽视互补，在这种思维驱动下，往往将竞争者看作眼中钉、肉中刺，相互之间形同水火、势不两立，结果往往是一损俱损、两败俱伤（陈政立，2002）。不少学者视资源为企业竞争优势的原因（D. 科利斯、C. 蒙哥马利，1994；迟克莲，2002），或者没有考虑过或者并不认为资源也是合作优势的一个重要原因。“竞争导向”势必要求比竞争做得更好，以符合当代战略管理大师迈克尔·波特所要求的“最佳示范”。如果每个企业都是“最佳示范”的话，他们都不能使企业的竞争优势长久保持，甚至会造成波特的“竞争合流”，即由于同一产业中相互竞争的企业所提供的产品或服务都没有什么差别。这样顾客只能被迫从价格上选择企业的产品。其后果是：产生价格的破坏、选择的限制等一系列恶性连锁反应，从而损害到企业价值。

随着经济全球化进程的加快,竞争的形式越来越多地表现为企业集群与企业集群之间的竞争。每个企业集群都会有一种全新的观念,即通过与消费者、供货商和竞争者协同竞争,形成利益共享、风险共担的合作伙伴或战略联盟,把各种分散的技术开发利用、产品更新换代、资金筹集、市场销售等优势组合成为一种更新、更强的协同优势,从而创造新的价值、获得新的优势。微软公司与英特尔公司合作、宏基与IBM的联盟是最好的证明。一个优秀的竞合策略,不是一般的彼此互利的合作关系和投入回报的简单的交换关系,而是一种能够不断产生新的机遇、共同创造新的价值的新型机制。一味讲求竞争的思维已经过时,竞合或协同竞争更能激发企业的创造性和互动性,使企业创造更大的价值。

13.4.2 合作优势的概念

(1)合作优势。

企业优势一是在竞争中获得,二是在与其他企业的合作中培育。根据企业本身情况和市场环境,有的企业或者说大部分企业是在与其他企业的竞争中获得企业优势,有的企业则是与其他企业的合作中培育并获得企业优势的。可以在同一行业中进行横向合作,也可以与上下游的企业进行纵向合作,或者根据市场需要,与其他企业进行第三类合作。只要对企业发展有利的合作都是值得进行的合作,不能一概而论。

(2)合作的形式。

合作的形式是多种多样的,有战略联盟形式,也有目前最高级、最规范、最成功且最流行的企业集团形式。

13.5 企业集团

企业集团是企业发展到一定阶段的一种高级组织形态，它可以是横向一体化的企业集团，也可以是纵向一体化的企业集团，也可以是混合性企业集团，它具有多种功能和作用。

13.5.1 企业组织形式的演变

企业的组织形式，是指社会化生产过程中企业所采取的组织形态以及企业间的结合关系。随着商品生产、市场竞争和社会化大生产的发展，企业组织形式会不断地发生变化。企业组织形式演变经历了以下几个阶段。

(1)家庭手工业阶段的以个体劳动为主的家庭手工业组织；

(2)手工工场阶段的手工工场组织，他们有分工和协作，生产可以连续进行；

(3)工厂制阶段企业组织，以大机器生产为基础，企业规模大，有规模经济性；

(4)现代公司阶段公司制企业组织，对资本要求高，经营风险大；

(5)企业集团阶段企业组织，企业规模更大、经济职能多样，所有权与经营权分离。

13.5.2 企业集团的产生和发展

(1)国外企业集团的产生和发展。

19世纪末20世纪初就开始出现企业集团形式。当时欧美一些国家以家庭和商业银行为核心的财团逐渐兴起，这些财团通过控股、持

股、选派董事等方式，控制了一大批子公司、孙公司，从而形成了一个资本融合的企业群体。这些群体的特点是有一个统一的核心企业，表现为以控股为主要方式的母子公司关系，由母公司对所属企业实行控制。尽管在20世纪初，欧美一些国家已有了企业集团的雏形，但企业集团一词却产生于第二次世界大战后的日本。当时日本最大的财阀：三菱、三井、住友等被当局强制解散，原属财阀系统的部分企业为适应企业系列化生产和产业政策调整的需要而重新组织联合，目的是强化企业间的生产协作关系，这种企业间的联合已有了企业集团的某些重要特征。各成员企业在技术及其他功能上相互补充，并各自享有独立经营自主权，同时又以某一大银行为核心，为各成员企业提供资金贷款。在这一阶段，企业集团的产权联结主要表现为环形持股，它侧重于企业间相互信任和互补前提下的分工与协作。

20世纪60年代和70年代，日本出现了丰田、松下等新型企业集团。这些集团由于产品配套和组装上的需要，除了保持上述企业间的相互协作外，都产生了表现为控股公司的核心企业，并以其为核心形成了自上而下的金字塔式的垂直结构。这种形式的企业集团代表了国际上企业组织形态发展的方向，也是目前国际上企业集团的基本模式。

(2)我国企业集团的产生和发展(金占明,2004)。

我国企业集团的发展是从20世纪70年代末80年代初的横向联合开始的。当初的横向联合遵循“三不变”原则，即隶属关系不变，财政体制不变，所有制形式不变。这是我国企业集团发展的第一阶段。

20世纪80年代中后期，随着企业改革的推进和企业经营自主权的不断扩大，“三不变”原则难以适应企业间联合发展的要求，因为当时企业间的联合已由生产协作关系，向联合生产和共同经营方向发展，

因此,我国开始倡导对联合企业实行人、财、物、产、供、销“六统一”(称“老的六统一”)。这种组织虽然仍有很强的传统管理特征,但已有了企业集团的雏形,企业间已建立了非产权关系的紧密、半紧密和松散关系。这是企业集团发展的第二阶段。

企业集团计划单列以后,我国有关部门进一步提出了企业集团核心企业对紧密层企业实行“六统一”(称“新的六统一”:统一计划、承包、对外、国有资产保值和增值、任免领导干部、统贷统还)的原则。企业集团管理上实行“新的六统一”是我国企业集团发展的第三阶段。

鉴于我国企业集团组建和运行过程中出现的矛盾和问题,党的十四届三中全会根据企业集团的发展趋势和国际惯例,明确提出了要“发展一批以公有制为主体,以产权连接为主要纽带的跨地区、跨行业的大型企业集团,发挥其在结构调整、提高规模效益、加强新技术、新产品开发、增强国际竞争能力等方面的重要作用”。此后,我国企业集团的发展走上了更加规范化的轨道,这是企业集团发展的第四阶段,目前我国企业集团正处于这一发展阶段。

13.5.3 企业集团的概念和基本特征

企业集团是由多个独立的法人企业组成,具有稳定经济联系的特殊的经济联合体。规范化的企业集团有一些很明显的基本特征:企业集团是两个或两个以上的法人企业的联合体,企业间是平等互利的经济关系,本身无企业法人资格;企业集团按一定的经济技术关系(关键是资产联合的程度不同),形成紧密程度不同的多层次结构(圈层结构),即处于投资和控股中心地位的核心层,核心层对成员企业的资产占有达到控股程度的紧密层,具有资产参股的半紧密层,以及具有生产经营等的契约联系,但没有资产联合的松散层;企业集团的核心层是经济技术实力比较雄厚、管理比较先进的法人企业,是集团的投资中心、决策中心、经营管理中心、科研开发中心和综合服务中心。企业集团企业联合的联结纽带有资产、契约、行政等多种方式,而以控股、参股这种资产联结纽带为主,因而集团成员构成了一个利益共同体,组织上具有稳定性。集团公司(核心层)通过资产的控股、持股关系,控制和参与成员企业的董事会,履行自身的职责;企业集团可以实行多角化经营,企业集团内部的组织管理按规范化的公司治理机构来运作。

概括说来,企业集团具有以下的主要特征:

(1)企业集团以产权连接为主要纽带,以母子公司为主体。这是基本特征。

(2)企业集团必须有一个能起主导作用的核心企业,也称为集团公司或母公司,或控股公司。在企业集团内,集团公司依据产权关系,统一行使出资者所有权(产权)职能,统一投资决策,统一配置资源,统一调整结构,企业集团应有整体发展战略和发展规划。

(3)企业集团母公司、子公司和其他成员企业均具有法人资格,为法人企业,依法享有民事权利和承担民事责任。企业集团不是法律主体,不承担民事责任。

(4)企业集团具有金字塔式垂直控制的分层次的组织结构。按产权关系及投资、持股比例分为:母公司(核心公司);全资、控股子公司(紧密层企业);参股关联公司(半紧密企业);子公司的全资、控股子公司(二级子公司);无产权关系的协作企业(松散层企业)。

近十多年来,结合企业改革和企业组织结构的调整,我国道路运输业组建了一批企业集团。这些企业集团主要是以原来隶属于各地区

(地级市)交通部门主管的国有大中型公路运输企业为核心,联合本行业的一些企业组成的,另外,还有小部分是由同在一个大中城市里的部分公路运输企业联合而成的。从组建模式来看主要有两种:一是强弱联合型,即以一家技术经济实力比较强的大中型道路运输企业为核心联合其他一些企业组成;二是强强联合型,即以两个或两个以上实力较强的道路运输企业联合起来作为企业集团的核心,再通过多种联结纽带联结一些企业组成企业集团。由于发展历史的短暂及特殊的体制转轨期的背景,目前这些企业集团的发展还不很成熟,有必要按建立现代企业制度的目标要求,逐步完善和发展。

由于道路运输企业集团所处的环境、自身的条件(包括生产经营规模、生产技术条件、人员素质、管理能力等)以及确定的战略不尽相同,其组织管理体制的具体形式有很大的差别,但规范化、合理化的集团组织管理体制应该具有以下一些特点:集团内部各成员企业的地位明确,相互关系清晰;集团的整体优势得到较好的发挥;集团具有较强的环境适应能力,在竞争中掌握主动等。企业集团的组织管理体制的规范化,主要是集团整体组织管理体制的规范化及其最重要的组成部分核心企业组织管理体制的规范化。

13.6　战略联盟

13.6.1　战略联盟的基本概念

(1)战略联盟定义。

战略联盟是指两个或两个以上的企业旨在获取竞争优势而自愿采取的企业间合作安排(刘建清,2002)。在这个合作关系内,各方仍保

持各自的战略自主，并不放弃各自的利益（Pierre Dussauge & Bernard Garrette, 1999），联盟成员各自发挥自己的竞争优势，相互合作，共担风险。战略联盟可以选择多种方式，如建立合资企业；相互持股以巩固双方良好合作关系；决定在研究开发，生产制造和营销等一个或两个具体项目上进行合作而签订的功能性协议等。它包括R&D合作、营销和分销协议、特许经营、共同生产协议，连锁加盟及合资等形式。战略联盟今日的合作伙伴可能是昔日的竞争对手，现在以一种合作的态度来对待竞争者；也可以是供应链的上、下游的纵向企业，虽然它们之间没有特别的冲突。

在企业实践活动中，几乎没有一家企业能够由组织内部提供经营所需的全部资源，也无法完全由一个企业的力量对抗外界的压力。除了少数涉及对抗竞争外，在经济生活中，企业之间存在着各种各样的合作关系，"你中有我、我中有你"已经成为新的战略观。"在竞争中发掘合作，在合作后提升竞争"是新世纪环境下的企业发展理念。在全球经济一体化、技术创新和贸易保护的趋势下，利用市场结构和企业内部资源优化两个方面的可利用的条件，大型企业都不能有效降低生产和交易成本。作为资源互补、优势共享、风险分摊、"双赢"或"多赢"的组织形式——战略联盟是一种较优方式。

(2)战略联盟的原因学说。

理论界提出了多种理论，试图对战略联盟现象进行解释，主要的理论有如下几种：

①交易成本理论：企业通过联盟降低经营和交易成本；

②战略行为模型：企业通过联盟以执行其战略行为，达到增加价值和利润极大化的目标；

③组织学习:企业通过联盟进行无形知识的学习和转移等。

④资源学说:企业通过联盟,借助联盟成员所拥有的稀缺的、专有的以及难以模仿的资产和能力以增强并创造自身的竞争优势。

13.6.2　资源与战略联盟的关系

资源学说从资源的角度对战略联盟进行了理论解释,强调通过对有用资源的积累和应用达到企业价值最大化。资源学说认为,公司等价于其所拥有的资源组合,或者说,公司"所拥有的"将决定它"所能实现的"。资源使公司有能力选择和实施战略来加强组织的效率和有效性。公司利用联盟来优化资源配置,使资源的价值达到最大化。

根据资源学说,有价值的、稀有的和难以完全模仿的资源形成了企业优势的来源。企业为了增强企业优势,在市场中获取资源或者进行资源交易,到达资源积累的目的。然而,有的资源不可能在市场交易中获得,存在"资源的市场不可交易性",这也许是因为这种资源或者与其他资源融合在一起,或者存在于一个组织之中(Chi)或者存在于政府主管部门中,因而,兼并、收购和联盟成为了公司获取资源的一种不错的选择。

根据资源学说,兼并、收购与联盟的目的是获取公司无法通过别的手段或方式获得的其他公司的资源、竞争优势和价值;兼并、收购与联盟的区别在于当通过市场交易、兼并和收购都不能够有效获得资源的情况下,公司与其他公司以联盟形式聚集、分享或者交换有价值的资源。

13.6.2.1　资源与战略联盟绩效的关系

邓倩和韩伯棠(2004)研究了企业战略联盟资源状况与绩效的关

系。企业因对彼此资源的需要而结成战略联盟。所以伙伴间资源状况是预测联盟绩效的关键。资源分析关注于企业间的内部因素而不是企业所处的环境因素，主要涉及伙伴贡献到联盟中的资源特征和资源的配合类型。

伙伴间资源状况与联盟绩效的关系并不是直接的，联盟绩效是受联盟状态的动态作用影响的。联盟状态是指在联盟生命周期中的任意时刻，联盟所选定的各个特征的集合，通过它将联盟的资源特征同最终的联盟绩效联系在一起。不同的联盟状态产生不同的联盟绩效。联盟状态描述联盟中个体间的关系，分为伙伴聚集、伙伴冲突和伙伴彼此依赖三种情况。

(1)伙伴聚集反映联盟积极的方面，与联盟绩效正相关。

联盟的战略目的是通过集合资源或交换资源来聚集联盟各方的力量以拓展靠单个企业无法拥有的市场机会，伙伴聚集力反应了资源协作性的效果，这种聚集作用提高了联盟成功的可能性。联盟中积聚的集合力量越大，越有可能获得满意的绩效。当然伙伴间的这种资源的联合优势也是以双方投入资源的数量和种类的组合为基础的。联盟中企业的目标实现程度往往是不对称的，但伙伴聚集力有助于每个企业实现目标，联盟绩效仍然得到提高。

(2)伙伴冲突反映联盟消极的方面，与联盟绩效负相关。

伙伴冲突是指伙伴间具有的且在联盟中不易协调的竞争性利益、偏好和行为的程度。企业间在战略目标、技术系统、企业文化、风险预知和管理实践等方面具有较大差别时，伙伴间会产生经营冲突；每个企业个体的努力是为了给企业自身积累最大的收益，这时资源分配意见的不统一、机会主义行为、知识和技术诀窍的模仿、下游市场上的竞争

等会产生自身利益冲突。一旦企业间的冲突加深，彼此的忍耐和信任就很难再培养。冲突即使最终能解决，仍然制约了有效的联盟决策，为解决冲突而投入的管理力量也消耗了联盟能量。自身利益冲突和经营冲突都表明伙伴间存在不满意，势必会破坏联盟绩效。

(3)伙伴的彼此依赖是联盟维持的条件和前提，与联盟绩效正相关。

资源在公司之间分布不对称，企业依赖于其他企业的价值性资源以改变自身资源的拥有程度，这就是资源的依赖性。伙伴间的彼此依赖关系反应了企业为了实现联盟中的目标而彼此需要的程度，是促使联盟形成的前提和联盟保持的基础。彼此依赖程度越深，合作基础越稳固，相反，依赖程度的降低会威胁到联盟的延续。

13.6.2.2 伙伴贡献资源的特征与战略联盟状态的关系

(1)战略性资源的特征。

第3章提出并论述了企业资源—战略—目标的关系理论。企业根据自身的资源(以下都是广义资源概念)，制订企业战略，去达到战略目标，然后为了追求新的高一级目标，就会发现自身的资源与这新的高一级目标之间存在着一个战略缺口，如何弥补这一战略资源的缺口，使企业可以得到必要的资源，延续其企业优势是企业决策的关键。战略性资源具有流动性、可模仿性和非完美的替代性差的特征。

(2)资源特征与联盟状态的关系。

根据资源系统论，战略联盟伙伴关系是基于资源的关系。

一种情况是，在战略联盟成立前，企业资源的可模仿性比较弱，但在战略联盟中，企业容易受到“伙伴”的“学习竞赛”刺激，可模仿性比较弱的资源可能成为可模仿性强的资源。由于资源的这种可模仿性由弱到强的转变,极易使一方企业获利而对方利益受损。在“学习竞赛”中落后的企业会采用一些控制方法,如限制企业的人员技术交流,这样会破坏伙伴间的信任,企业间沟通的缺乏使伙伴间冲突加强。资源流动性和可替代性同样也对冲突有推动作用,企业要提防对方从其他渠道获得并替代自身贡献的资源。因此,联盟中资源流动性、模仿性和替代性增强,会促使伙伴间的冲突发生。

另一种情况是,在战略联盟形成后,资源的流动性、可模仿性和可替代性依然影响伙伴之间相互依赖的程度。流动性弱的资源会使有的企业为了能够继续获取特殊资源而保持在联盟中。比如企业品牌是流动性很弱的资源,小企业只有通过战略联盟才能获得这种资源。

13.6.2.3　伙伴的资源组合方式与联盟状态的关系

(1)战略联盟中的4种资源组合方式。

伙伴企业以4种资源组合方式投入到联盟中,一是辅助型资源组合,这是指伙伴企业提供的资源是相同的,都用于联盟的运转,资源被充分的利用;二是过剩型资源组合,这是指伙伴企业所投入的资源是相似的,但在联盟中没有被充分利用,成了“松弛资源”;三是互补型资源组合,这是指伙伴企业投入到联盟的不相同的资源,而且这些资源用在战略联盟的运作中;四是浪费型资源组合,这是指伙伴企业投入到联盟的资源既不相同,同时又对联盟的运作不起什么作用。

(2)伙伴的资源组合方式及与联盟状态的关系。

战略联盟状态表现为3种状态:伙伴凝聚、伙伴冲突和伙伴依赖,它们与伙伴企业投入的资源组合方式有密切的关系。

①伙伴凝聚。

能使伙伴凝聚的,一是辅助型资源组合。这种资源组合能使相对优势叠加,成本大幅度降低,从而加强了联盟的基础;二是互补型资源组合。相对来讲,互补型资源组合比辅助型资源组合更能加强合作伙伴间的凝聚力。过剩型资源组合和浪费型资源组合不会对伙伴聚集力产生正面影响。

②伙伴冲突。

浪费型资源组合会使伙伴冲突趋于恶化,合作充满阻力。这是因为不同性质的资源组合在一个联盟中,会在诸如战略方向、企业文化等方面存在差异,这会造成伙伴之间的交流困难,增加冲突的可能性,且缺乏有效解决冲突的方法。

③伙伴依赖。

影响伙伴企业互相依赖的因素有两个:合作双方所需资源的种类和可获得这种资源的数量。在辅助型组合中投入联盟的利用资源数量越多,在互补型组合中双方所贡献的资源种类互补性越大,伙伴的彼此依赖性越强。伙伴企业认为被对方吃掉或抛弃的风险越小,联盟的稳定性越强。

所以,企业所拥有的资源越是具备不完全流动性、难以模仿和难以替代等三个特征,那么该企业与其他企业结成战略联盟的可能性就越大,相互的依赖性越高,结成联盟后的凝聚力越大。

13.7　新国线运输集团的"竞合"实践

新国线运输集团的"竞合"实践形式包括上述两种:一是战略联盟,二是企业集团。

13.7.1 新国线运输集团的战略联盟实践

正如前述,作为传统产业的道路运输业,不同于技术含量高的工业和 IT 产业,没有什么技术秘密,“新国线”的“秘密武器”是:先人一筹的观念、高人一筹的理念,既讲究战略创新,又重视“执行力”,机遇抓得准,行动比人快。“以前‘新国线’万事不求人,但在市场经济中万事都要求人”就是最好的表述。现在,社会分工越来越细,要生存要发展就必须求人。我国加入了 WTO,国外资本已经并将源源不断进入中国运输市场,连“铁老大”都在 2005 年 7 月宣布在几个领域允许外资进入。各省运输企业画地为牢、地方保护、地方割据等传统封闭的做法肯定要被淘汰。

13.7.1.1 与道路运输的上游企业——客车制造公司结成战略联盟

本着“诚信为本、平等互利、相互支持、共同发展”的总体原则,经过双方多年友好合作,出于双方共同发展的需要,“新国线”与扬州亚星客车股份有限公司真情携手,为实现长期战略性紧密型合作伙伴关系而共结同盟。扬州亚星客车股份有限公司是国内汽车制造商少有的上市公司之一,实力雄厚。

两家企业的战略合作要点是:

(1)在同等条件下或产品性能价格比相近时,“新国线”优先选用“扬州亚星客车”;

(2)“新国线”享受“扬州亚星客车”最优惠价格、最优惠付款方式和最优惠服务待遇;

(3)双方在协商一致的基础上可合作开发新产品或改进现产品。

从战略合作要点看出,“新国线”要以价格最低、车辆性能最优、售

后服务质量最好、最优惠付款方式，从“扬州亚星客车”集团采购车辆，降低“新国线”的车辆成本；“扬州亚星客车”看中“新国线”的是“新国线”具有全国性的客运网络，用车量大、资信好、品牌优的资源。“新国线”应用的是交易成本理论（Hennart、Williamson）和战略行为模型（Hagedoom、Porter），通过联盟降低经营和交易成本，以执行其战略行为，达到增加价值和利润极大化的目标。

13.7.1.2　与北美的“灰狗”加拿大汽车运输公司联盟

2002年10月21日，世界著名道路运输企业——北美“灰狗”加拿大汽车运输公司与新国线运输集团公司正式签署了在道路运输集约化规模化经营等一系列项目合作协议，这是我国道路运输企业首次与“灰狗”公司携手合作。双方将在管理技术、小件快运、国内国际旅游运输等方面进行合作。“新国线”看中北美“灰狗”加拿大汽车运输公司的管理经验、管理技术、经营理念和经营方式这些资源；而北美“灰狗”加拿大汽车运输公司看中“新国线”的品牌、全国性运营线路网络和创新能力，为进入中国的大市场作前期准备。“新国线”应用的是资源学说（Barney、Grant、Das & Teng）和组织学习（Kogut）两种理论。

13.7.2　新国线运输集团的“企业集团”

新国线运输集团与道路运输同行建立了企业集团。自新国线运输集团有限公司2002年4月20日成立以后，就着手建立“新国线企业集团”。“新国线企业集团”不具有法人资格，其联系的纽带有两种；一是资本纽带，另一个是一体化运作的管理纽带，这是对法人治理关系的一个创新。根据“企业集团”理论，在与全国各地同行的合作中，以新国线运输集团有限公司为核心企业，建立了层次不同的企业结构（王永

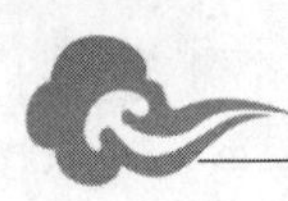

立,2003)。核心层是新国线运输集团有限公司;外面是紧密层企业,由托管关系的企业组成;核心层企业和紧密层企业构成“新国线集团”;再外面是关联层企业,它们是集团公司的连锁企业、代理企业、协作企业;松散层企业处于企业集团的最外层,它们与“新国线集团”存在产权关系,但不参与经营一体化管理和业务一体化管理。这里的层次是:“新国线企业集团”—“新国线集团”—新国线运输集团有限公司(新国线集团公司)。紧密层企业、关联层企业、松散层企业参与企业集团的动机是借助于“新国线”的品牌资源,创造自己的价值。而新国线运输集团有限公司看中加盟企业的线路资源和其他资源,以扩大“新国线”的品牌影响和做大做强“新国线”,实现中国道路客运第一品牌的战略目标。

参考文献

[1] Andrews, K. Concept of Corporate Strategy [M]. New York: McGraw Hill,1971

[2] Ansoff H. I. Implementing Srtategic Management [M]. Englewood Cliffs, N. J. :Prentice Hall, . Inc. ,1984

[3] Wernerfelt, B. A Resource-Based View of the Firm [J]. Strategic Management Journal, 1984. Vol. 5:171-180

[4] Porter, M. E. Competitive Advantage [M]. New York: The Free Press,1985

[5] Jay B. Barney. Strategic factor markets: Expectations, luck and business strategy[J]. Management Science,1986

[6] Prahalad, C. K. and Hamel, G The Core Competence of the Corporation [J]. Harvard Business Review, 1990. May-June:79-90

[7] Grant, R. M. The Resource-Based Theory of Competitive advantage: Implications for Strategic Formulation[J]. California Management Review,1991. Spring

[8] 杨秀苔,蒲勇健. 资源经济学[M]. 重庆: 重庆大学出版社, 1993

[9] 许进,席西民,汪应洛. 系统的核与核度理论—优化设计与可靠通讯网络[J]. 系统工程学报,1994(1):1-11

[10] Barney, J. B. Firm Resources and Sustained Competitive Advantage [J]. Journal of Management,1994(15):175-190

[11] 迈克尔·波特. 竞争优势[M]. 北京:华夏出版社,1997

[12] Evans, P. B. and Wurster, T. S. Strategy and the New Economics of Information [J]. Harvard Business Review,1997. September-October: 70-83

[13] 迈克尔·波特著. 陈小悦译. 竞争战略[M]. 北京:华夏出版社,1997

[14] (美)弗雷德. R. 戴维,李克宁译. 战略管理[M]. 北京:经济科学出版社,1999

[15] D. L. Deeds, D. Decarolis & J. Combs. Dynamic Capacities and new product development in high technology venture: An empirical analysis of new biotechnology firms[J]. Journl of Business Venture,2000(15):211-229

[16] Das, T. K. A Resource-Based Theory of Strategic Alliance[J]. Journal of Management,2000(26):31-59

[17] 孔庆广,刘宇哲. 奔向成功——中国企业战略管理实务与案例[M]. 北京:企业管理出版社,2000

[18] 项保保,李庆华. 企业战略理论综述[J]. 经济学动态,2000(7):70-74

[19] 韩光军. 打造品牌:卓越品牌的培育与提升[M]. 北京:首都经济贸易出版社,2001

[20] 汪中求. 细节决定成败[M]. 北京:新华出版社,2001

[21] (美)大卫·J. 科利斯,辛西娅 A. 蒙哥马利,王永贵译. 公司战

略-企业资源与范围[M].沈阳:东北财经大学出版社,2001

[22] 朱舟.人力资源管理教程[M].上海:上海财经大学出版社,2001

[23] 陈政立.如何实现企业资源增值[M].北京:经济管理出版社,2002

[24] 解培才.企业战略管理[M].上海:上海人民出版社,2002

[25] (美)Arthur A. Thompson, Jr. 战略管理学—概念与案例[M].北京:机械工业出版社,2002

[26] Wang Yongli. A New Passenger Transport Operation Pattern on B-S Expressway and its Multi-objective Decision Model[J]. An International Conference on Seamless & Sustainable Transport, Sigapore, 2002.11

[27] 王永立.新国线运输集团公司节点运输的理论与实践[J].2002′中国道路运输发展论坛论文集,北京:人民交通出版社,2002

[28] 黄承锋,黄居林,杨秀苔,冯祁善.道路线路客运市场结构合理模式及管制政策[J].管理工程学报,2003(2):24-27

[29] (美)大卫·J.科利斯,辛西娅.A.蒙哥马利.王永贵译.公司战略—企业的资源与范围[M].沈阳:东北财大出版社,2003

[30] 刘益,李恒,杜绮才.基于资源风险的战略联盟结构模式选择[J].管理科学学报,2003(4):34-42

[31] 大卫·J.科利斯,辛西娅.A.蒙哥马利.王永贵译.公司战略—企业的资源与范围[M].沈阳:东北财经大学出版社,2003

[32] 弗雷德·R.大卫著,李东红等译.战略管理[M].北京:清华大学出版社,2003

[33] 谢恩,李桓.基于资源观点的联盟中价值创造研究综述[J].管

理科学学报,2003(1): 81-86

[34] (美)大卫·J. 科利斯, 辛西娅. A. 蒙哥马利. 王永贵译. 公司战略—企业的资源与范围[M]. 沈阳: 东北财大出版社, 2003

[35] 王永立. 新国线典章[M]. 北京:人民交通出版社,2003

[36] 秋水. 品牌是剑:主导企业竞争的核心力量[M]. 北京:中央编译出版社,2004

[37] 刘益, 李恒, 杜绮才. 战略联盟模式选择的分析框架: 资源、风险与结构模式间关系的概念模型[J]. 管理工程学报,2004(3): 33-37

[38] 李鹏翔, 任玉晴, 席酉民. 网络节点(集) 重要性的一种度量指标[J]. 系统工程,2004(4):14-20

[39] 孙伯淮. 战略管理的定位偏差在哪里? [J]. 管理科学,2005(5): 30-31

[40] 詹姆斯·库塞比瑞·波克纳,钟良森译,细节—细节决定成败[M]. 北京:朝华出版社,2005

[41] 拉里·波克纳,萨姆·多尔,牛晶晶译. 执行—高效能地完成任务[M]. 北京:朝华出版社,2005

[42] 刘加福. 赢在细节管理[M]. 北京:中国纺织出版社,2005

[43] 何学林. 战略决定成败[M]. 北京:企业管理出版社,2005

[44] 余伟萍. 企业持续发展之源——能力法则与策略应用[M]. 北京:清华大学出版社,北京交通大学出版社,2005

[45] 王永立. 公司政治[M]. 北京:人民交通出版社,2005

[46] 王永立. 战略管理和一体化资源[J]. 运输经理世界,2005(4):82-84

[47] 王永立.道路运输企业的竞争与合作[J].运输经理世界,2005(9):89-92

[48] 王永立.新国线的网络运输[J].第三届欧亚道路运输大会论文集,北京:人民交通出版社,2005.9

[49] 王永立.营运线路网络效应定义、模型及其模糊评价[J].同济大学学报(自然科学版),2006(12)

后　记

这本书是在我的交通运输规划与管理专业博士论文《大型道路运输企业发展的资源系统论》基础上修改完成的。

这本书既是我长期从事道路运输业心得的总结，也是我将实践上升到理论，又将理论运用于实践的总结。为她，我付出了大量的心血。

这本书反映了新国线运输集团公司的产生、发展壮大。这本书的成功出版，要归功于新国线运输集团公司的各级职业经理人的努力以及公司员工的大胆实践。我要感谢我的同事，感谢他们在新国线运输集团富有创造性、富有激情的战略实践，为我提供了丰富的研究基础；正是有了他们的出色工作，才使我能抽出时间，安心学习。

我的导师——同济大学副校长、运输界的著名专家、博士生导师杨东援教授给了我非常大的指导和帮助。这本书内容的形成，还得到过上海交通大学博士生导师张仁颐教授、上海海事大学博士生导师丁以中教授等专家的指导。在此，表示深深的谢意。

如果这本书的相关理论和实践经验对于中国道路运输界的改革和发展，对于交通系统运输结构调整有些帮助的话，我将感到非常的荣幸。在这本书中反映的理念、思想、理论和实践虽然可能比较粗糙，有的还不很成熟，有的还将进行进一步的研究和实践，但如果能起到抛砖引玉的作用，我也非常高兴。

最后要感谢人民交通出版社的同志，是他们的辛勤工作保证了这本书成功出版。

真诚地感谢所有帮助过我的人们。

2008 年 11 月 18 日于深圳

结 束 语

道路运输企业的战略规划理论以及作为道路运输企业发展的资源理论是一个空白。我们研究道路运输企业发展资源理论的出发点是：填补相关的理论空白，并以研究的理论成果指导中国道路运输企业的发展。研究的一根红线和基本出发点是理论与实践相结合：将理论运用到道路运输企业的战略规划实践，又将道路运输企业的实践抽象、提升为具有普遍意义的理论，这包括道路运输企业乃至一般企业的战略规划理论和资源理论。本书并没有机械地将"理论运用于实践"放在某个章节，将"实践抽象到理论"放在另外的章节。道路运输企业资源理论所涉及的知识面宽，多学科交叉的特征明显。本书清楚地表达了作者本人"混合学派"的观点。这个观点反映在两个方面：一是企业能力与企业资源混合，两者作为"资源系统"一个整体出现；二是企业竞争优势和企业合作优势混合，以企业优势的整体出现。

以下相关的问题还需作进一步的研究：

(1)本书所涉及的资源系统具有层次结构特征，但仅研究层次结构是不够的，还要考虑各种资源的类型、数量及其相互之间的联系。企业作为一个整体，它的每一种资源都不是孤立地发挥作用的，资源的种类、积累水平以及相互关系决定着资源利用效率。各种资源之间或多或少地存在着相关性，比如品牌资源，它单从资源的角度看是一种资源，但它又是一个系统。合成这个系统的子系统有很多，除了广告、产品质量等要素外，人力资源与品牌有关，线路网络资源与品牌有关等等。这说明，资源与资源之间存在着相关性。这些相关性的规律是什么？企业要利用这种相关性还是应该避免这种相关性？如何利用？又如何避免？这些都要深入研究。

(2)企业战略具有立体结构特征。在这个立体结构中，顶面三角形的企业总部战略体系与代表事业部、职能部门和下属公司的三个矩形战略体系之间相互联系、相互作用，有的是相互促进、互为支撑，但有的相互抵消、相互矛盾。这种复杂的关系，目前处于“黑箱”之中。搞清这种关系，有利于对企业资源的获取、维护和优化配置。

内容提要

本书以企业战略管理理论为出发点，应用系统论对道路运输企业发展的资源进行理论与实践的探讨。全书共分概论，道路运输企业资源系统研究的基础，战略规划系统，大型道路运输企业战略子系统及其目标子系统，企业能力，企业资源系统，营运线路网络资源，企业文化资源，人力资源、企业家和职业经理人，品牌资源等13章。

本书可作为交通运输专业、企业管理专业研究生和本科生的阅读参考书，也可以作为道路运输企业职业经理人的进修培训教材和参考资料。

图书在版编目（CIP）数据

道路运输企业发展资源总论/王永立著. —北京：人民交通出版社，2008.12
ISBN 978-7-114-06381-7

Ⅰ.道… Ⅱ.王… Ⅲ.公路运输-运输企业-经济发展-研究-中国 Ⅳ.F542.6

中国版本图书馆 CIP 数据核字（2007）第007986号

书　　名：道路运输企业发展资源总论
著 作 者：王永立
责任编辑：李　萍
文字编辑：夏　迎
出版发行：人民交通出版社
地　　址：(100011)北京市朝阳区安定门外外馆斜街3号
网　　址：http://www.ccpress.com.cn
销售电话：(010)59757969　59757973
总 经 销：北京中交盛世书刊有限公司
经　　销：各地新华书店
印　　刷：北京鑫正大印刷有限公司
开　　本：787×980　1/16
印　　张：22
字　　数：253千
版　　次：2008年12月　第1版
印　　次：2008年12月　第1次印刷
书　　号：ISBN 978-7-114-06381-7
印　　数：0001–4000册
定　　价：40.00元